Christian Kanzian (Hg.)
GOTT FINDEN IN ALLEN DINGEN

Christian Kanzian (Hg.)

GOTT FINDEN IN ALLEN DINGEN

Theologie und Spiritualität

Druck- und Verlagshaus Thaur

theologische trends Band 7

Herausgegeben vom Assistentenverband der Theologischen Fakultät der Universität Innsbruck

---

CIP-Titelaufnahme der Deutschen Bibliothek

Gott finden in allen Dingen
Theologie und Spiritualität
Christian Kanzian (Hg.)
Thaur, Druck- und Verlagshaus Thaur GmbH, 1998
ISBN 3-85400-076-6

Alle Rechte vorbehalten
Copyright © by Druck- und Verlagshaus Thaur GmbH,
Thaur – Wien – München
ISBN 3-85400-076-6
Herstellung: Druck- und Verlagshaus Thaur GmbH, Krumerweg 9,
A-6065 Thaur

Printed in Austria 1998

INHALTSVERZEICHNIS

Vorwort des Herausgebers **7**

Zum Geleit, *Bischof Dr. Reinhold Stecher* **9**

Fiechter-Alber Elmar, „Herr Fessa, gemma meditiern!"
Theologische Spurensuche bei der Spiritualität Jugendlicher **10**

Braun Bernhard, Der Eros Gottes **22**

Breitsching Konrad, Kanonisches Recht und Spiritualität **36**

Hasitschka Martin SJ, „Um Mitternacht priesen sie Gott in Lobliedern" (Apg. 16, 25). Lobpreis Gottes in Leidenssituationen als ein Merkmal biblischer Spiritualität **49**

Heizer Martha, „Gestern no hamm d´Leit ganz anders g´redt". Gedanken zu einer Spiritualität der Veränderung **60**

Ladner Gertraud, In die Tiefe gehen - Aspekte feministischer Spiritualität als Herausforderung an Theologie und Kirchen **70**

Meyer Hans Bernhard SJ, Liturgie und Spiritualität - Liturgiewissenschaft und Geistliche Theologie **86**

Niewiadomski Józef, Der offene Himmel. Konturen eschatologischer Vorstellungskraft **100**

Oberforcher Robert, Verheissung des Lebens. Die biophile Grundhaltung der biblischen Offenbarung **115**

Oesch Josef, Biblische Prophetie in der deutschsprachigen Lyrik des 20. Jahrhunderts **136**

Pernes Nicolas SJ, Theologie und Spiritualität in ignatianischer Perspektive **153**

Sandler Willibald, „„...da hab´ ich dich getragen". Auf göttlicher Spurensuche im eigenen Leben **168**

Sedmak Clemens, Ignatianische Spiritualität und theologischer
   Werkzeugkasten   **184**

Siebenrock Roman, Gezeichnet vom Geheimnis der Gnade. „Worte
   ins Schweigen" als ursprüngliche Gottesrede Karl Rahners   **199**

Tschuggnall Peter, „Dieses: Stirb und Werde!"
   Literarische Spiegelungen biblischer Zitate bei Max Frisch
   und Heinrich Böll   **218**

Vonach Andreas, Bibelauslegung als Wertvermittlung.
   Religiös motivierte Gesellschaftskritik am Beispiel des Buches
   Kohelet   **228**

VORWORT

Der vorliegende Band „Gott finden in allen Dingen" - Theologie und Spiritualität möchte eine Brücke schlagen zwischen unserer Arbeit als Professoren und AssistentInnen an der Theologischen Fakultät Innsbruck und Menschen, die an unserer Arbeit interessiert sind. Ein derartiger Versuch setzt voraus, daß es, um im Bild zu bleiben, auf beiden Seiten der Brücke tatsächlich etwas gibt, von dem die einen - die AutorInnen - meinen, daß es mitteilenswert ist, und die anderern - unsere LeserInnen - mutmaßen, daß es für sie in irgendeiner Weise relevant sein kann. Die Brücke, die wir in unserem Buch ins Auge fassen, ist das Thema „Spiritualität". Unter „Spiritualität" könnte man - in einem ersten Annäherungsversuch - den frei gewählten „roten Faden" verstehen, an dem man faktisch sein Leben orientiert. Die jeweilige Spiritualität geht von einer *Grundüberzeugung* aus. Sie betrifft sämtliche Bereiche des menschlichen Lebens und bietet den Horizont, vor dem man mit ganz konkreten *Fragen und Konflikten* umgeht, sie im Idealfall beantwortet und löst.

Ist nun gerade die Annahme, daß die Frage nach einer Spiritualität - im eben skizzierten Sinn - für heutige Menschen relevant und wichtig ist, nicht doch etwas gewagt? - könnte man sich fragen. Wozu braucht es *Grundüberzeugungen?* - wo doch einfache pragmatische Nützlichkeitserwägungen in vielen Lebensbereichen ungleich erfolgversprechender zu sein scheinen. Wozu braucht es insbesondere die zweifelsohne mühevolle *Suche* nach einem „roten Faden"? - so viele, ganz einfache Leitbilder zur Lebensgestaltung drängen sich von selbst auf. Wozu sollte man sich überhaupt die Mühe machen, sich offenen *Fragen und Konflikten* zu stellen, mit ihnen umzugehen, sie auszuhalten? - wo sich doch in unserer schnellebigen Zeit so vieles ohnehin von selbst erledigt. Der scheinbaren Unzeitgemäßheit einer Spiritualität stehen starke Anzeichen für die brennende Aktualität unseres Themas gegenüber. Diese Paradoxie von scheinbarer Überkommenheit und offensichtlicher Aktualität manifestiert sich oft in ganz konkreten Lebensgeschichten. Sie zeigt sich darin, daß die vordergründige Ablehnung, sich auf die Suche nach einer echten persönlichen Spiritualität einzulassen, oft Hand in Hand geht mit dem zwanghaften Verlangen nach „spirituellen Krücken". Esoterische „Selbstverwirklichungs"-Gruppen und selbsternannte Gurus finden heute Zulauf wie noch nie - besonders unter den sogenannten „Intellektuellen". Der kühle Manager im Sektierergewand ist keine Einzelerscheinung.

Derartige Beobachtungen tragen maßgeblich dazu bei zu überlegen, ob wir als katholische TheologInnen hier vorschnell das Feld anderen überlassen oder nicht vielmehr selbst die Initiative ergreifen sollten. Auch wir stehen bzgl. des Themas „Spiritualität" nicht im Abseits. Auch wir haben Hilfen anzubieten, den „roten Faden" im Leben zu suchen. Wir sind davon überzeugt, daß unsere Theologie Menschen in persönlichen Fragen weiterbringen, in Krisensituationen Orientierungshilfen bieten kann, daß sie eben dienlich sein kann, Gott, wie im Titel des Bandes angedeutet „in allen Dingen" zu finden.

Die Beiträge in diesem Band sind allesamt von diesem Bemühen geprägt. Sie geben einen repräsentativen Querschnitt durch die verschiedenen Fächer unserer Fakultät. Die AutorInnen sind dabei bestrebt, theologische *Inhalte* so einzubringen, daß sie auch ohne die Kenntnis einer spezifischen *Fachterminologie* nachvollzogen werden können. Es handelt sich bei vorliegendem Buch also um keine wissenschaftliche Arbeit - stricte dictum. Dies ist auch der Grund, warum für die formale Gestaltung der einzelnen Artikel keine besonderen Vorgaben formuliert wurden. Die Uneinheitlichkeit in der Gestaltung der Beiträge geht also zulasten des Herausgebers.

Zuletzt soll hier jedoch ein Wort des Dankes stehen: Zuerst an unseren lieben Altbischof Dr. Reinhold Stecher, der vorliegende Edition nicht nur tatkräftig unterstützt und mit Wohlwollen begleitet, sondern zu unserer besonderen Freude auch ein Geleitwort verfaßt hat. Vergelts Gott auch an die Bischöfliche Finanzkammer, die uns bei der Finanzierung des Bandes großzügig unterstützt hat. Besonderer Dank gilt auch den Professoren, den Patres des Jesuitenkollegs, die bereit waren mitzuwirken, last not least allen KollegInnen, deren breites Interesse entscheidend für die Durchführung des Projekts ist.

Christian Kanzian, Herausgeber

ZUM GELEIT

Ein Buch, das der lebendigen Einheit von Theologie und Spiritualität nachgeht, macht Freude. Denn ich weiß nicht was ich rückblickend mehr fürchten gelernt habe:

Eine *Theologie,* die sich in das Penthouse reiner Wissenschaftlichkeit zurückzieht, abgelöst vom persönlichen Ringen des Herzens um Gott, aufgelöst in die verwirrende Vielfalt unzähliger Detailfragen - und entfremdet in Sprache und Einfühlung gegenüber dem Heil-suchenden Menschen von Heute,

oder eine *Spiritualität,* die in Irrationalismen verkommt, den großen Strom der Christusbotschaft verfehlt und in die toten Seitenarme selbstgemachter Ideologien abdriftet, zu den trüben Tümpeln sogenannter Privatoffenbarungen und den Mangrovensümpfen religiöser Phantastik.

Es ist nur gut, daß man diesen Extremen nicht zu oft begegnet. Theologie und Spiritualität - diese beiden Schwestern müssen in unserer Kirche unbedingt den Haushalt gemeinsam führen. Keine kommt ohne die andere aus. Die eine sorgt mit schärferem Blick für Ordnung und saubere Fenster, die andere macht das Haus wohnlich und steckt die Blumen. Theologie treiben kann man nur mit seiner ganzen Existenz, immer wieder aufbrechend aus Ergriffenheit und Ehrfurcht, und gesunde Spiritualität braucht den nüchternen Durchblick auf die Wahrheit. Der echte Glaube muß gerade in unserer Zeit das kritische und selbstkritische Denken aushalten.

Als wir vor einem halben Jahrhundert an der Theologischen Fakultät in den Bahnen des scholastischen Denkens ausgebildet wurden, empfanden wir die ständigen Turnübungen in Thesen und Begriffen, Definitionen und Syllogismen oft wenig erbauend - aber ich vergesse nie das Diktum eines in diesen Künsten versierten Professors, der auf einmal seine lateinische Suada mit den Worten unterbrach:

„Wenn Sie beim Studium von einer Erkenntnis ergriffen werden, die das Herz bewegt und von der Reflexion zum Gebet hin zieht - halten Sie inne, schreiben Sie auf, was Sie erfüllt! Das können Sternstunden sein, die das Leben tragen ..."

Mit allen guten Segenswünschen für diese Edition
Reinhold Stecher, Altbischof von Innsbruck

ELMAR FIECHTER-ALBER
„HERR FESSA, GEMMA MEDITIERN!"
THEOLOGISCHE SPURENSUCHE BEI DER SPIRITUALITÄT JUGENDLICHER

1. Eine Beobachtung

„Herr Fessa, gemma heut' in die Oase meditiern?" Die Oase ist der Meditationsraum unserer Schule. Nicht selten passiert es, dass SchülerInnen zu Beginn einer Unterrichtsstunde dieses Anliegen, durchaus so formuliert, äußern. Unterschiedlich reagiere ich darauf: mit der Hermeneutik des Verdachts, dass sich die SchülerInnen vor Konfrontation mit mehr oder weniger langweiligem Lehrstoff oder vor dem Alltagstrott einer ganz gewöhnlichen Unterrichtsstunde davonstehlen wollen, oder aber mit herzlicher Bereitschaft, mich darauf einzulassen, weil ich ja ihrem Anliegen Raum geben will, oder die Notwendigkeit einer „Meditationsstunde" z. B. vor oder nach einer Schularbeit als diakonischen Beitrag innerhalb des Schulgeschehens erachte.

Das Vorurteil scheint „weit verbreitet, daß das Leben junger Menschen heute keine Tiefe aufweise, dass sie sich mit den Banalitäten der Alltagswelt begnügten und nicht mehr für Glaubenssymbole ansprechbar seien. In der Tat haben junge Menschen nicht geringe Schwierigkeiten im Umgang mit den überkommenen Symbolen des Glaubens, wie sie besonders im Gottesdienst verwendet werden. Religionslehrer und Geistliche beklagen daher, daß die heutige Jugend nicht mehr liturgie- bzw. eucharistiefähig sei und eine große Distanz zur Sonntag für Sonntag gefeierten Liturgie der Gemeinde einnehme. ..."[1]

Und dennoch: das Stichwort „meditieren" ist bei allen Themenvorschlägen für die Unterrichtsplanung sowie für Besinnungstage zu finden.[2] Was steckt dahinter? Ist es tatsächlich „nur" die Flucht vor dem

---

[1] Sauer, Ralph, Mystik des Alltags, Jugendliche Lebenswelt und Glaube. Eine Spurensuche, Freiburg i. B. 1990, 56.
[2] Vgl. Visser, Andrea, Stille erleben, Überlegungen zu Meditation, Mandalas und Stille. In: Dorgerloh Stephan/Hentschel Markus (Hg.), Knockin´ on Heaven´s Door : mit Jugendlichen die Religion ihrer Lebenswelt entdecken; Praxismodelle für KU - RU - Jugendarbeit, Gütersloh 1997, 149.

Schulalltag oder leuchtet eine neuentflammte Religiosität Jugendlicher am religionspädagogischen Horizont? Eine kritische Beobachtung dieses Phänomens, eine systematisierende Darstellung und die Suche nach darin zu entdeckenden und zu entschlüsselnden theologischen Spuren sollen im folgenden versucht werden.

2. Eine methodische Vorbemerkung

Non scolae sed vitae discimus. Dieses in der Schule häufig verwendete und übrigens falsch zitierte[3] dictum Senecas skizziert das weitverbreitete Verständnis, Schule habe vor allem vorbereitende Funktion für das tätige Leben, das erst nach der absolvierten Schulzeit beginne. Schule, so könnte fälschlicherweise angenommen werden, sei nicht Leben im eigentlichen Sinne. Zwischen neun und dreizehn Jahren des Lebens verbringt der österreichische Mensch in dieser Bildungsinstitution. Mindestens zehntausend Unterrichtsstunden gehen vorbei, bis eine Schülerin, ein Schüler für „reif erklärt" wird.

Schule ist ein Ort, an dem Leben sich verwirklicht, an dem bestimmte Lebensvollzüge möglich sind und andere verhindert werden. Insofern ist Schule - wie jede andere Lebenswelt - ein locus theologicus, weil sich in deren zwischenmenschlichen Interaktionen, in deren Systemen und Gesetzmäßigkeiten sowie in den Bildungsanliegen theologische Spuren entdecken lassen.

Welches Bild von Gott läßt sich also in den verschiedensten Äußerungen, im Handeln von SchülerInnen oder etwa in den Ordnungssystemen und -gesetzen einer Schule entdecken und explizieren? Welcher Gott offenbart sich denn, wenn wir so oder anders zusammenleben.[4] „Glaube wird nicht von Lernprozessen erzeugt; aber er ereignet sich im Kontext menschlicher Lern- und Reifungsprozesse."[5] Des-

---

[3] Vgl. Winkel, Rainer, Theorie und Praxis der Schule oder: Schulreform konkret - im Haus des Lebens und Lernens, Baltmannsweiler 1997, 42f.

[4] Edward Schillebeeckx macht deutlich, dass Offenbarungen durchaus alltäglichen Charakter haben können. Im „alltäglichen Sprachgebrauch hören wir jemanden manchmal sagen: 'Das war für mich eine Offenbarung'". Allerdings unterscheidet er die wechselnde Offenbarungsstärke menschlicher Erfahrungen, weil nicht alle Handlungen gleichermaßen über das Personsein eines Menschen Aufschluss geben. Vgl. dazu: Schillebeeckx, Edward, Erfahrung und Glaube, CGG, Band 25, 76ff.

[5] Werbick, Jürgen, Glaubenlernen aus Erfahrung : Grundbegriffe einer Didaktik des Glaubens, München 1989, 29.

halb kommen wir nicht daran vorbei, genau diese ernst zu nehmen, danach zu spüren, welche Wahrheit, welcher Gott sich denn hinter den konkreten Erfahrungen verbirgt. Natürlich handelt es sich dabei nicht um Theologie im wissenschaftlich-systematischen Sinne, sondern vielmehr um eine in den Lebensvollzügen implizierte Theologie.

Theologie und Glaube werden so nicht als etwas zu Verkündigendes, sondern vielmehr zu Ent-deckendes begriffen, weil sie in den meisten Fällen zwar gelebt werden und sich vor allen Vermittlungsbemühungen ereignen, jedoch meist nicht in theologischen Begriffen expliziert sind. Diese Ent-deckungsreise legt sich zunächst natürlich in den ausdrücklich religiös begriffenen Vollzügen nahe (Religionsunterricht, religiöse Übungen), ist jedoch im gesamten Bildungskontext Schule und (vor allem) an deren Nebenschauplätzen, also am Rande des offiziellen Unterrichts, unter den Schulbänken, in den Zwischengesprächen, auf den Pausenhöfen, möglich.

Den religiösen und spezifisch kirchlichen Traditionen und Erzählungen, Schrift und Lehre, kommt in diesem Ent-deckungszusammenhang wesentliche Bedeutung zu. Die implizit immer schon gelebten und lebenswirksamen Theologien können vor dem Hintergrund der offiziellen und verschrifteten Theologien verstanden und gedeutet werden. Darüberhinaus fordern sie jedoch heraus, die in den gelebten Systemen und Interaktionen verborgenen Gesetzmäßigkeiten und Gottesbilder kritisch zu befragen.

3. Ein Projekt und darin implizierte theologische Spuren.

Dem häufig erwähnten Anliegen „Herr Fessa, gemma meditiern" entsprechend, entstand im Schuljahr 1997/98 an unserer Schule (Paulinum Schwaz) eine Meditationsgruppe mit SchülerInnen der sechsten bis achten Klassen. Nach einem Intensivtag als Einführung in die Meditation der Gegenwartswahrnehmung trifft sich eine Kleingruppe monatlich zu einer Meditationseinheit. Mit einem zweiten Ganztag wird das Projekt wiederum abgeschlossen werden. Im Rahmen einer Assoziationsphase zum Anliegen „Meditation" äußerten sich SchülerInnen der 7A. Diese Äußerungen sind in diesem Artikel -

möglichst wortgetreu und mit Einwilligung der VerfasserInnen - wiedergegeben.

Im folgenden werden diese Statements zu Meditation und Gebet dargestellt und nach der Frage der darin implizierten Theologie beleuchtet. Dabei scheint es notwendig, auf die Objektivierungsgrenze solchen Vorgehens hinzuweisen. Die Entschlüsselung impliziter Theologie und Gottesvorstellungen kann, muss jedoch nicht, eindeutig sein. Ja, es ist sogar möglich, dass sie zu unterschiedlichen, widersprüchlichen Schlussfolgerungen gelangt. Deshalb geht es dabei auch nicht um religionspädagogische Bewertungen oder Beurteilungen oder um die Einordnung in Stufen religiöser oder moralischer Entwicklung, sondern vielmehr darum, die Beweggründe differenziert verstehen zu lernen, wenn der Wunsch im Raum steht: „Herr Fessa, gemma meditiern."

Bei der Metapherübung „Mediation ist für mich (wie) ..." kamen unterschiedlichste Anliegen zum Ausdruck. Vier Grundmotive möchte ich am Beispiel von ausgewählten Zitaten darstellen. Dabei fällt auf, dass nahezu keine dieser Aussagen explizit religiöse Sprache im engen Sinn verwendet. Nie wird von Gott gesprochen. Darin erkennbare theologische, sich unter Umständen widersprechende Spuren möchte ich deutlich machen und mit tradierten theologischen Aussagen und Gottesbildern sowie Erzählungen und verschrifteten Erfahrungen deuten bzw. kritisieren. Auch wenn es ungewohnt klingt, so ist es durchaus legitim, jugendliche Äußerungen in ihrer spezifischen Sprache in die alten jüdisch-christlichen und kirchlichen Traditionen einzureihen. Denn „religiöse Erfahrungen macht man an und mit alltäglichen einzelnen menschlichen Erfahrungen, aber im Licht und aufgrund der bestimmten religiösen Tradition, in der man steckt und die als sinngebender Interpretationsrahmen dient."[6]

Dabei geht es nicht um ideologische Beweisführung, dass Jugendliche - allen Unkenrufen zum Trotz - zutiefst gläubig sind. Die Verknüpfung mit den angeführten Bibelstellen soll und kann nicht der Aufweis für die Rechtgläubigkeit Jugendlicher sein. Es geht vielmehr um den Versuch, das, was ist und in der Sprache von SchülerInnen zum Ausdruck kommt, als Theologe, als Religionspädagoge, in seiner ihm eigenen Sprache zu verstehen und theologisch deuten zu lernen.

---

[6] Schillebeeckx, a.a.O., 81.

So sollen einige Bausteine für eine Brücke zwischen den für theologische Begrifflichkeit Vertrauten einerseits und spontanen Äußerungen Jugendlicher andererseits ermöglicht werden.

3.1. Erstes Motiv: „ ... kurz aus der Welt entfliehen."

- *„Meditation ist wie das Verlassen der jetzigen Situation in eine andere."*
- *„Wenn ich meditieren will, dann nur um mich vom Alltag loszureißen, denn beim Meditieren kann man loslassen und sich in eine unendliche Ruhe fallen lassen."*
- *„Meditation ist für mich wie in eine andere Welt wandern, alle Gedanken + Sorgen hinter sich lassen. ´Seelenerholung´."*
- *„Ich kann kurz aus der Welt entfliehen."*
- *„einmal abschalten, dem tristen Schulalltag entkommen"*
- *„Meditation ist für mich wichtig, weil es mich beruhigt und ich den Alltag für eine kurze Zeit vergessen kann. Zuhause hat man fast nie Gelegenheit, eine ruhige Stunde zu verbringen."*
- *„Meditation ist für mich ein Abheben der Seele vom Boden. Sie fliegt durch den Körper + den Kopf und denkt über das Leben und seine Probleme nach. Der Körper fühlt sich völlig losgelöst, so als wenn er schweben würde und man meint, allein im Raum zu sein. Alles andere wird nebensächlich. Die Musik verbindet und unterstützt diesen Zustand."*
- *„Beim Meditieren kann ich relaxen. Ich kann für eine kurze Zeit ganz ausschalten und um mich herum alles vergessen."*
- *„... vom Leben loslassen, entspannend"*
- *„Meditation ist der beste Weg, um sich völlig entspannen zu können. Durch sie kann man sich in anderen Welten aufhalten."*

Auch wenn diese Meditationseinheiten im Rahmen regulärer Unterrichtsstunden, vom gewohnten Lehrer angeleitet und in der vertrauten Gruppe der MitschülerInnen stattfinden, so wird offen eine Unterscheidung, eine klare Grenzziehung zum „eigentlichen" Unterricht geäußert und diese deutlich davon abgegrenzt. Sie werden als Gegenpol, als Gegenwelt zum Schulalltag erlebt und als solche auch gewünscht. Für eine kurze Zeit kann man aus-schalten, sich losreißen, entkommen, entfliehen; es ist ein Verlassen der jetzigen Situation, ein Vergessen des Alltags für kurze Zeit. Man kann sich in einer anderen

Welt aufhalten. Etwas ist möglich, wozu man sonst fast nie die Gelegenheit hat. Dieses erste und wohl deutlichste Motiv zeigt vor allem ein Gegenüber von gewohnter Wirklichkeit, in diesem Fall dem konkreten Schulalltag, und Orten der Rückzugsmöglichkeit, mitunter der Ruhe und der Erholung. Dabei wird Meditation eindeutig im zweiteren Raum verstanden und hat sogar den Zweck, von der ersteren auszubrechen. Die Erfahrung steckt dahinter, dass es noch etwas anderes geben muss, als den erlebten („tristen"?) Schulalltag, dass das doch nicht alles sein kann. Worin aber tatsächlich die Qualität des erfahrenen Alltags genau besteht, das läßt sich aus den angeführten Zitaten nicht ableiten. Die Frage stellt sich dennoch, was denn die Phänomene sind, von denen SchülerInnen abschalten, die sie gerne für kurze Zeit vergessen und hinter sich lassen. Auf jeden Fall wird diesem Anliegen der Name unseres Meditationsortes, nämlich die „Oase", zutiefst gerecht.

Solche Rückzugsmöglchkeiten sind vor dem Hintergrund mobilitätsgeprägter Lebenswelten von Jugendlichen sinnvoll und legitim und deshalb an Schulen eher zu fördern als zu verhindern. Dennoch legt sich dabei der Verdacht einer Weltflucht und eines dualistischen Begreifens von Wirklichkeit nahe. Es scheint, als biete sich dabei eine weitere Gelegenheit für Abschalt-, Ablenkungs- und Erholungsmöglichkeiten, die im Grunde denen der Freizeit- und Medienindustrie ähnelt. Die Gefahr besteht also, dass kontemplative Elemente im Verständnis eines Freizeitmenschen zu einer Konsumspiritualität vulgäresoterischen Charakters abdriftet.

3.1.1. Das Gottesbild: „ ... über die Steppe hinaus"

Dabei wird ein Gottesbild deutlich, das durchaus in den Erzählungen der Schrift wiedergefunden werden kann, sich sogar als durchgängiges Motiv zeigt und in den (kirchlichen) Traditionen sein Pendant findet. Es ist der Gott, der sich vor allem in der Alltagsferne finden läßt und sich zunächst den unmittelbaren Lebenswelten entzieht. Erzählungen des Ersten und Zweiten Testaments bringen dies zum Ausdruck.

Die Gottesbegegnung des Mose am Dornbusch wird möglich, nachdem er die Schafe seines Schwiegervaters Jitro *über die Steppe hinaus* trieb (Ex 3,1ff, hier 3,2). Auch wenn das Hüten der Schafe eine tiefe Alltagsverwurzelung andeutet, so ist hier der Schritt über die Grenze des Alltäglichen, des Gewohnten hinaus notwendig.

Jesus nimmt die Vertrautesten seiner Freunde - Petrus, Jakobus, Johannes - *beiseite*, aber nur *sie allein*, und führt sie *auf einen hohen Berg*. Dort wird eine grundlegende Erfahrung mit seinem Gott möglich. (Mk 9,2-10 par.). Nicht nur das Hinaufsteigen, sondern auch das Hinabsteigen wird bedeutsam. Die Gotteserfahrung ist der Ebene des Alltags nicht zugänglich, nicht verständlich, sie bleibt dem Intimbereich vorbehalten. Ein Verbot, davon zu sprechen, deutet dies an.

Zahlreiche Gebete sprechen von Gott in Bildern, die der genannten Sprache der SchülerInnen zum Teil wörtlich, zum Teil ihrem Anliegen entsprechen. „Du bist mein Fels und meine Burg; ... Du wirst mich befreien aus dem Netz, das sie mir heimlich legten, denn du bist meine Zuflucht." (Ps 31, 4f). Vor dem Hintergrund einer zum Teil bedrohlich erfahrenen Wirklichkeit wird das Religiöse, das Heilige zum Zufluchtsort, der sich wesentlich von jener unterscheidet.

In seiner „Begegnung" schildert Martin Buber dieses - alltagsferne - Gottesbild. „In jüngeren Jahren war mir das „Religiöse" die Ausnahme. Es gab Stunden, die aus dem Gang der Dinge herausgenommen wurden. Die feste Schale des Alltags wurde irgendwoher durchlöchert. ... Die ´religiöse Erfahrung´ war die Erfahrung einer Andersheit, die in den Zusammenhang des Lebens nicht einstand. ... Das ´Religiöse´ hob einen heraus. Drüben war nun die gewohnte Existenz mit ihren Geschäften, hier aber waltete Entrückung, Erleuchtung, Verzückung, zeitlos, folgenlos. Das eigene Dasein umschloß also ein Dies- und ein Jenseits, und es gab kein Band außer jeweils dem tatsächlichen Augenblick des Übergangs."[7]

3.2. Zweites Motiv: „... lustige oder schreckliche Sachen"

– *„So kann ich ... über Dinge nachdenken, für die ich sonst keine Zeit habe. Manchmal vertiefe ich mich darin so sehr, in lustige oder schreckliche Sachen, daß ich schmunzeln muß, aber leider auch manchmal Tränen in den Augen habe. Jedoch fühle ich mich nachher ein bißchen besser."*

– *„In meinen Augen ist Meditation sinnvoll, da schon allein die Stimmung dazu anregt, meine Gedanken zu ordnen. Ich kann Gedanken nachfolgen, die mir sehr wichtig sind, aber oft einfach von mir übergangen werden."*

---

[7] Buber, Martin., Begegnung, Autobiographische Fragmente, Stuttgart 1961², 36.

- *„Ich kann mir Gedanken über Dinge machen, für welche ich den restlichen Tag oftmals keine Zeit habe. Bin ich von vornherein schon eher frustriert oder deprimiert, kann ich nicht besonders gut meditieren und ruhig bleiben, weil ich mich nicht mit diesen Sachen auseinandersetzen möchte, daher muß ich mich irgendwie anders ablenken. Oftmals werde ich traurig".*
- *„... und nur an schöne Gedanken denken. Aber es soll auch helfen, nicht so schöne Erlebnisse leichter zu überwinden"*
- *„sich ein paar Gedanken über sich selbst machen können."*
- *„mit neuen Gedanken in die 'Wirklichkeit' zurück"*
- *„Nach der Meditation fühlt man sich wieder „frischer" und man kann auch positiver denken."*
- *„Meditation ist für mich Zeit, mich selbst wiederzufinden. Die Zeit, die mir die Meditation bringt, ist Zeit, meinen Weg wiederzufinden".*

Dieses zweite Motiv stellt sich dem ersten ganz deutlich gegenüber. Meditation wird nicht mehr ausschließlich als Flucht oder als Entkommen aus einer Realität erfahren. Ganz deutlich wird der Bezug zur alltäglichen Wirklichkeit hergestellt, wenn auch dieser gegenübergestellt. Die Möglichkeit besteht, Gedanken einzuholen, zu ordnen, die während des Tages keinen Raum haben. Auch wenn die Sehnsucht zum Ausdruck kommt, „nur an schöne Gedanken zu denken", so bleibt doch die Konfrontation mit allen Facetten, mit der gesamten Bandbreite von Leben und Alltag bestehen. Lustige und schreckliche Dimensionen der Lebenswelt, schöne Gedanken sowie Traurigkeiten und Tränen haben Platz. Konkret erfahrenes Leben spielt in das „Heiligtum" herein. Der Versuch, der Welt, dem Alltag zu entfliehen, scheitert oder findet gar nicht statt, ist im Gegenteil gar nicht erwünscht.

Allerdings werden nicht ausschließlich Bezüge zu bereits Erlebtem sichtbar, sondern man kann mit „neuen Gedanken und frischer" in die Wirklichkeit zurück. Das Bild des Auftankens für eine weitere Reise legt sich nahe.

3.2.1. Der inkarnierte Gott

„Verwundert waren die Besucher der im Rahmen des Aachener Katholikentages (1986) veranstalteten Ausstellung 'Heiligtümer Jugendlicher´, als ihr Blick auf Turnschuhe, Liebesbriefe, Halskreuze, einen Zottel, eine Muschel und einen Teddybär fiel. Der traditionelle Begriff des Heiligen wurde aufgegeben; denn dieser grenzt das Heilige vom Profanen ab. Gerade diese Unterscheidung wurde nicht mehr vollzogen."[8]

Die Inkarnation Gottes ist wesentlicher Bestandteil des christlichen Glaubens. Sie gründet im Glauben und Vertrauen darauf, dass in den konkreten Lebensvollzügen Gott sich erahnen läßt. Heiliges bleibt nicht mehr ausschließlich heilig und Profanes bleibt nicht mehr ausschließlich profan. Es ist jugendliches Spezifikum, dass Heiliges nicht ausgesperrt bleibt, sondern sich konkretisiert. Was heilig ist, manifestiert sich ausdrucksstark in den Symbolen und Ritualen verschiedenster Jugendkulturen.

Das Bild des Gottes als Kind, des zerrissenen Vorhangs im Tempel, der den Zugang zum Allerheiligsten bedrohend versperrte, verankern das Transzendente genauso im Alltag wie die metaphorische Sprache vom Wort, das Fleisch wird.

Die Gotteserfahrung, auch wenn sie in der Wüste, in der Alltagsferne geschieht, hat motivierenden Charakter auf den Alltag hin. Elija, der auf der Flucht ist und sich den Tod wünscht, macht die Erfahrung des hungerstillenden und stärkenden Gottes. „Steh auf und iß, sonst ist der Weg zu weit für dich. Da stand er auf, aß und trank und wanderte durch diese Speise gestärkt vierzig Tage und Nächte bis zum Gottesberg Horeb" (1 Kön 19, 1-8; hier: 7b - 8)

Die Erfahrung des „Religiösen als Ausnahme" wandelte sich bei Martin Buber. Durch eine Begegnung mit einem ihm Unbekannten wird er darauf aufmerksam, wie sich das Geheimnis in der Alltagsrealität kundtut. „Seither habe ich jenes ´Religiöse´, das nichts als Ausnahme ist, Herausnahme, Heraustritt, Ekstasis, aufgegeben oder es hat mich aufgegeben. Ich besitze nichts mehr als den Alltag, aus dem ich nie genommen werde. Das Geheimnis tut sich nicht mehr auf, es hat sich entzogen oder es hat hier Wohnung genommen, wo sich alles begibt, wie es sich begibt. Ich kenne keine Fülle mehr als die jeder sterblichen Stunde an Anspruch und Verantwortung."[9]

---

[8] Sauer, a.a.O., 56.
[9] Buber, a.a.O. 37.

3.3. Drittes Motiv: „Wichtiges wird unwichtig."

„*Meditation ist für mich eine gute Gelegenheit, während der Schulzeit einmal abzuschalten (ohne negative Konsequenzen)"*
„*Was normal ganz wichtig ist, wird ganz unwichtig und was unwichtig ist, wird plötzlich ganz wichtig."*
„*... an nichts denken müssen"*
„*Während der Meditation fällt alle Hektik von mir ab."*
„ *... stressfreie Zone"*
„ *... Pause."*

Ähnlich dem ersten Motiv wird die Erfahrung innerhalb von Meditationszeiten der Erfahrung des Schulalltags gegenüber und als Kontrasterfahrung dazu dargestellt. Wesentlich ist hier jedoch die Beobachtung, dass neben den gewohnten und gültigen Gesetzen und Ordnungen andere, unter Umständen konträre Gesetzmäßigkeiten Gültigkeit haben können. Normen und Wichtigkeiten werden durchbrochen. In den erwähnten Äußerungen wird die alltägliche Erfahrung der negativen Konsequenzen im Schulalltag angesprochen. Die scheinbar latente Angst, negativ beurteilt zu werden, wird während der Meditation unterbrochen. Und dass sie ein Ort sein kann, an dem mal an nichts gedacht werden muss, legt die Vermutung nahe, dass neue Dimensionen des Menschseins möglich werden, was vor allem durch die Bilder einer „stressfreien Zone", einer „Pause" zum Ausdruck kommt.[10] Die Sehnsucht wird deutlich, dem Druck des Schulsystems und seinen festgeschriebenen Gesetzmäßigkeiten zu entkommen und diese gleichermaßen in Frage zu stellen. Die Artikulation von Unzufriedenheit mit den bestehenden Verhältnissen zeigt sich über die Kritik am Schulsystem hinaus in unterschiedlichsten Jugendszenen der Neunziger Jahre.[11]

3.3.1. Das prophetisch-gesellschaftskritische Gottesbild

Wenn es möglich ist, dass gewohnte Lebensvollzüge durchbrochen werden können, die Routine menschlicher Existenz aufgehoben wird,

---

[10] Um dem leistungsbetonten Unterricht einen Gegenpol zu schaffen, formuliert der Entwurf zum Lehrplan '99 für Religion gleichermaßen die Prinzipien „actio" und „contemplatio".
[11] Vgl. Kögler, Ilse, Lebenswelten von Jugendlichen in den Neunziger Jahren. In: Christlich Pädagogische Blätter 109/3 (1996), 136-140.

dann wird darin Gott offenbar, der nicht auf ein für allemal festgelegte Gesetze beharrt. Biblische Erzählungen kennen solche Überraschungen unter anderem dort, wo Frauen im hohen Alter fruchtbar sind (Gen 18.1-22; 1 Sam 1,1-20, Lk 1,8-22). Erzählungen aus der Geschichte Jesu schließen sich daran an. Wenn die Berufung Jesu von einer Frau - einer syrophönizischen Heidin - hinterfragt wird (Mk 7,24-30 par.)[12], so werden für selbstverständlich gehaltene Regeln genauso kritisiert, wie dies im Umgang Jesu mit Frauen, Zöllnern, Sündern provokant sichtbar wird. Für unmöglich Gehaltenes wird möglich. Widerfahrnisse werden beschrieben, die nicht in die Logik der geltenden Normen und Gesetze eingestuft werden können. „Wo die Wirklichkeit menschlichen Entwürfen Widerstand leistet und sie somit implizit ausrichtet, stehen wir in lebendigem Kontakt mit einer von uns *unabhängigen* Wirklichkeit, dem von Menschen Nicht-Bedachten und Nicht-Geschaffenen. Man kann also sagen, daß uns durch Verfremdung und Desintegration des schon Erworbenen und unserer Pläne Wahrheit nahekommt."[13]

Dem oben angedeuteten motivierenden Charakter von Religion bzw. Glaube steht hier die prophetische Dimension gegenüber, insofern sie gesellschaftliche, konkret schulische, offenliegende und geheime Vereinbarungen kritisch in Frage stellt.

4. Motiv: Der fremde Gott - Eine abschließende selbstkritische Bemerkung

– *„Da geht's um etwas, das niemanden was angeht."*

Wer sich auf die Begleitung Jugendlicher - in welcher Form auch immer - einläßt, kommt um die oft schmerzhafte Erfahrung nicht herum, dass es einen Riss, einen Bruch, einen garstigen Graben gibt, der scheinbar unüberwindbar bleibt. Jugendliche Lebenswelten lassen sich trotz genauester soziologischer Beobachtung nicht fassen oder in Motiven begreifen. „Wir sind immer anders, als ihr denkt!" Es bleibt eine Fremdheitserfahrung, die nicht überbrückt werden kann und

---

[12] Vgl. dazu Bruners, Wilhelm, Wie Jesus glauben lernte, Freiburg i. B. 1988, 77 - 95.
[13] Schillebeeckx, a.a.O. 91.

darf. SchülerInnen schützen sich - zurecht - davor, dass ihre Lebenswelt, ihre Erfahrungen bis ins Letzte erforscht, systematisiert, klassifiziert werden. Es gehört zu einer der wesentlichen Gesetzmäßigkeiten von Schule, dass ihre Geheimnisse von SchülerInnen nicht durchschaut und bewertet werden können. Es ist der Ort, der jeder pädagogischen Machbarkeit entzogen ist.[14]

Vor allem die jüdische Tradition aber auch die christliche Lehre kennen, trotz aller Versuche Gott zu ergründen, den geheimnisvollen Gott, dessen (oder doch: deren?) Name unaussprechlich, nicht fassbar bleibt. Die theologische Sprache vom geheimnisvollen Gott greift wesentlich in den Versuch dieser Gedanken ein, jugendliche Spiritualität in Motive zusammenzufassen. Wie immer wir Jugendliche klassifizieren - ihre Realität, vor allem ihre subjektiv erfahrene, ist immer anders. Alles was wir über ihre Lebenswelt oder gar über ihren Glauben vermuten und zu wissen glauben, das ist „längst noch nicht alles."[15]

---

[14] Demgegenüber ist mit Lévinas auf jeden Fall die Verantwortung des Ich für das Du, in diesem Fall der im Bildungskontext Schule Beteiligten füreinander, zu postulieren, um nicht der Kain'schen Antwort „Bin ich denn der Hüter meines Bruders" zu verfallen, die nur Ontologie und nicht Ethik enthält. Vgl. dazu Levinas, Emmanuel, Zwischen uns. Versuche über das Denken an den Anderen. Aus dem Französichen von Frank Miething. Wien 1995, 140f.

[15] Bemmann, Hans, Stein und Flöte und das ist noch nicht alles. Ein Märchenroman, Berlin 1991, 818.

BERNHARD BRAUN
DER EROS GOTTES

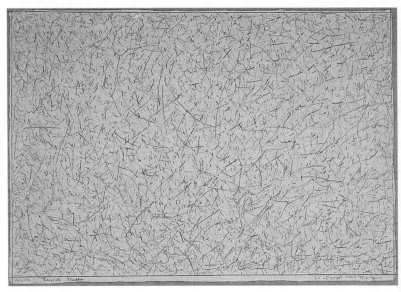

Norbert Pümpel, Entropische Struktur. Bleistift, Farbstift, 1977

Die Erkenntnisse der modernen Physik haben unser Bild von der Wirklichkeit revolutionär verändert. Zum Unterschied von der klassischen Mechanik und ihrer Vorraussetzung objektiv vorgegebener Realitäten, wo Ereignisse kausal miteinander verknüpft sind, haben Relativitätstheorie und Quantenmechanik das Verständnis der Welt umgestoßen. Drei Motive seien dazu exemplarisch herausgegriffen:

1) Die Relativitätstheorie hat uns unsere Vorstellung einer absoluten und linear ablaufenden Zeit und eines dreidimensionalen statischen Raumes genommen. Zeit und Raum sind nicht unabhängig voneinander, sondern verbinden sich zur Raumzeit. In Abhängigkeit von seinem Ort und seiner Bewegung hat jedes Individuum seine je eigene Zeit.

2) Die Quantenmechanik hat das schon bei Kant formulierte Prinzip der Transzendentalität jeder Erkenntnis radikalisiert und das beobachtende Subjekt zum nicht wegnehmbaren (ja sogar konstitutiven)

Prinzip der Realitätsrezeption gemacht. Genau das lehrt die Heisenbergsche Unschärferelation.

> It has always been known that making observations affects a phenomenon, but the point is that the effect cannot be disregarded or minimized or decreased arbitrarily by rearranging the apparatus.[1]

3) Eine dritte Irritation hat der Begriff der Wahrscheinlichkeit hervorgerufen und zu allerhand abstrusen Folgerungen Anlaß gegeben. Ging man bisher in der Physik davon aus, daß Abläufe sich gemäß kausaler Verknüpfungen berechnen und vorhersagen lassen, lehren uns etwa die Gesetze des radioaktiven Zerfalls oder der Emission von Photonen aus Atomen in angeregtem Zustand etwas anderes. Bei einer definierten Anzahl von Radiumatomen beispielsweise läßt sich nur vorhersagen, daß in 1600 Jahren die Hälfte von ihnen zerfallen sein wird. Über das Verhalten eines einzelnen Radiumatoms zu einer bestimmten Zeit ist keine Aussage mehr möglich.

> An atom has a certain amplitude to emit the photon at any time, and we can predict only a probability for emission; we cannot predict the future exactly. This has given rise to all kinds of nonsense and questions on the meaning of freedom of will, and of the idea that the world is uncertain.[2]

Diese Deutung des Realen mit der Relativierung von Raum und Zeit, der Aufhebung der strengen Kausalität und der Verschmelzung von Subjekt und Objekt zu einer neuen Wirklichkeit, hat nicht nur den Naturwissenschaften ein verändertes Methodenideal aufgezwungen und den Sozialwissenschaften Impulse verliehen. Sie hat auch in der Kunst das Entstehen einer scheinbar neuen Bildauffassung gefördert. Die Trennung von Beobachter und Bild, von Subjekt und Objekt läßt sich in diesem Geist überbrücken.

Mit gutem Grund wird häufig darauf hingewiesen, daß es in der Physik keine dem mathematischen Formalismus entsprechende Sprache gibt. Jeder Versuch, moderne physikalische Theorien, die nach deren eigenem Selbstverständnis mehr Beschreibungen denn Erklärungen sein wollen, in die Alltagssprache zu übersetzen - erst so kann ihnen freilich ein Platz als menschliche Kulturleistung gesichert werden - führt scheinbar zwangsläufig zu einer pseudotheologisierenden oder metaphysischen Semantik.

---
[1] R. Feynman, Lectures on Physics, Quantum Mechanics. Mass., Palo Alto u.a. 1965, 2 – 8.
[2] Ebd., 2 – 9

In ähnlicher Weise wird der Anspruch der modernen abstrakten Kunst gerne beschrieben als Spiel mit rein formalen Aspekten ohne jede Ambition auf die Vermittlung einer konkreten Bedeutung. Auf dieser Meinung gründen umfangreiche kunsttheoretische Thesen, etwa diejenige vom Übergang der „Ära des Bildes" (gemeint: das wie eine Person verehrten Kultbild) in jene der Kunst.[3] Ohne die subtile Komplexität zu verkennen, soll demgegenüber die These vertreten werden, daß die Künstler des erwähnten Genres in aller Regel sehr wohl ein inhaltliches Anliegen transportieren wollen und ihrer ungegenständlichen Botschaft eine sehr dezidierte Bedeutung unterlegen. Besonders offensichtlich ist dies im Fall des Informel und des abstrakten Expressionismus[4], in dessen Rahmen mit einiger Großzügigkeit auch die vorliegenden Bilder des Tiroler Künstlers Norbert Pümpel eingeordnet werden können. Weil sich hier Einsichten des Künstlers aus den Naturwissenschaften mit der eigenen künstlerischen Tradition treffen, vollbringt diese Kunst auch eine spannende Übersetzungsleistung einer physikalischen Theorie in eine andere „Sprache", nämlich jene der Kunst.

Norbert Pümpel, dessen Interesse neben der Malerei immer auch der Naturwissenschaft galt, geht es nicht mehr darum, reale Gegenstände in mimetischer Manier *darzustellen*, weil es diese reale, vom Betrachter unabhängige Welt gar nicht mehr gibt. Pümpel versucht demgegenüber, die Auflösung der Materie in den Geist, die Vereinigung von Subjekt und Objekt auf der Leinwand *nachzuvollziehen*.[5]

Das Bild gewinnt seine Funktion erst aus der Konfrontation oder Verschmelzung mit dem Betrachter. Besonders im Fall der „Struktur-Zeichnung" wird offenbar, daß das Bild auch nur aus dem Zwang unserer Endlichkeit heraus in den realen Rahmen gesetzt ist. Vielmehr ist es ein Ausschnitt aus der Unendlichkeit, dessen Fortsetzung über den Bildrand hinaus gedacht werden muß. Es ist die Momentaufnahme unserer Vorstellung vom dynamischen Tanz der elementaren Mi-

---

[3] Hans Belting, Bild und Kult. Eine Geschichte des Bildes vor dem Zeitalter der Kunst. München 1990.
[4] Stephen Polcari, Abstract Expressionism and the Modern Experience. Cambridge 1991.
[5] Vgl. dazu meine Beiträge: Geist und Materie. In: präsent Nr. 38 (1994), 20. Dass. erweitert in: arttirol '95. Katalog zu einer Ausstellung in der Galerie L'Embarcadère, Lyon 1995.

krowelt: „In diesen Ansichten verlieren sich die Konturen der Bildinhalte, Ränder werden überspült, Information fließt über vergeblich gezogene Grenzlinien. Und auch der Rahmen gibt seine verklammernde Funktion auf und wird durchlässig für Bedeutung ... Kunst beim Überschreiten des ästhetischen Ereignishorizonts."[6]

Die zahllosen Bleistifthiebe (das Bild zitiert das action painting eines Jackson Pollock) sollen diese Dynamik im Betrachter hervorrufen. Zeit erscheint hier nicht als linearer Ablauf, sie verbindet kein Ereignis kausal mit seiner Wirkung. Zeit ist gleichsam zur leeren pulsierenden Dynamik des Immer-Gleichen geworden. Damit - im Bild durch radikale Orientierungslosigkeit und das Fehlen jedes kompositorische Zentrums vermittelt - hebt sie sich selbst in der Sphäre des Zeitlosen auf.

Bedeutung und Funktion dieses Bildes lassen sich am erfolgreichsten in der Sprache der Mystik darstellen. Im radikalen Umschlag wird der leere Raum, in den sich der Betrachter geworfen erfährt, gleichsam zum Behälter einer authentischen Selbsterfahrung. Scheinbar eintönige Leere - der Mystiker spräche vom *Nichts* - verschmilzt mit der höchstmöglichen Fülle eines intensiven Erlebens. So betont Meister Eckhart, daß die Seele des Menschen leer von sich selber werden muß, damit die neue Wirklichkeit - im Fall Eckharts - einer Gottesgeburt in ihr möglich wird. Freilich muß der Mensch den Schock dieser radikalen Zurückgeworfenheit auf sich selbst erst bewältigen lernen. Die Verlusterfahrung einer völligen Entleerung kann so als höchste subjektive Bereicherung gesehen werden, die sich aus dem Erleben einer Transformation, einer Verwandlung des Selbst speist.

Diese Verwandlung thematisiert ein anderes Werk Pümpels. Gegenüber der Zeichnung, die selbst Ereignis ist, stellt das Bild *Die Welt bleibt davon unberührt* ein Manifest dar. Manifest einer wahren Welt, die sich nicht in gegenständlich meßbare Bröckchen zerlegen lassen will. Manifest einer gegenstandslosen, spirituellen Erfahrung gegenüber begrifflicher Reflexion und diskursiver Erkenntnisgewinnung.

Repräsentiert die Spannung in *Die Welt bleibt davon unberührt* die zwei Welten der klassischen und modernen Physik? Oder bezieht der

---

[6] Harald Kimpel, Notizen zu N. Pümpels physikalischen Historienbildern. In: N. Pümpel, Relative reale Systeme. Katalog Innsbruck 1998, 8.

Norbert Pümpel, Die Zeit kommt von rechts und geht nach links als Geist. Die Welt bleibt davon unberührt. Mischtechnik auf Leinwand, 1995

Künstler zwei Wirklichkeitsdeutungen, die - oberflächlich betrachtet - nichts miteinander gemein haben, die moderne Physik und die Tradition der Mystik, aufeinander? Tatsächlich - so scheint es - ruft das Durchstoßen der materiellen Hülle auf seinen geistigen Hintergrund das Motiv der universalen Weltseele, die Eins und Alles, Zeit und Ewigkeit vermittelt, in Erinnerung. Wer dazu in der Geistesgeschichte nach ontologischen Mustern sucht, stößt zwangsläufig auf die neuplatonische Gotteskonzeption.

Gott: Das sich verschenkende Ausgießen

Platon und der spätere Neuplatonismus haben die Verbindung von Menschlichem, Göttlichem und Natur in unübertroffener Intimität gedacht. Es ist nicht einfach zu rekonstruieren, was zur neuplatonischen Renaissance führte, die sich vor allem gegen das aristotelische Denken stellte. Löste der relativierende Pluralismus und die aufgeklärte Geschäftigkeit des multikulturellen Brennpunktes und Schmelztiegels Alexandrien, wo am Beginn unserer Zeitrechnung Griechisches, Jüdisches und orientalische Kulturstränge aus Kleinasien zusammenliefen, konservative Abwehrreflexe aus? Das wäre dann eine ähnliche Konstellation wie knapp ein halbes Jahrtausend vorher, als sich Platon gegen das Geschwür des sophistischen Relativismus und Skeptizismus, gegen die moderne Aufklärung, stemmte. Seine Beschwörung der geistigen Führungskraft Athens demonstriert uns beispielsweise theatralisch die Leitung der Gesprächspartner aus Sparta und Kreta in seinem Spätwerk *Nomoi*. Die Neuplatoniker würden Platon in seiner dort thematisierten Einschätzung zweifellos folgen, daß der sophistische Angriff auf die göttliche Basis des Kosmos auch und vor allem die Ordnung der Polis tief erschüttert, die das Abbild dieses Kosmos darstellt.[7]

Neben diesem ordnungspolitischen Aspekt tritt im überwiegenden Anteil neuplatonischer Systeme die Vision, die Einheit der antiken Seinsvorstellung mit dem jüdischen Eingottglauben verbinden zu können. Philon (ca. 25 vor bis 50 nach Christus) schien dieses Anliegen vehement vertreten zu haben. Ammonios Sakkas (ca. 175 bis 242) gilt als charismatischer Gründer der Neuplatonikerschule in Alexandrien und sein bedeutendster Schüler war Plotin (204 bis 270). Plotin stellt sich vehement gegen jede Differenz und Vielheit. Er kann in der Art wie Aristoteles das Verhältnis von Göttlichem und Welt denkt, nur ein Zerbrechen des Einheitskosmos erkennen. Nicht nur gegen den realen Unterschied von Göttlichem und Welt, wie ihn Aristoteles im zwölften Buch seiner Metaphysik formuliert, polemisiert Plotin, sondern auch gegen das denkende und schauende Wesen des aristotelischen ersten unbewegten Bewegenden (ἡ νόησις νοήσεως[8]).

Denn weil es jenseits des Seins ist, ist es auch jenseits des Geistes und Denkens.[9]

Denken sei immer gegenstandsbezogen und daher zerfällt im Denken notwendig jede Einheit in eine Differenz, die nicht mehr seinsmäßig, sondern nur mehr durch den geistigen Akt der Reflexion überbrückt werden könne.

---

[7] Nomoi, 624a; 716b.
[8] Met., 1074b.
[9] Plotin, Enneaden, I 7,1,19.

Wenn der Geist sowohl das Denkende wie selber das Gedachte ist, so ist er zwiefältig und nicht einfältig, also nicht das Eine.[10]

Es geht um die Lösung des Problems wie die Differenz von Sein und Denken durch eine Identität überformt werden kann. Der Mystiker erkennt dazu im zentralen Spruch des Parmenides ein Erbe aus mythischer Tradition.

Denn dasselbe ist Denken und Sein .[11]

Dieser Gedanke evoziert die Utopie einer Welt, in der es keine Trennung von Subjekt und seinem Gegenstand gibt. Es ist dies eine Welt *vor* jeder Reflexion, ein zeitloser Augenblick, in dem sich das Subjekt - in seiner Schau mit dem Gegenstand verschmelzend - in einer neuen Wirklichkeit wiederfindet.

Doch dieses Ideal völliger Identität ist im Realen vielfach gebrochen und zerbrochen. Der Mensch lebt mit Differenz, Reflexion, mit einem widerständigen Körper und in der Zeit und Geschichte und er hat sich in dieser seiner Welt auch häuslich eingerichtet.

Der Einspruch platonisch-neuplatonischer Weltdeutung richtet sich gegen dieses Faktum. Diese Welt sei in ihrer Differenz zum Göttlichen nur vorläufig und scheinbar. Das Ziel muß sein, sie zu verlassen zugunsten einer alle Sinne anregenden, synästhetischen Erfahrung. Dazu bietet das neuplatonische Schema zweierlei: Einmal eine Theorie, die eine Vereinigung von Göttlichem und Menschlichem ontologisch überhaupt erst möglich macht. Zum zweiten ein Stufenschema, das dem einzelnen den Aufstieg zur *unio mystica* gewährt und ihn damit in das kosmische Ganze eingemeindet.

Mit Plotin beginnt der Aufstieg von der materiellen Welt aus. Sie ist die unterste Sphäre, Materie gleichgesetzt mit dem Bösen. Meister Eckhart hält Inkarnation und Reinkarnation für eine Strafe. Von der sinnlichen Welt steigen wir über die Seele, den Geist und den Ideen zum Einen auf. Die Seele ist als Weltseele eine Vermittlerin zwischen der geistigen und der sinnenhaften Welt, gehört aber durch ihr Hineinreichen in den einzelnen noch zur Vielheit. Der Geist steht für Plotin - anders als bei Aristoteles und selbst bei Platon - in Differenz zum Einen. Geist ist Denken und Denken ist die Differenz der Reflexion - so hatten wir gesagt. Damit diese Differenz das Eine nicht unterläuft,

---

[10] Ebd., VI 9,2,35.
[11] Parmenides B 3.

denkt sich das Eine nicht bei sich, sondern in Differenz zu sich selbst. Über das Eine selbst, das die Seiendheit übersteigt, könne wir keine Aussagen mehr machen. Plotin stiftet mit der Einschränkung, daß wir das Eine allenfalls durch eine Visio erreichen, daß wir aber niemals in begrifflich diskursiver Aussage feststellen können, was es ist, die Tradition der negativen Theologie.

Dieser für jeden Eingeweihten nachvollziehbare Aufstiegsweg zum Einen, der über die Versenkung in die eigene Seele funktioniert,[12] spielt sich auf einem ontologischen Grund ab, der im archaischen Denken und Empfinden des Menschen seine Wurzeln hat: Gemeint ist die Emanationslehre des Neuplatonismus. Das Eine, Namenlose, Überseiende ist niemals statisch, sondern findet seine Identität in einem Prozeß. Es ist nie bei sich, sondern stabilisiert sich in der ständigen Suche nach sich selbst. Es entäußert sich und entwirft jedes Bild als entäußerten Teil seiner selbst und hebt dadurch jede Differenz in die Identität. Indem es sich dem anderen mit-teilt, teilt es sich selbst Sein zu. Das Eine wächst in und durch die Selbstdifferenz.

Das neuplatonische Gottesbild zeigt das Göttliche in der Totalität eines zyklischen Reifungs- und Bewußtwerdungsprozesses. Gott - das ist: ein ständiges Zu-sich-selbst-Kommen! Ein Gott nach getaner Arbeit! Die neuplatonischen Semantik spricht euphemistisch von einem in seiner Seinsfülle sich in die Welt ausgießenden, sich gnadenhaft an den Menschen verschenkenden Gott. Die Mechanik dieser dynamischen Wahrheit, den dialektischen Dreischritt hat neben Plotin Proklos benannt: Vom bei-sich-Sein (μονή), dem aus-sich-hinaus-Gehen (πρόοδος) und zu-sich-Zurückkehren (ἐπιστροφή) spricht er und benennt damit den triadischen Akt der Dialektik.

Wir treffen hier auf die ursprüngliche Funktion der Dialektik als ontologisches Prinzip. Auch noch auf dem späten, bereits ins Philosophische gehobenen Reflexionsniveau der Vorsokratiker und dann vor allem Platons läßt sich die Dialektik auf ihr ursprüngliches Anliegen durchsichtig machen: Es ist dies die Wiederherstellung der in den alten Mythen durch die Trennung von Himmel und Erde verlorengegangenen Einheit des Kosmos. Die Mysterienkulte waren ein Bemühen, im Ritual die in den Vegetations- und Lebenszyklen verborgene Figur der ungebrochenen Ganzheit und Geschlossenheit zu rekon-

---

[12] AaO., VI 9,11,38.

struieren. In der heiligen Hochzeit (ἱερός γάμος) wurde diese Totalität symbolhaft beschworen. Die Abhängigkeit der Vorsokratiker von den Mysterienkulten wiederum ist reichlich belegt, wenngleich bis heute kontrovers.

Wahrheit enthält vor dem Hintergrund dieser Konzeption einen prozeßhaften Aspekt. Sie *ist* nicht, sondern sie *wird* immer. Allerdings ist analog der determinierten Bewegung des sich entäußernden Gottes der Weg der Wahrheit in der Vision eines harmonischen Abschlusses dieses Prozesses vorgegeben und zielgerichtet.

Erotische Bewegung

Noch luzider beschreibt Dionysius Pseudo-Areopagita den göttlichen Selbstdarstellungsgang. Das göttliche, namenlose, überseiende Prinzip, mit dem der syrische Mönch des 6. Jahrhunderts ausdrücklich den Gott des Alten und Neuen Bundes identifiziert, kommt erst in einer emanativen Selbstbespiegelung zu sich. In einem unendlichen Spiegelspiel von Identität und Differenz und mit der entsprechenden widersprüchlichen Semantik („unähnliche Ähnlichkeit", „überlichtige Finsternis") stellt sich Gott in der Dreiheit von Sein, Leben und Geist dar.

Das *Leben* als erotisch-dialektische Bewegung stellt die Identität von *Sein* und *Geist*, von Sein und reflexionslosem anschauendem Denken wieder her. Der Areopagite spricht im Zusammenhang mit dieser Einswerdung ausdrücklich von einer erotischen Bewegung (κίνησις ἐρωτική). Gestiftet wird hier keineswegs nur die Begegnung eines Subjekts mit einem Objekt, sondern eine neue Wirklichkeit, wo jedes der vorher (nur scheinbar) getrennten Entitäten zu einer neuen Entität verschmilzt.

Wenn hier stets von der Notwendigkeit des „sich-Zuwachsens", von „nach getaner Arbeit" die Rede ist, ist dies ein aus der Not der begrifflichen Darstellung folgendes Mißverständnis. Dieses *Entstehen* ist in der Spätantike noch kein Akt in der Geschichte menschlichen Bewußtseins. Dies wird es erst mit Hegel, wo sich der absolute Geist in der Denkarbeit des endlichen menschlichen Geistes manifestiert. Und erst an Hegels subjektzentrierte Denkarbeit des Absoluten läßt sich später die aufklärerische Frage richten, ob sich nicht vielmehr der Mensch in dieser geschichtlichen Selbstdarstellung realisiert (Feuerbach).

Für den Neuplatoniker muß die Kreissymbolik noch unverletzt erhalten bleiben, er beschreibt den *Augenblick* eines mystischen Erlebnisses, einer gelingenden Schau, die Verschmelzung des göttlichen mit dem menschlichen Geist. Gott wird so wahrnehmbar, geradezu empirisch erfahrbar.[13] Diese Welt bleibt in der Tat unberührt im Gegenüber zu einem Menschen, der sich durch seine materielle Verfassung der Zeit und dem Bruchstückhaften exponieren muß.

Die Künstler haben mit den Motiven der Aufhebung von Raum, Zeit und der Stiftung einer neuen Wirklichkeit an der spirituellen Kraft der Ikone angeknüpft. Vom Suprematismus Kasimir Malewitschs,[14] bis zu Barnett Newman, Marc Rothko, Ad Reinhard. Gerade die universalreligiösen Sakralräume wie die Rothko-Kapelle in Houston oder die Aufbahrungskapelle in Zams mit einer vielteiligen Installation (*Der große Wandel*) von Norbert Pümpel stehen herausfordernd vor der Frage nach dem *Sinn von Transzendenz* - besser gesagt: der Spannung von Transzendenz und Immanenz. Verbleibt die griechische Selbstvermittlung eines göttlichen Kosmos, an dem der einzelne über seine universale Weltseele partizipiert, in reiner Immanenz? Welcher Standpunkt erlaubt eine solche Beurteilung? Durchbricht christliche Mystik diese Immanenz in der realen Begegnung des Mystikers mit einem personalen Gott in der unio mystica, die nicht selten mit erotischer Brautsemantik beschrieben wird, auf eine Transzendenz hin? Und wie steht es mit diesem Verhältnis von Transzendenz und Immanenz bei der in subjektiven Erlebnisräumen erreichten neuen Wirklichkeit, die die Funktion des Bildes in der Kunst der Moderne (das dadurch ähnlich der Ikone kein Bild mehr ist) aufschließt?

Der technische Eros

Dieses ungeklärte Verhältnis zwischen Transzendenz und Immanenz ist ein Spannungsmoment, an dem die Neuzeit ansetzen kann. Sie ver-

---

[13] Platon, Timaios, 92c.
[14] Seine suprematistischen Werke bezeichnete Malewitsch nicht als Bilder, sondern als „*Erfahrungen* reiner Gegenstandslosigkeit" (Hervorhebung BB). In: Bauhausbücher Bd. 11. München 1927.

ändert diese Vision an zwei wesentlichen Stellen. Zum ersten wird der (antike) göttliche Kosmos abgelöst durch das (neuzeitliche) transzendentale Vernunftsubjekt (von Descartes bis Kant) und zum zweiten wird der zeit- und geschichtslose mystische Augenblick aufgelöst in die Realität und Linearität der Geschichte.

Es ist wohl Hegel, der so treffend wie kein anderer aus dieser Tradition die Manifestation des neuzeitlichen Geistes in der Geschichte kollektiver menschlicher Denkarbeit (also in der Geschichte des Subjekts) beschrieben hat. Der Entwurf verlangte geradezu danach, im beginnenden industriellen Zeitalter und noch aus dem Geist der Romantik in materialistischer Leseart weitergesponnen zu werden. Karl Marx deutete Hegels Dialektik des Geistes um: Als ein kollektives Geschäft der Erarbeitung der Natur im Schweiße schmutziger Arbeit. Die archaische Wahrheit des natürlichen Jahreskreises schimmert in der Wahrheit von Marx wieder durch. Sie soll am Ende der Geschichte der industriell-technischen Weltaneignung als Versöhnung von Mensch und Natur und Mensch und Mensch wieder konkret geworden sein.

> Also die Gesellschaft ist die vollendete Wesenseinheit des Menschen mit der Natur, die wahre Resurrektion der Natur, der durchgeführte Naturalismus des Menschen und der durchgeführte Humanismus der Natur.[15]

Meine These lautet, daß der Eros des neuplatonischen Gottes, der in seiner Entfaltung das Geschöpfliche zu sich finden läßt, sich auch im Eros der Weltaneignung verbirgt. In der materiellen Weltaneignung der klassischen Technik und Industrie, in der geistigen Weltaneignung der postindustriellen Kommunikations- und Dienstleistungsgesellschaft, im medial vernetzten globalen Dorf. Die letzte große Dichotomie, jene von Geist und Materie löst sich als nur scheinbare auf. So wie die Welt sich auflöst in einen Geist, der der Geist des Menschen ist. Dies - so scheint es - löst - ähnlich wie in der Mystik - die sekundäre Reflexion ab durch die vermeintlich konkret gewordene Sehnsucht nach der Unmittelbarkeit eines authentischen Dabei-Seins, die sich in Physik und sogar Ökonomie hemmungslos ausbreitet. Es ist aufregend zu beobachten, wie das neuzeitliche Weltaneignungsparadigma gegenwärtig wieder in den Eros des Spirituellen, ja esoterischer Spekulation umschlägt.

---

[15] MEW Erg. Bd. I, 537f.

Es scheint so, als ob uns der dialektische Zyklus, die ewige Wiederkehr des Gleichen, verschlingt.

Der andere Gott: Das Bei-sich-Sein

Plotin bringt die Überlegungen sämtlicher dialektischer Konzeptionen auf den Punkt, wenn er den Ursprung für die Zerstörung des göttlichen Kosmos in der Differenz sieht, in der Neigung des Menschen, sich am Anderen, am Gegenständlichen zu orientieren.

> Der Ursprung des Übels war ihr Fürwitz, das Eingehen ins Werden, die erste Andersheit ... die Seelen ... achteten das Andere hoch ... waren von dem Anderen hingerissen, staunten es an, hängten sich daran ...[16]

Es gibt ein beeindruckendes Dokument, das uns geradewegs das Gegenteil schildert: Die Klage Wotans in Wagners *Walküre*. Es ist eine Klage über das sisyphushafte Verhängnis, in allem, was er tut, nur Bilder seiner selbst zu erzeugen.

> Das sind die Bande, die mich binden:
> der durch Verträge ich Herr, den Verträgen bin ich nun Knecht...
> O göttliche Not! Gräßliche Schmach!
> Zum Ekel find ich ewig nur mich in allem, was ich erwirke!
> Das andre ersah ich nie: denn selbst muß der Freie sich schaffen;
> Knechte erknet ich mir nur![17]

Das Heil liegt - so die Botschaft - nicht in der Identität, sondern in der Differenz. Nur die Differenz durchtrennt den gordischen Knoten des Gefangenseins in der Totalität des Kreises. Anders gesagt: Die Gottesbegegnung erhält ihre Würde nicht durch die intime Immanenz, sondern durch Distanz und Differenz zu einem transzendenten Gott. Das hatte bereits Aristoteles vergeblich gegen das Gottesbild Platons eingewandt.

Anders ist die Sache, wenn eineinhalbtausend Jahre nach Aristoteles ein gläubiger Christ, Theologe und Philosoph, Thomas von Aquin (1225 - 1274), versucht, das, was ihm in einer Offenbarung zuteil geworden ist, denkerisch umzusetzen und einzulösen. Es geht nicht mehr darum, das Denken auf sich selbst zu stellen und damit letztendes das Gegenständliche, das einzelne, an denkerischer Uneinholbarkeit zerschellen lassen zu müssen (individuum est ineffabile). Tho-

---

[16] Enneaden, V, 1,10.
[17] Richard Wagner, Walküre. 2.Aufzug, 2.Szene.

mas sieht demgegenüber die Legitimität für dieses einzelne in Menschwerdung, Sterben und Auferstehen Jesus des Christus, also in einer auf uns gekommenen Botschaft einer Offenbarung. Hoffnung birgt nicht mehr die relationale Vernetzung von Mensch und Welt in einer gemeinsamen Weltseele, die durch einen erotisch-dynamischen Prozeß zum Heil zusammenwächst, konkret wird. Hoffnung liegt jetzt im Gottmenschen selbst, der jedem einzelnen, der mit personaler Würde und Einmaligkeit ausgestattet ist, zum Heil wird.

Mit Thomas wird die Inkarnation zum Moratorium für jeden Eros, dem welterobernden ebenso wie auch dem mystischen. Die Identität verliert ihren Reiz zugunsten der Differenz. Eine Differenz, die im Christuswort *Ich bin der Weg, die Wahrheit und das Leben*[18] ihre Unschuld beteuert. Dennoch mangelt es nicht an Angriffen gegen den Aquinaten: Überholtes Substanzdenken und das naive Vergegenständlichen einer vom Subjekt unabhängigen Realität, ein Personbegriff, der den einzelnen als uneinnehmbare Burg konstruiert und den sozialen Bezug aus seiner Konstitution ausklammert, der Verlust einer mystischen, gnadenhaft geschenkten Gotteserfahrung durch die Hybris, Gott rational ins Dickicht menschlicher Begriffe ziehen zu können!

Wie immer bei radikaler Zustimmung oder Ablehnung wäre die Bewertung dieser Vorwürfe eine diffizile Aufgabe. Zumindest ein Aspekt ließe sich gegenüber der Kritik ins Treffen führen: Die „Anerkennung der Unwiederbringlichkeit jedes einzelnen Lebens" als „einzige Legitimation für all unser Handeln"[19] hat Thomas von Aquin tadellos formuliert - mehr als die Dialektiker dies taten.

Auch dieses, offenbar als Desiderat empfundene Programm entspringt der Ambivalenz archaischer Erfahrungen, die jeder Mensch immer wieder neu empfindet und die in ihre Philosophie gewordene Geschichte Eingang gefunden haben: Die Spannung zwischen der Lust auf anderes, von mir Unabhängiges, Fremdes zu *treffen* und dem Drang, dieses andere mir *anzueignen*.

Ein zweiter Aspekt, nun freilich auf Widerstand stoßend, wäre *einzuklagen*: Natürlich hat Thomas darüberhinaus auf die Rückgebundenheit des Menschen auf das Religiöse verwiesen und darin die letz-

---

[18] Joh., 14,6.
[19] Robert Menasse, In: Die Zeit 42 v. 13.10.1995, 80.

te Legitimation gesehen, ohne dies allerdings zu einem Zwangsgrund zu machen. Und unbeschadet ihres Bestehens vor der Vernunft muß man zur Kenntnis nehmen, daß es faktisch ein spirituelles Bedürfnis und spirituelle Weltdeutungen gibt, die sich nicht den Mund verbieten lassen. Neben der Wahrheitsfrage ist die Spiritualisierung und Ästhetisierung der Lebenswelt ordnungspolitisch eine wichtige Aufgabe: Sie dient dazu, die Defizite rationaler Aufklärung abzudecken und sie - paradox genug - „vernünftig" zu kanalisieren. Es bleibt unerläßlich, die emotionalen Bedürfnisse des Menschen verantwortet zu beantworten.

Wer die Spiritualisierung und Ästhetisierung der Lebens- und politischen Welt hingegen völlig ausgrenzt, hat eine Gefahr zu verantworten. Die Melancholie über das ständig wieder neu verlorene Vertrauen in die rationale Aufklärung gebiert Surrogate heiler Paradiese, die zum Ausstieg aus dem steinigen Weg rationaler Reflexion aufrufen und ihre eigene Welt kreieren, die von unkontrollierten emotionalen Ausbrüchen geprägt sind.

Für die vorliegende Problemstellung wäre aus diesem Grund für den Versuch einer Versöhnung dialektisierender Spiritualität und der „Differenzphilosophie" zu plädieren. Dialektische Spiritualisierung kann befreiend sein, wenn sie nicht mehr einen sich selbst überlassenen Eros der Weltaneignung verbirgt, der den einzelnen zum Funktionär eines Systemzwangs degradiert, sondern wenn dieser Prozeß beim einzelnen selbst, im Sinne personaler Bereicherung seinen Pol findet. Wenn also beides passiert: Wenn eine Welt immer wieder vor dem Fascinosum des Anderen, des Abgegrenzten, erschaudert und wenn eine Welt vor der falschen Verführung, sie bloß als Summe des Partikulären anzueignen, unberührt bleibt.

KONRAD BREITSCHING
KANONISCHES RECHT UND SPIRITUALITÄT

1. Vorbemerkungen

Der Leser des vorliegenden Bandes, der sich dem Thema „Spiritualität" widmet, mag sich vielleicht wundern, hier einen Beitrag zu finden, der sich aus der Sicht des kanonischen Rechts mit Spiritualität befaßt. Kann das kanonische Recht überhaupt für die spirituelle Lebensgestaltung eine Bedeutung haben, kann es Spiritualität vermitteln? Wird doch das Recht immer wieder als geistfeindlich oder zumindest geisthemmend zurückgewiesen. Man denke hier nur an die während der Aufbruchsstimmung am und nach dem Zweiten Vatikanischen Konzil sich breit machende rechtsfeindliche Haltung innerhalb der katholischen Kirche[1] oder an den evangelischen Rechtsgelehrten Rudolph Sohm (1841-1917), der gegen Ende des vorigen Jahrhunderts in eloquenter Form die Unvereinbarkeit von Kirche und Recht vertreten hatte, weil die Kirche als geistliche Größe mit einer rechtlichen Ordnung unvereinbar sei.[2] Erinnert sei auch an die immer

---

[1] Die Frage nach Rechtmäßigkeit und Sinn des Kirchenrechts hat in der Erneuerungs- und Umbruchszeit nach dem Zweiten Vatikanischen Konzil neue Aktualität erhalten. Es erhob sich eine weit um sich greifende Skepsis gegenüber dem Kirchenrecht. Hans Heimerl schreibt in diesem Zusammenhang: „Was dem Kanonisten am Verständnis der Kirche in den breitesten katholischen Kreisen heute auffällt, ist die ablehnende Haltung gegen alles Rechtliche, die von der Hinnahme als notwendiges Übel bis zur schlichten Negation reicht." HANS HEIMERL, Das Kirchenrecht im neuen Kirchenbild: Ecclesia et ius. Festgabe für Audomar Scheuermann. Hrsg. v. Karl Siepen, Joseph Weitzel u. Paul Wirth. München u. a. 1968, 1-24, 1. Eine gegenüber dem Recht reservierte Haltung ließ sich auch auf dem Konzil feststellen. Die Konzilsväter waren bestrebt, juristische Formulierungen zu umgehen. Einer der schärfsten Einwände, den ein Redner in einer Diskussion auf dem Konzil gegen ein Schema einbringen konnte, war, daß es zu juridisch sei. Vgl. zu konziliaren Protesten PETER KRÄMER, Das Recht im Selbstvollzug der Kirche. Erwägungen wider die Gefahr einer Verrechtlichung, in: TThZ 85 (1976) 321-331, 324f. Vgl. auch JOHANNES NEUMANN, Die Rechtsprinzipien des Zweiten Vatikanischen Konzils als Kritik an der traditionellen Kanonistik, in: ThQ 147 (1967) 257-292, 260; HANS HEIMERL, Aspecto cristologico del Derecho Canonico, in: IusCan 6 (1966) 25-51, 25.

[2] RUDOLPH SOHM, Kirchenrecht. Bd. I. Die geschichtlichen Grundlagen. Leipzig 1892. Das Ergebnis seiner Quellenforschungen lag in der These: Das Kirchenrecht steht mit dem Wesen der Kirche in Widerspruch. Diese These kehrt in dem

wieder ins Spiel gebrachte Entgegensetzung von Liebes- und Rechtskirche. Alle diese Einwendungen gegen das Recht in der Kirche erwecken den Eindruck, daß das Kirchenrecht eher geeignet sei, die Entfaltung einer christlichen Spiritualität zu behindern als zu fördern. Doch liegen hier offensichtlich Mißdeutungen der Funktion des Rechts im Leben der Kirche zugrunde, die zweifelsohne auch durch unangemessene Handhabung desselben verursacht und verstärkt wurden und werden. Ebenso trägt die kirchliche Rechtsordnung die Gebrochenheit unserer menschlichen Existenz an sich, weshalb es nicht möglich ist, eine kirchliche Rechtsordnung zu schaffen, die völlig frei davon wäre, auch verletzend zu sein.[3] Dennoch wäre der Gegensatz zur Kirche der Liebe nicht die „Rechtskirche", sondern die „Unrechtskirche".[4] Schließlich gilt auch für das Gesetze der Kirche, daß sein Buchstabe erst durch den Geist belebt werden muß.

Das Kirchenrecht steht im Dienste der Bewahrung der Identität der Kirche und der Einheit des Glaubensbekenntnisses, also von Größen, die sich vom Wirken des Geistes nicht trennen lassen.[5] Darüber hinaus hat es die Aufgabe, „die Lebensordnung, die aus dem Dialog der Liebe zwischen Gott und dem erlösten Geschöpf entspringt, zu schützen, zu entfalten, ihrer Verwirklichung zu dienen".[6] Auch ist das Recht nicht etwas, das von außen an die Kirche herangetragen wird, sondern es entspringt aus den die Kirche aufbauenden Elementen des Wortes und des Sakramentes.[7] So bewirkt sakramentales Geschehen eine neue Solidarität, eine neue gesellschaftliche Wirklichkeit, die

---

angeführten Werk immer wieder. Sie bildet das „Leitmotiv seiner ganzen kirchenrechtlichen Forschung". HANS BARION, Rudolph Sohm und die Grundlegung des Kirchenrechts. Bonner Antrittsvorlesung, in: ders., Kirche und Recht. Gesammelte Aufsätze. Hrsg. v. Werner Böckenförde. Paderborn u. a. 1984, 79-103, 81.

[3] KONRAD HARTELT, Liebe und Recht. Anmerkungen zur theologischen Grundlegung des Kirchenrechts, in: Recht im Dienste des Menschen. Eine Festgabe. Hugo Schwendenwein zum 60. Geburtstag. Hrsg. v. Klaus Lüdicke, Hans Paarhammer u. Dieter A. Binder. Graz u.a. 1986, 325-330, 330.

[4] Vgl. ebd., 330.

[5] Vgl. LIBERO GEROSA, Die Communio und die theologisch-pastorale Bedeutung des kirchlichen Rechts, in: ders., Kirchliches Recht und Pastoral (Extemporalia. Fragen der Theologie und Seelsorge 9). Eichstätt/Wien 1991, 9-45, 17.

[6] HARTELT, Liebe (s. Anm. 3), 325.

[7] Vgl. dazu EUGENIO CORECCO, Taufe, in: Ecclesia a Sacramentis. Theologische Erwägungen zum Sakramentenrecht. Hrsg. v. Reinhild Ahlers, Libero Gerosa und Ludger Müller. Paderborn 1992, 27-36, 35.

rechtliche Verbindlichkeiten miteinschließt.[8] Durch die Taufe wird der Mensch in die Gemeinschaft der Kirche eingegliedert und in dieser zu einem Träger von Rechten und Pflichten (vgl. can. 96 i. V. m. can. 204).[9] Das in der Taufe sich vollziehende sakramentale Geschehen vermittelt also einen Rechtsstatus, den der Gesetzgeber im Kodex von 1983 im ersten Titel „Pflichten und Rechte aller Gläubigen" des zweiten Buches über das Volk Gottes näher umschrieben hat (vgl. can. 208-223). Darüber hinaus weiß sich das kanonische Recht dem Seelenheil, salus animarum, als dem obersten Gesetz[10] der Kirche verpflichtet (vgl. can. 1752). Damit rückt der Gesetzgeber die Heilssorge um den hier und jetzt lebenden gläubigen Menschen ins Zentrum des kirchlichen Rechts.

2. Der rechtliche Rahmen spiritueller Lebensgestaltung

In dem vorhin angesprochenen „Grundrechts- und Grundpflichtenkatalog" finden sich Bestimmungen, die einen direkten Bezug zur spirituellen Lebensgestaltung aufweisen.

Can. 214 spricht jedem Gläubigen das Recht zu, „der eigenen Form des geistlichen Lebens zu folgen". Der Kodex garantiert damit einerseits eine Vielfalt des spirituellen Lebens in der Kirche, andererseits hält er mit dieser Bestimmung zugleich fest, daß der Bereich des spirituellen Lebens einer umfassenden rechtlichen Regelung nicht zugänglich, sondern primär der freien Entscheidung und Verantwortung des einzelnen zugewiesen ist. Seine Grenze findet dieser spirituelle Pluralismus daher nur an der Lehre der Kirche (vgl. can. 214) und an der Forderung, im eigenen Verhalten immer die Gemeinschaft mit der Kirche zu wahren (vgl. can. 209 § 1).[11] Es darf also niemanden eine

---

[8] Vgl. GEROSA, Communio (s. Anm. 5), 31.
[9] Vgl. dazu CORECCO, Taufe (s. Anm. 7), 31ff.
[10] Gesetz ist hier nicht in einem strikten Sinne zu verstehen, sondern im Sinne eines grundlegenden Prinzips, einer Zielrichtung der gesamten kirchlichen Gesetzgebung. Vgl. KLAUS LÜDICKE, MKCIC nach 1752.
[11] Klerikern wird darüber hinaus eine am Zölibat orientierte spirituelle Lebensform vorgeschrieben (vgl. can. 277 § 1). „Das Recht auf eigene Form des geistlichen Lebens ist weitreichend und beinhaltet jeglichen Ausdruck des Glaubens..." KANONISCHES RECHT. LEHRBUCH AUFGRUND DES CODEX IURIS CANONICI. Begründet von Eduard Eichmann, fortgeführt von Klaus Mörsdorf und neu bearbeitet von Winfried Aymans. Bd. II. Verfassungs- und Vereinigungsrecht. Paderborn u. a. 1997, 99. Vgl. auch HEINRICH J. F. REINHARDT, MKCIC 214/5.

bestimmte spirituelle Ausrichtung aufgezwungen oder jemand von einer bestimmten Form abgehalten werden.

Unbeschadet dieses rechtlichen Faktums ist eine beschränkte rechtliche Normierung im Bereich der persönlichen Gottesbeziehung erforderlich, da diese letztlich in fundamentaler Weise an die Kirche und ihr Handeln rückgebunden bleibt. „Wenn und insoweit die personale Gottesbeziehung durch ekklesiale Beziehungen bedingt wird, ist eine kanonische Normierung des persönlichen religiösen Lebens erforderlich. Die Bedingtheit ist...zu verstehen als eine notwendige Hinordnung auf die Kirche und die ekklesialen Beziehungen, insbesondere auf die apostolische Autorität, so daß ohne die tatsächliche Verbindung keine volle personale Gottesbeziehung verwirklicht oder manifestiert werden kann." [12] Dennoch muß man sich bewußt sein, daß es zwischen persönlicher Gottesbeziehung und kirchlicher Rechtsordnung zu Konfliktsituationen kommen kann, denen das Recht nicht gewachsen ist.[13]

Der Respekt des Kirchenrechts vor der Freiheit der spirituellen Lebensgestaltung zeigt sich auch darin, daß er die Feier des Gottesdienstes im eigenen Ritus[14] rechtlich schützt (vgl. can. 214).[15] Diesem

---

[12] Zur Gesamtproblematik der Beziehung zwischen persönlichem Glaubensverhältnis und rechtlicher Regelung siehe JAN VRIES, Gottesbeziehung und Gesetz. Grund, Inhalt und Grenze kanonischer Normierung im Bereich des religiösen Lebens des Gläubigen (MThS.K 44). St. Ottilien 1991. Das Zitat findet sich ebd. 167. Näherhin handelt es sich um Situationen, wo die Verwirklichung oder Wiederherstellung der inneren Dimension der Gottesbeziehung „konditional notwendig des Handelns der kirchlichen Gemeinschaft bedarf und wesentlich zum äußeren kirchlichen Handeln gehört oder in einem gemeinsamen kirchlichen Handeln manifestiert werden soll." Ebd. 100. Dies trifft vor allem im sakramentalen Bereich zu.

[13] Vgl. HARTELT, Liebe (s. Anm. 3), 329.

[14] Die katholische Kirche wird aus unterschiedlichen Rituskirchen gebildet. Einmal der lateinischen Rituskirche, der der Bischof von Rom in seiner Funktion als Patriarch des Abendlandes vorsteht, und den unierten Ostkirchen. Diese Rituskirchen sind untereinander gleichberechtigt. Der Unterscheidung zwischen lateinischer Kirche und den Ostkirchen liegt die Reichsteilung des römischen Reiches zugrunde. Die unierten Ostkirchen gliedern sich in fünf Hauptriten. Eine Übersicht dieser Rituskirchen mit ihren Unterteilungen findet sich bei JOSEF PRADER, Das kirchliche Eherecht in der seelsorglichen Praxis. Orientierungshilfe für die Ehevorbereitung und Beratung in Krisenfällen. Bozen ²1991, 120.

[15] Vgl. dazu KANONISCHES RECHT (s. Anm. 11), 98; THE CODE OF CANON LAW. A Text and Commentary. Hrsg. v. James A. Coriden, Thomas J. Green und Donald E. Heintschel. New York 1985, 148; ORIENTALIUM ECCLESIARUM 2f; 21.

Grundrecht entspricht die Pflicht des Diözesanbischofs, „für die geistlichen Erfordernisse der Gläubigen eines anderen Ritus in seiner Diözese Sorge zu tragen".[16] Aber auch das Recht auf die freie Wahl des Lebenstandes (vgl. can. 219), der in der Kirche stets mit einer bestimmten spirituellen Grundausrichtung verbunden ist,[17] sichert diese Grundfreiheit. „In der Wahl des Lebensstandes antwortet der Gläubige auf seine spezifische Berufung und konkretisiert so seine christliche Berufung und seine Teilhabe an der kirchlichen Sendung..."[18]

Die hohe Bedeutung, die der Kodex dem spirituellen Leben beimißt, geht aus can. 210 hervor, der alle Gläubigen, Kleriker wie Laien, ob sie nun Ordensangehörige sind oder nicht, verpflichtet, gemäß ihrer Stellung und ihren Kräften ein heiliges Leben zu führen sowie auch die ständige Heiligung der Kirche zu fördern.[19] „Es besteht nicht nur ein Zusammenhang zwischen der persönlichen Heiligkeit und der Heiligkeit der Kirche. Die Pflicht besteht in dem Beitrag zu dem Gemeinschaftswerk, aufgrund dessen es allen Gläubigen ermöglicht wird, ein geheiligtes Leben zu führen, und die Heiligung der Kirche gefördert wird."[20] Zwischen persönlicher Heiligkeit und Heiligkeit der Kirche besteht also eine wesentliche Wechselwirkung.[21] Für Kle-

---

[16] REINHARDT, MKCIC 214/3. Can 383 § 2 konkretisiert in Anlehnung an CHRISTUS DOMINUS 23 diese Sorge insofern, als dort vom Diözesanbischof verlangt wird, die seelsorgliche Betreuung durch einen Priester des betreffenden Ritus oder sogar durch die Errichtung einer eigenen Rituspfarrei oder durch die Bestellung eines Bischofsvikars, der sich in besonderer Weise der Angehörigen des anderen Ritus anzunehmen hat, sicherzustellen.

[17] Vgl. KANONISCHES RECHT (s. Anm. 11), 68f.

[18] CHRISTIAN HUBER, Das Grundrecht auf Freiheit bei der Wahl des Lebensstandes. Ein Untersuchung zu c. 219 des kirchlichen Gesetzbuches (Dissertationen. Kanonistische Reihe 2). St. Ottilien. 1988, 59.

[19] Dieser Kanon stellt eine Kristallisation der Lehre des Zweiten Vatikanischen Konzils von der allgemeinen Berufung zur Heiligkeit, wie sie insbesondere in Lumen gentium 39-42 zum Ausruck kommt, dar. Vgl. THE CANON LAW. LETTER AND SPIRIT. A Practical Guide to the Code of Canon Law. Hrsg. v. Gerard Sheely u. a.. London ²1996, 119.

[20] KANONISCHES RECHT(s. Anm. 11), 94. Vgl. auch CODE OF CANON LAW (s. Anm. 15), 143.

[21] „Der einzelne empfängt von der Gemeinschaft der Kirche das heilige Leben und fördert durch seine eigene heilige Lebensführung das Wachstum und die Heiligkeit der Kirche." MATTHÄUS KAISER, Die rechtliche Grundstellung der Christgläubigen, in: Handbuch des katholischen Kirchenrechts. Hrsg. v. Joseph Listl, Hubert Müller und Heribert Schmitz. Regensburg 1983, 171-184, 175.

riker wird die Berufung zur Heiligkeit wegen ihres speziellen Dienstes in der Kirche noch eigens unterstrichen (vgl. can. 276 §§ 1 u. 2). Auch drückt der Kodex einem Leben nach den evangelischen Räten in den Instituten des geweihten Lebens und den Gesellschaften des apostolischen Lebens seine besondere Wertschätzung aus und verlangt von allen Gläubigen Unterstützung und Förderung dieser Lebensform (vgl. cann. 574 § 1 u. 575).

Neben den bereits angesprochenen Konkretisierungen des can. 210 sei noch auf die einleitenden Bestimmungen des vierten Buches des CIC über den Heiligungsdienst der Kirche verwiesen, insbesondere auf can. 835, der den Heiligungsdienst der Kirche, speziell in seiner liturgischen Gestalt, als gemeinsamen Vollzug von Weihepriestertum und allgemeinem Priestertum bestimmt, den jeder Gläubige aufgrund seiner Fähigkeiten und im Rahmen seiner rechtlichen Möglichkeiten mitträgt. § 4 dieses Kanons unterstreicht darüber hinaus im Hinblick auf die Eheleute die Wichtigkeit eines christlich geformten Ehelebens.

Der Bedeutung des spirituellen Lebens der Gläubigen für die Kirche korrespondiert die Aufgabe des Diözesanbischofs, die Gläubigen in diesen Belangen nach Kräften zu unterstützen (vgl. can. 387)[22]. Ebenso hält der Kodex das Recht der Gläubigen fest, „aus den geistlichen Gütern der Kirche, insbesondere dem Wort Gottes und den Sakramenten, Hilfe von den geistlichen Hirten zu empfangen" (can. 213).[23] Deshalb dürfen die geistlichen Amtsträger den Gläubigen die Sakramente grundsätzlich nicht verweigern (vgl. can. 843 § 1).[24]

---

[22] Vgl. auch LUMEN GENTIUM 41. In besonderer Weise wird den Diözesanbischöfen die Sorge um das geistliche Leben derer ans Herz gelegt, die sich zu einem geistlichen Dienst berufen fühlen (vgl. can. 233 § 2).

[23] Dieses Recht gilt auch für Kleriker. „Kleriker haben das gleiche Recht, und zwar unabhängig davon, daß sie zugleich kraft ihres Amtes die Pflicht zur Verkündigung und zur Sakramentenspendung haben." KANONISCHES RECHT(s. Anm. 11), 97. Zur Entwicklung und zum näheren Verständnis dieses Grundrechts siehe JÜRGEN OLSCHEWSKI, Das Recht auf Sakramentenempfang. Zur Entwicklung eines Fundamentalrechts der Gläubigen vom Konzil von Trient bis zur Gegenwart (Adnotationes in ius canonicum 6). Frankfurt a. M. u. a. 1998.

[24] Can 843 § 1 nennt als Bedingungen die Bitte zu gelegener Zeit, rechte Disposition und das Freisein von einer rechtlichen Behinderung. Als rechtliche Behinderungen bezüglich der Eucharistie z. B. nennt der Kodex die verhängte oder festgestellte Exkommunikation, das verhängte oder festgestellte Interdikt und das hartnäckige Verharren in einer offenkundigen schweren Sünde (vgl. can. 915).

Die Gläubigen haben weiters das Recht, sich zur Pflege ihres spirituellen Lebens zu Vereinigungen zusammenzuschließen (vgl. can. 215). Weltklerikern wird dieses Recht zusätzlich noch im Hinblick auf ihre spezielle Situation in can. 278 §§ 1 u. 2 eingeräumt. Ebenso besteht das Recht und die Pflicht, sich in die christliche Lehre zu vertiefen (vgl. can. 229 §§ 1 u. 2), was wiederum der kirchlichen Autorität die Aufgabe auferlegt, für entsprechende Bildungsmöglichkeiten und Bildungseinrichtungen in ihrem Wirkungsbereich Sorge zu tragen. Gerade die Umschreibung und Sicherstellung der Rechte der Gläubigen durch den Kodex sollen die gemeinsamen Vorhaben zur Vervollkommnung des christlichen Lebens unterstützen, stärken und fördern.[25]

Das spirituelle Leben ist die Basis, auf der aufbauend eine jede Gläubige und ein jeder Gläubige gemäß den jeweiligen Fähigkeiten und der konkreten Stellung in der Kirche der sakramental (Taufe, Firmung, Weihe, Ehe) begründeten allgemeinen und speziellen Verantwortung für die Auferbauung der Kirche Christi nachkommt (vgl. cann. 208 u. 275 § 1). Es besteht also ein unmittelbarer Zusammenhang zwischen dem spirituellen Leben und der Verantwortung der Gläubigen für die Kirche, einer Verantwortung, auf die die Kirche in einem bestimmten Ausmaß nicht verzichten kann und daher das tatsächliche Nachkommen der Verantwortung einfordern muß, will sie ihrem Sendungsauftrag gerecht werden.[26] Aufgrund dieser engen Verbundenheit von spirituellem Leben und Sendung der Kirche hat der kirchliche Gesetzgeber Bestimmungen in den Kodex aufgenommen, die auf das persönliche Verhältnis der Gläubigen zu Gott Bezug nehmen. In der Apostolischen Konstitution „Sacrae disciplinae leges", mit welcher der neue Kodex promulgiert wurde und die kurz in die Bedeutung des neuen Gesetzbuches für das Leben der Kirche ein-

---

Letzteres gilt auch von der Krankensalbung (vgl. can. 1007). Alle rechtlichen Behinderungen sind jedoch gemäß can. 18 eng auszulegen, d. h. es ist genau darauf zu achten, ob eine eventuelle Behinderung wirklich, und zwar gemäß der vom Gesetz festgehaltenen Tatbestandsmerkmale, vorliegt. Kann diesbezüglich keine Sicherheit erreicht werden, ist das Sakrament zu spenden.

[25] Vgl. JOHANNES PAUL II., Apost. Konst. „Sacrae disciplinae leges" vom 25. Jänner 1983, in: Kodex des kanonischen Rechts. Lateinisch-deutsche Ausgabe. Hrsg. von der Deutschen und der Berliner Bischofskonferenz u. a. Kevelaer ⁴1994, IX-XXVII, XXIII.

[26] Vgl. VRIES, Gesetz (s. Anm. 12), 97; 100.

führt, nennt Papst Johannes Paul II. den Kodex auch ein „unerläßliches Instrument", durch dessen Hilfe die erforderliche Ordnung nicht nur im gesellschaftlichen Leben der Kirche und ihrer Tätigkeit, sondern auch im persönlichen Leben gewahrt wird.[27] Wegen des prinzipiellen Freiheitscharakters spiritueller Lebensgestaltung kann eine rechtliche Regelung diesbezüglich nur in einem begrenzten Ausmaß stattfinden und wird versuchen, jene rechtlichen Implikationen sicherzustellen, die sich aus dem konstitutiven Verhältnis zwischen Kirche und persönlichem Glaubensleben ergeben.[28] Die Gesetzgebung hinsichtlich des spirituellen Bereiches ist vor allem als fördernd und stützend gedacht.[29] Ihre Legitimität und Sinnhaftigkeit wird sich unter anderem auch an diesem Maßstab erweisen müssen.

Es ist festzustellen, daß, je stärker jemand durch ein Amt oder einen Dienst in die kirchliche Sendung eingebunden ist, das Streben nach Heiligkeit in besonderer Weise betont (vgl. can. 276 § 1) und auch stärker inhaltliche Vorgaben für die geistliche Lebensgestaltung gemacht werden. Wir stoßen in diesem Zusammenhang sogar auf Forderungen, die die Pflege einer bestimmten geistlichen Praxis oder Übung verpflichtend vorschreiben. So werden Kleriker in can. 276 § 2 nn. 3° u. 4° zum Stundengebet (vgl. auch can. 1174 § 1) und zu geistlichen Einkehrtagen verpflichtet. Andere Bestimmungen haben hingegen nur den Charakter einer Empfehlung oder Einladung - wie die Einladung an den Priester bzw. Diakon zur täglichen Feier bzw. Teilnahme an der Eucharistie oder das Anraten zum regelmäßigen betrachtenden Gebet - und unterstreichen dadurch wiederum das Moment der persönlichen Verantwortung[30] (vgl. nn 2° u. 5°).

Bei der Durchsicht des CIC von 1983 stößt man, wie man sieht, auf eine Fülle von Bestimmungen, die das spirituelle Leben der Gläubigen tangieren, ohne jedoch den spirituellen Bereich verrechtlichen zu wollen. Einige wurden bereits vorgestellt. Die Aufmerksamkeit soll nun weiteren solchen Bestimmungen unter dem Blickwinkel inhaltlicher Anregungen für die spirituelle Praxis gewidmet werden. Aus welchen Quellen kann der Christ/die Christin schöpfen, um das spiri-

---

[27] Vgl. Johannes Paul II., Sacrae disciplinae leges (s. Anm. 25), XIX.
[28] Vgl. Vries, Gesetz (s. Anm. 12), 88; 94-97.
[29] Vgl. ebd., 24.
[30] Vgl. ebd., 17f.

tuelle Fundament seines/ihres Mitwirkens am Aufbau der Kirche zu legen, in welcher Weise kann es gefestigt werden?

3. Inhaltliche Impulse des kanonischen Rechts für eine spirituelle Lebensgestaltung

3.1. Orientierung am Wort Gottes

Als eine der Hauptquellen christlicher Spiritualität läßt der Kodex in einer Fülle von Kanones die Orientierung am und die Vertiefung in das Wort Gottes erkennen. Insbesondere im dritten Buch (cann. 747-839), das sich dem Dienst am Wort widmet, wird die zentrale Rolle des Gotteswortes für ein christliches Leben deutlich. Jeder Mensch ist gehalten, in den Fragen, die Gott und seine Kirche betreffen, die Wahrheit zu suchen (vgl. can. 748 § 1). Diese Wahrheit kann nur über das Wort Gottes gefunden werden, wobei dem Lehramt in der Darlegung eine wesentliche Rolle beigemessen wird (vgl. cann. 750-753). Gemäß seiner jeweiligen Stellung in der Kirche hat eine jede Gläubige und ein jeder Gläubiger das grundlegende Recht und die Pflicht, an der Verkündigung des Wortes Gottes teilzunehmen (vgl. cann. 756-759; 774 § 1; 781). Dieser Dienst kann letztlich nur von einer vom Wort Gottes geprägten spirituellen Lebenshaltung aus wachsen und erhalten werden. Aufgrund der Taufe ist der Mensch berufen, sein Leben auf das Evangelium zu gründen und daraus zu gestalten, auch was die Ordnung der zeitlichen Dinge in den verschiedensten Lebensbereichen anbelangt (vgl. can. 217 i. V. m. cann. 225 § 2 u. 227). Die Wichtigkeit des Wortes Gottes drückt sich weiters in der Vorschrift des can. 771 aus, der von den Seelsorgern verlangt, darauf zu achten, daß das Wort Gottes auch denen verkündigt wird, die nicht durch die allgemeine und ordentliche Seelsorge erreicht werden oder dem Glauben noch fern stehen.

3.2. Lebensprägung durch gottesdienstliche Vollzüge

Als zweite große Hauptquelle einer christlich geprägten Spiritualität läßt das Gesetzbuch der Kirche die aktive Teilnahme am Heiligungsdienst der Kirche, insbesondere an der Liturgie, die die Heiligung des Menschen nicht nur bezeichnet, sondern auch bewirkt, erkennen (vgl.

can. 834). Der Heiligungsdienst der Kirche, dem ebenfalls ein eigenes Buch gewidmet ist, nämlich das IV., vollzieht sich in den liturgischen Feiern in einem Zusammenwirken von allgemeinem Priestertum und Weihepriestertum (vgl. cann. 835 - 837). Der christliche Gottesdienst steht in enger Beziehung mit dem Verkündigungsdienst, aus dem er hervorgeht und genährt wird (vgl. can. 836). Ziel gottesdienstlichen Handelns ist es, das Reich Gottes in den Herzen der Menschen, ihrer Wesensmitte, zu verankern und so zum Heil der Welt beizutragen (vgl. can. 839 § 1).

Eine zentrale Stellung im Heiligungsdienst nimmt die Feier der Sakramente ein, durch die in besonderer Weise der Glaube ausgedrückt und gestärkt, Gott verehrt und die Heiligung der Menschen bewirkt werden (vgl. can. 840). Unter den Sakramenten wird wiederum die Eucharistie - der Kodex bezeichnet sie als augustissimum (erhabenstes) sacramentum - hervorgehoben; sie ist für das gesamte christliche Leben Gipfelpunkt und Quelle, so daß alle übrigen Sakramente und alles übrige kirchliche Handeln und Tun mit der Eucharistie aufs engste verbunden und auf sie hingeordnet sind (vgl. can. 897).[31] Diesem Sakrament ist höchste Wertschätzung entgegenzubringen durch aktive Teilnahme, häufigen andachtsvollen Empfang und Anbetung (vgl. can. 898), da sich in ihm das Werk der Erlösung fortwährend ereignet (vgl. can. 904). Im Seminarleben, aber auch im späteren Leben des Klerikers (vgl. can. 267 § 2 2°), hat die Eucharistie der Mittelpunkt zu sein (vgl. can. 246 § 1).[32]

Darüber hinaus empfiehlt der Kodex die allgemeine Teilnahme am Stundengebet der Kirche (vgl. can. 1174 § 2) sowie die angemessene Verehrung der Heiligen und die Marienverehrung (vgl. can. 1186), die neben dem betrachtenden Gebet, häufigem Empfang des Bußsakraments[33] und jährlichen geistlichen Exerzitien auch ein Charakteri-

---

[31] Vgl. dazu REINHILD AHLERS, Eucharistie, in: Ecclesia a Sacramentis (s. Anm. 7), 13-25, 13. Diese zentrale Stellung der Eucharistie im kirchlichen Lebensvollzug ist der theologische Hintergrund für die Forderung des can. 1247, an Sonn- und gebotenen Feiertagen an ihr teilzunehmen. Vgl. ebd. 17. Gerade hier zeigt sich die enge Verbundenheit zwischen persönlicher Glaubensbeziehung und Handeln der Kirche. „Wie für die Kirche als Ganze, so hat die Eucharistiefeier auch für die kirchliche Existenz jedes einzelnen Christen konstitutive Bedeutung." Ebd.

[32] Vgl. PRESBYTERORUM ORDINIS 14.

[33] „Aus dieser Empfehlung spricht das Verständnis des Bußsakraments als einer Kraftquelle des geistlichen Lebens über die Sündenvergebung hinaus." KANONISCHES RECHT (s. Anm. 11), 155.

stikum des spirituellen Lebens eines Priesteramtskandidaten und Klerikers sein sollen (vgl. can. 246 §§ 3 u. 4 i. V. m. can. 276 § 2 4° u. 5°).[34] Das eheliche Leben soll aus dem Bewußtsein gestaltet werden, „daß die Eheleute das Geheimnis der Einheit und fruchtbaren Liebe zwischen Christus und der Kirche darstellen und daran teilnehmen" (can. 1063 3°).

3.3. Leben der Communio

An verschiedenen Stellen läßt der Kodex den Geist der Communio als Charakteristikum christlicher Spiritualität erkennen. Christliches Leben strebt keinen isolierten Heilsindividualismus an, sondern ist von einer tiefen Gemeinschaftlichkeit geprägt. Der Geist der communio äußert sich in der gemeinsamen Verantwortung für die kirchliche Sendung (vgl. cann. 208, 210f u. 216),[35] in der Wahrung der Gemeinschaft mit der Kirche im eigenen Verhalten und in der Erfüllung der Verbundenheit gegenüber der eigenen Ortskirche wie der Gesamtkirche (vgl. can. 209 §§ 1 u. 2), aber auch in einem verantworteten Gehorsam gegenüber der kirchlichen Autorität (vgl. can. 212 § 1). Selbst in Konfliktfällen muß das Austragen des Konflikts von dem Bewußtsein einer fundamentalen Verbundenheit aller getragen sein. Eine christliche Grundhaltung kennt keine übertriebene Konfliktscheu, sondern eine von Dialog geprägte Streitkultur. Das dürfte wohl auch mit dem Ausdruck „verantworteter Gehorsam" gemeint sein.

Hinsichtlich der Kleriker betont der Kodex, daß sie ihre Aufgaben in brüderlicher Einheit und Gebetsverbundenheit erfüllen sollen (vgl. can. 275 § 1).[36] Die mehrfach im Kodex erwähnte allgemeine Verantwortung der Gläubigen für die kirchliche Sendung und Auferbauung der Kirche läßt auch die Beziehung der Kleriker zu den Laien als vom Geist der Geschwisterlichkeit bestimmt erkennen.[37]

Es wurde bereits oben auf den engen Zusammenhang zwischen Verkündigungs- und Heiligungsdienst verwiesen. Aber auch der

---

[34] Vgl. OPTATAM TOTIUS 8; PRESBYTERORUM ORDINIS 18.
[35] Vgl. dazu KANONISCHES RECHT (s. Anm. 11), 90.
[36] „Kein Priester kann abgesondert und als einzelner seine Sendung hinreichend erfüllen, sondern nur in Zusammenarbeit mit anderen Priestern, unter Führung derer, die die Kirche leiten." PRESBYTERORUM ORDINIS 7.
[37] „Mit allen nämlich, die wiedergeboren sind im Quell der Taufe, sind die Priester Brüder unter Brüdern, da sie ja Glieder ein und desselben Leibes Christi sind, dessen Auferbauung allen anvertraut ist." PRESBYTERORUM ORDINIS 8.

Geist der Communio wird vom Kodex in enger Beziehung zu ihnen gesehen, indem er das Wort Gottes als grundlegende Quelle der Einheit des Volkes Gottes bezeichnet (vgl. can. 762) und den gemeinschaftlichen Charakter liturgischer Feiern und die communiostiftende Kraft der Sakramente ausdrücklich hervorhebt (vgl. can. 837 §§ 1 u. 2i. V. m. can. 840). Auch hier rückt wiederum die Eucharistie ins Zentrum, durch die die Einheit des Gottesvolkes bezeichnet und hervorgebracht und der Leib Christi vervollkommnet wird (vgl. can. 897).

3.4. Offenheit gegenüber der Welt und ihren Nöten

Christliches Leben kennt keinen Gruppenegoismus, sondern ist vielmehr von einer Offenheit gegenüber der gesellschaftlich-sozialen Wirklichkeit gekennzeichnet, aus der ein verantwortliches Mittragen und Mitgestalten des sozialen Lebens erwächst (vgl. can. 795), vor allem was die Förderung der soziale Gerechtigkeit betrifft (vgl. can. 222 § 2).[38] Deshalb ist bei der Erziehung der Kinder und Jugendlichen die Sensibilität für das gesellschaftliche Gemeinwohl zu entwickeln und zu fördern (vgl. can. 795). Auch obliegt allen Gläubigen die Sorge, daß die Botschaft Christi einen jeden Menschen dieser Welt erreicht (vgl. cann. 211 u. 225 § 1)[39] und die weltliche Ordnung von einem christlichen Geist durchdrungen wird (vgl. cann. 227 u. 327).

4. Zusammenfassung

Dieser kurze Streifzug durch das kanonische Recht sollte zeigen, daß dieses zum Bereich der spirituellen Lebensgestaltung durchaus einen relevanten Bezug hat. Einerseits untermauert es die grundlegende Freiheit dieses Bereiches und läßt zugleich auch seine enge Verbundenheit mit der kirchlichen Gemeinschaft und ihrem Handeln erkennen. Christliche Spiritualität und Kirche verwirklichen sich in gegenseitiger Wechselwirkung. Andererseits lassen sich aus dem Kodex

---

[38] „Die Art und Weise solcher Mitwirkung kann bei den einzelnen Gläubigen nur sehr unterschiedlich ausfallen, kann aber nicht auf das freiwillige Teilen materieller Güter hin interpretiert werden." KANONISCHES RECHT (s. Anm. 11), 114.

[39] „Die Sendung der Kirche ist zeitlich und räumlich universal; sie richtet sich an alle Menschen. ... Alle Gläubigen haben das Recht und die Pflicht, daran mitzuwirken." Ebd., 94f.

auch Bausteine für eine spirituelle Lebensform ableiten. Besondere Charakteristika sind dabei die Orientierung am Wort Gottes, die gottesdienstliche Prägung, der Geist der communio und die Offenheit gegenüber der Welt und ihren Nöten. Durch die Tatsache rechtlicher Regelungen im Bereich der persönlichen Gottesbeziehung verdeutlicht der Kodex einen Grundzug christlicher Spiritualität, ihre Kirchlichkeit. Christliche Spiritualität ist wesentlich von der Kirche her ermöglicht und in ihrer Entfaltung an die Kirche rückgebunden.

Eine eingehendere Beschäftigung wird wahrscheinlich noch das eine oder andere Element entdecken, aber auch die angeführten vertiefen können. Eine abschließende Behandlung des Themas „Kanonisches Recht und Spiritualität" war hier nicht beabsichtigt. Der Beitrag möchte anregen, das kanonische Recht auch einmal unter diesem Gesichtspunkt in den Blick zu nehmen. Vielleicht gewinnt es dadurch für die eine oder den anderen mehr an Lebensnähe.

MARTIN HASITSCHKA SJ
„UM MITTERNACHT PRIESEN SIE GOTT IN LOBLIEDERN" (APG 16,25)
Lobpreis Gottes in Leidenssituationen als ein Merkmal biblischer Spiritualität

In Augenblicken des Glückes und an Höhepunkten des Lebens fällt es uns leicht, Gott zu loben. Anders ist es in schweren Zeiten. Charakteristisch für den biblischen Lobpreis Gottes ist, daß er sich angesichts der vielfältigen menschlichen Not durchhält. Auch der Klageruf in bitterem Leid bleibt umfangen vom Lobpreis und kann diesen nicht zum Verstummen bringen. Das beruht nicht auf menschlichen Voraussetzungen, z.B. auf bestimmter Gemütsverfassung oder Schicksalsergebenheit, sondern auf einem besonderen Verständnis von Gott. In der Erinnerung an das frühere Wirken Gottes, im Blick auf das anfanghaft schon jetzt sich realisierende Heil und im Ausblick auf dessen künftige Vollendung findet der betende Mensch selbst in dunkelster Gegenwart Grund zum Lobpreis.

1. Das Beispiel des Paulus und Silas

Geführt vom Heiligen Geist gelangen Paulus und Silas auf ihrer Missionsreise nach Philippi und somit erstmals nach Europa. Ihr Wirken in dieser Stadt hat nicht nur zur Folge, daß Menschen zum Glauben an Christus finden, sondern löst auch den Unmut der römischen Stadtbeamten aus. Die beiden werden geschlagen und ins Gefängnis gebracht. Dort schließt man sogar ihre Füße in den Block. „Um Mitternacht aber beteten Paulus und Silas und priesen Gott in Lobliedern (griechisch: hymneo). Die Gefangenen aber hörten ihnen zu" (Apg 16,25). Nicht um sich vom Schmerz abzulenken oder ihn zu betäuben, singen Paulus und Silas Loblieder, sondern weil ihnen - so paradox es auch scheint - wirklich zum Loben zumute ist.

In ihrem Verhalten befolgen und aktualisieren sie im Grunde das, wozu Jesus in der Seligpreisung der verfolgten Jünger aufruft: „Freut euch und jubelt" (Mt 5,12); „freut euch und hüpft vor Freude" (Lk 6,23). Daß die Jünger Jesu in schmerzlicher Verfolgungssituation sogar einen Grund zur Freude haben, ist nur erklärlich im Hinblick auf den einzigartigen „Lohn", der ihnen verheißen ist.

Auf den mitternächtlichen Lobgesang des Paulus und Silas folgt in der Erzählung der Apostelgeschichte ein gewaltiges Erdbeben. Die Mauern des Gefängnisses wanken, die Türen springen auf und die Fesseln aller lösen sich (Apg 16,26). Ist die wunderbare Befreiung als göttliche „Antwort" auf den Lobpreis zu deuten?

Wenn Paulus und Silas in der Situation der Bedrängnis Loblieder auf Gott singen und wenn ferner ihr Lobpreis nicht privat geschieht, sondern vor dem Forum der Mitgefangenen, die ihnen aufmerksam zuhören, so ist dies kein Einzelfall, sondern etwas, das wir in verschiedenen Formen auch sonst in der heiligen Schrift entdecken. Dies soll im folgenden anhand von weiteren Beispielen gezeigt werden.

2. Leidenssituationen als Testfall des Gotteslobes

In vielen Variationen erklingt in den Schriften des Alten und Neuen Testaments der Lobpreis Gottes, besonders im Buch der Psalmen. T^{e}hillim, der hebräische Titel dieses Buches, lautet übersetzt: Lobpreisungen. Diesen Titel trägt das Buch, obwohl die darin gesammelten 150 Gebetstexte zum überwiegenden Teil Klagegebete sind, die menschliches Leid in all seinen Formen vor Gott zur Sprache bringen. Dennoch ist der Gesamttitel Lobpreisungen beabsichtigt. „Das Psalmenbuch als Ganzes ist der vielstimmige Lobpreis JHWHs, der mitten aus den zahlenmäßig überwiegenden Klage- und Bittgebeten erwachsen soll und kann." (F.-L. Hossfeld / E. Zenger, Die Psalmen I. Psalm 1-50 [NEB.AT 29], Würzburg 1993, 5)

Lobpreis in der Leidenssituation kann mitunter schwer fallen. Exemplarisch drückt dies Psalm 137 aus, ein Klagegebet der Verbannten im babylonischen Exil. Als besondere Demütigung empfinden sie es, wenn ihre Unterdrücker sie zwingen: „Singt uns eines der Zionslieder" (Ps 137,3). Bei der Erinnerung an Zion und Jerusalem ist ihnen nicht zum Singen, sondern zum Weinen zumute: „Wie könnten wir singen das Lied Jahwes, fern, auf fremder Erde?" (Ps 137,4) Dennoch ist auch dieser Psalm eingebettet in das Psalmenbuch und damit in das Grundthema des Lobpreises.

Ein besonderes Beispiel dafür, daß Lobpreis Gottes selbst im äußersten Leid nicht verstummen muß, gibt Ijob. Von schweren Schicksalsschlägen getroffen, betet er: „Nackt kam ich hervor aus dem Schoß meiner Mutter, und nackt kehre ich dahin zurück. Jahwe hat gegeben, und Jahwe hat genommen, der Name Jahwes sei gelobt (hebräisch: brk, griechisch: eulogeo)!" (Ijob 1,21) Die Wendung „der Name Jahwes sei gelobt" (vgl. Ps 113,2) ist nicht eine fromme Formel, mit der sich Ijob in sein Schicksal fügt, sondern Ausdruck dafür, daß er auch in dieser Situation Gott als Gott anerkennt und ihn um seiner selbst willen (Name) verehrt.

Das Markus- und das Matthäusevangelium erwähnen kurz, daß Jesus nach dem letzten Abendmahl gemeinsam mit seinen Jüngern Gott lobt und preist: „Und nachdem sie den Lobpreis gesungen hatten, gingen sie hinaus zum Ölberg" (Mk 14,26; Mt 26,30). Bei dem Ausdruck „den Lobpreis singen (hymneo)" handelt es sich vermutlich um das „Hallel" (Ps 114-118), mit dem das Paschamahl abgeschlossen wurde. Dieser Lobpreis erklingt unmittelbar vor den in jener Nacht beginnenden Passionsereignissen. Jesus ist imstande, Gott zu preisen sogar angesichts seines bevorstehenden Leidens- und Todesgeschickes.

3. Wesenselemente des Lobens

Für den Lobpreis Gottes gebraucht die Bibel verschiedene Ausdrücke (z.B. die hebräischen Verben hll [rühmen, loben], brk [segnen, preisen], oder die griechischen Worte eulogeo [segnen, preisen], aineo [loben], hymneo [singen, besingen]). Gemeinsam ist den verschiedenen Ausdrucksformen des Lobpreises Gottes, daß sie Gott „erhöhen" (vgl. Ex 15,2) und „groß machen" (vgl. Ps 104,1). Es ist sicher kein Zufall, daß der erste Hymnus im Lukasevangelium, das Magnificat, mit dem Verbum „groß machen", megalyno (lateinisch: magnifico) beginnt (Lk 1,46). Während beim Bitten und Klagen der betende Mensch den Blick vor allem auf die eigene Notlage richtet, schaut er beim Loben in erster Linie zu Gott auf. Nicht die Lebenssituation des Menschen, sondern Gott und sein Wirken stehen im Mittelpunkt. Die Gedanken des lobenden Menschen kreisen nicht um sich selbst, sondern geben Gott Raum. Lobpreis ist Ausdruck dafür, daß Gott als Gott anerkannt wird und zwar unter allen Umständen (sogar im Leid) und daß Gott letztlich nicht wegen bestimmter Gaben, sondern um seiner selbst willen verehrt wird.

Zum Lobpreis gehört Freiheit und Freiwilligkeit. Er kann nicht erzwungen werden. Ferner gehört zu ihm das Forum. Loben bleibt nicht reine Privatsache, sondern es tendiert dazu, daß es sich vor anderen und in der Öffentlichkeit ausdrückt. Lobpreis Gottes geschieht nicht nur in sprachlicher oder gesanglicher Form, sondern kann der gesamten Lebensweise des Betenden einen besonderen „Klang" verleihen (vgl. Ps 104,33; 146,2).

Der betende Mensch betrachtet es schließlich als Geschenk, daß er Gott loben und preisen kann. Beispielhaft drückt dies eine im Lied des Mose (Ex 15) enthaltene und bei Jesaja (Jes 12,2) und in den Psalmen (Ps 118,14) wieder aufgenommene Wendung aus: „Meine Stärke und mein Lied ist Jah, und er wurde mir zur Rettung" (Ex 15,2). Jah (= Jahwe) und sein rettendes Wirken sind nicht bloß Inhalt und Gegenstand des Lobliedes, sondern sogar dessen Ermöglichung. Gott ist nicht nur jener, der besungen wird, sondern auch der Grund dafür, daß der Mensch überhaupt singen kann.

4. Singend die Bedrängnis bestehen - im Ausblick auf kommendes Heil

Die Bibel belegt uns auf vielfältige Weise, daß Lobpreis Gottes in einer Leidenssituation Ausdruck von unerschütterlicher Hoffnung auf Gottes rettendes Handeln sein kann. Von diesem rettenden Handeln wird dabei oft so gesprochen und gesungen, als wäre es bereits Wirklichkeit.

4.1 Wenn Jona in seinem Gebet im Bauch des Fisches (Jona 2,2-10) zu Gott sagt: „Du führtest mein Leben aus der Grube herauf" (Jona 2,7; vgl. Jes 38,17), so rühmt und bezeugt er bereits jetzt Gottes Rettung, obwohl diese noch aussteht (vgl. Jona 2,11). Jona im Bauch des Fisches ist Sinnbild für alle, die im Sinne von Psalm 130 beten: „Aus der Tiefe rufe ich zu dir, Jahwe" (Ps 130,1). Einen Beleg dafür gibt uns der Mischnatraktat Taanijot wo neben anderen Schlußformeln zu Segenssprüchen auch diese Formel angeführt wird: „Der Jona im Bauch des Fisches antwortete, der wird auch euch antworten und auf die Stimme eures Flehens heute hören: Gepriesen seist du, HERR, der antwortet in der Zeit der Not" (Taan II 4). Jona wird zu einer Identifikationsfigur für die betenden Menschen der Gegenwart.

4.2 Die griechischen Übersetzungen des Buches Daniel (Septuaginta, Theodotion [aus dieser Übersetzung wird im folgenden zitiert]) fügen - sicher nicht ohne Absicht - bei der Erzählung von den drei jüdischen Männern, die der babylonische König wegen ihrer Weigerung, das von ihm errichtete kultische Standbild zu verehren, in den Feuerofen werfen läßt, zwei Lobgesänge ein (Dan 3,24-90), eingeleitet durch die kurze narrative Bemerkung: Die drei Männer „gingen mitten in den Flammen umher, sangen Loblieder auf Gott (hymneo) und priesen (eulogeo) den Herrn" (Dan 3,24). Darauf folgt das Gebet des Asarja, eines der drei Gefährten, das mit den Worten beginnt: „Gepriesen (eulogetos) bist du, Herr, du Gott unserer Väter" (Dan 3,26). Obwohl das Gebet zum größten Teil Schuldbekenntnis ist, gipfelt es in dem Ausdruck der Hoffnung: „Denn wer dir vertraut, wird nicht beschämt / zuschanden" (Dan 3,40). Diese feste Gewißheit, daß Gott jene, die ihm vertrauen, vor dem Zugrundegehen bewahrt, kommt auch an anderen Stellen der Bibel zum Ausdruck (Ps 22,6; 25,3; Jes 49,23; 50,7; Röm 5,5; 10,11). Nicht einmal die Qualen des Feuerofens können das Gottvertrauen der drei Männer erschüttern. Gott wird ihre Hoffnung auf Rettung nicht enttäuschen.

An das Gebet des Asarja schließt sich der gemeinsame Lobgesang aller drei Männer an (Dan 3,51-90): „Da sangen (hymneo) die drei im Ofen wie aus einem Mund, sie rühmten und priesen (eulogeo) Gott mit den Worten: Gepriesen (eulogetos) bist du, Herr, du Gott unserer Väter" (Dan 3,51). Die den Lobgesang einleitenden Worte sind dieselben wie beim Gebet des Asarja (Dan 3,26). Im Hauptteil ihres großen Hymnus rufen die drei Männer dann die ganze Schöpfung zum Lobpreis Gottes auf. Zum Schluß bekennen sie: „Er hat uns aus dem lodernden Ofen befreit, uns mitten aus dem Feuer erlöst" (Dan 3,88). Sie singen jetzt schon von dieser Rettung, noch bevor diese Wirklichkeit wird. Der Engel, der zusammen mit ihnen in den Feuerofen hinabgestiegen ist und hilft, daß die Flammen sie nicht berühren (Dan 3,46-50), bewirkt gleichsam den Anfang dieser kommenden Rettung.

Im dritten Makkabäerbuch (1. Jh. v. Chr.) erwähnt der Priester Eleasar in seinem Gebet für das vom Feind bedrängte Volk Israel sowohl die drei Gefährten im Feuerofen als auch Jona im Bauch des Seeungeheuers als Beispiele für Gottes rettendes Erbarmen (3 Makk 6,6-8). Das Gebet schließt mit der Bitte, daß Gott sich in diesem Erbarmen auch jetzt dem leidenden Volk zuwenden möge (3 Makk 6,9-15).

4.3 Ähnlich wie in Jona 2,7 und Dan 3,88 kann man in verschiedenen anderen Fällen von einer prophetischen Perspektive des Gotteslobes sprechen. Etwas Künftiges wird besungen, als wäre es bereits gegenwärtig, etwas Erhofftes, als wäre es schon Wirklichkeit.

Das zeigt sich z.B. in Jes 52,9: „Brecht in Jubel aus, jubelt allesamt, ihr Trümmerstätten Jerusalems! Denn Jahwe hat sein Volk getröstet, hat Jerusalem erlöst!" Die Rückkehr aus dem Exil und die Wiederherstellung Jerusalems stehen noch aus. Dennoch wird jetzt schon so vom ersehnten Heil gesungen, als wäre es schon eingetroffen. Der Grund für solchen Lobpreis liegt nicht in der eigenen Befindlichkeit oder im gegenwärtigen Zustand des Volkes, sondern im Ausblick auf Gottes Handeln.

4.4 Auch im Magnificat, dem Lobpreis Marias (Lk 1,46-55), läßt sich eine prophetische Perspektive erkennen. Im Zusammenhang mit der Erfahrung, daß das Wort des Engels zuverlässig ist und daß Elisabeth tatsächlich im 6. Monat ist, und somit im Hinblick auf einen kleinen Anfang des vom Engel verheißenen kommenden Heiles preist Maria im zweiten Teil des Magnificat (Lk 1,51-55) Gott, der eine grundlegende Veränderung der Verhältnisse unter den Menschen bewirken wird. Die in diesem Text verwendeten Verben stehen - grammatisch gesehen - im Aorist, einer Zeitstufe der Vergangenheit. Der Text in wörtlicher Übersetzung:

„Er (= Gott) wirkte Krafttat mit seinem Arm,
er zerstreute Hochmütige in der Gesinnung ihres Herzens,
er holte herunter Mächtige von Thronen und erhöhte Niedrige,
Hungernde erfüllte er mit guten (Gaben), und Reiche schickte er weg leer.
Er nahm sich Israels an, seines Knechtes,
zu gedenken (des) Erbarmens, wie er redete zu unseren Vätern ..."

Die Neuordnung der sozialen Wirklichkeit und das Heil für Niedrige, Hungernde und für das Volk Israel in solch umfassender Weise hat sich weder in der Vergangenheit ereignet noch realisiert es sich in der Gegenwart, sondern es steht im Grunde noch aus. Maria singt davon in prophetischer Sicht so, als wäre es bereits Wirklichkeit. Sie singt in einer für sie selbst nicht leichten Situation, nämlich am Beginn ihres durch die Botschaft des Engels eröffneten, menschliche Möglichkeiten aber übersteigenden Weges.

4.5 Prophetische Dimension besitzen auch die zahlreichen hymnischen Texte in der Offenbarung des Johannes. Sie finden sich vielfach mitten in der Schilderung von Plagen und Nöten. Die Hymnen motivieren die Christengemeinden zum Lobpreis Gottes in einer Zeit der Bedrängnis. Es ist gleichsam ein Merkmal des Christseins, singend und lobend die gegenwärtige Leidenssituation zu bestehen im Ausblick auf das ersehnte Heil. Im Sinne der Offenbarung des Johannes ist das ersehnte Heil jedoch auch jetzt schon anfanghaft erfahrbar, nämlich in der Verbundenheit der Christen mit Christus.

Ein Beispiel für den Lobgesang der bedrängten Christen ist das „Lied des Mose und des Lammes" (Offb 15,2-4). Der Ausdruck „Lied des Mose" erinnert an den Lobpreis des Mose auf Gottes Rettungshandeln nach Israels Zug durch das Schilfmeer (Ex 15). Hier wie an anderen Stellen der Offenbarung wird das Thema vom Exodus aufgegriffen. Auch die Christen vergleichen ihren Weg mit einem Exodus. Er führt aus gegenwärtiger Drangsal zum kommenden Heil. Im Unterschied zu Mose, dessen Loblied nach dem Rettungswunder am Schilfmeer erklingt, singen die Christen das Lied auf Gottes Rettungshandeln an seinem Volk jetzt schon, noch bevor dieses sich verwirklicht hat und obwohl der Welt noch schwere Plagen bevorstehen.

Auch der letzte hymnische Text in der Offenbarung des Johannes (Offb 19,6-10) ist ein Lobpreis des bedrängten Gottesvolkes im Hinblick auf das kommende Heil. Mit dem aus der Psalmensprache stammenden Gebetsruf „Halleluja" (= preist Jahwe!) wird jetzt schon zum Jubel über den Anbruch der Königsherrschaft Gottes aufgerufen (vgl. Ex 15,18), von der in der leidvollen Gegenwart noch nicht viel zu spüren ist: „Halleluja! Denn die Königsherrschaft hat angetreten der Herr, unser Gott, der Allherrscher" (Offb 19,6). Der Grund für solches Singen von dem, was kommen wird, liegt in der Überzeugung, daß Gottes Worte „wahr" und zuverlässig sind (Offb 19,9).

5. Lobpreis als Weise des Verkündens der Taten Gottes

Wenn Lukas erwähnt, daß die Gefangenen aufmerksam den mitternächtlichen Lobgesängen des Paulus und Silas zuhören, wird ein weiterer Wesenszug des biblischen Lobpreises Gottes angedeutet, nämlich daß dieser auch eine Weise der Verkündigung ist. Im Unterschied zu den verschiedenen Formen des Redens über Gott (Erzählen, Predigen, Lehren) erfordert das Loben und Preisen besonderen persönlichen Einsatz. Die Zuhörer spüren schnell heraus, ob der Lobpreis echt und authentisch ist.

5.1. Psalm 22 und seine Wiederaufnahme im Hebräerbrief

Psalm 22 ist einer der bittersten Klagetexte. Er spielt auch in der Passionsgeschichte Jesu eine wichtige Rolle. Am Beginn des Psalms steht die quälende Frage: „Mein Gott, mein Gott, warum hast du mich verlassen?" (Ps 22,2) Diese Frage wird zum Gebetswort des sterbenden Jesus (Mt 27,46; Mk 15,34). Zitiert Jesus nur diese ersten Worte des Psalms isoliert für sich, oder meint er mit diesen ersten Worten auch den Psalm als ganzen? Im Sinne des Hebräerbriefes jedenfalls kann man den zweiten Fall annehmen.

Psalm 22 ist nicht nur Klage eines Menschen, der größtes körperliches und seelisches Leid erfährt, sondern von Vers 23 an Lobpreis Gottes. Das Thema des Lobpreises findet sich sogar schon vorher, mitten in der Klage, und zwar in einem großartigen Bild: Gott thront über den Lobgesängen Israels (Ps 22,4). Der Umschwung von Klage zu Lobpreis hängt damit zusammen, daß der Beter Rettung erfahren hat (Ps 22,22: „Du hast mich erhört"). Zweimal betont der Psalm, daß Lobpreis mit Verkündigung verbunden ist: „Verkündigen will ich deinen Namen meinen Brüdern; inmitten der Versammlung (hebräisch: qahal, griechisch: ekklesia) will ich dich loben (hebräisch: hll, griechisch: hymneo)" (Ps 22,23); „von dir (kommt) mein Lobgesang in großer Versammlung (ekklesia)" (Ps 22,26). Die Rettung, die der Leidende erfahren hat, ist nicht Privatsache, sondern soll der „Versammlung" (Gemeinde, Kirche) mitgeteilt werden. Dabei wird der „Name" Gottes, seine Person und sein Wesen, so verkündet, daß auch andere dazu bewegt werden, ihr Vertrauen auf ihn zu setzen. Vom Lobpreis

Gottes vor dem Forum der Gemeinde ist auch in anderen Psalmen die Rede (Ps 26,12; 35,18; 68,27; 107,32; 109,30; 111,1).

Der Hebräerbrief bezieht nicht nur Ps 22,25 auf Jesus (Gott hat das Schreien des Armen gehört - vgl. Hebr 5,7), sondern insbesondere auch Ps 22,23. Diese Stelle ist wörtlich aufgenommen in Hebr 2,12: „Verkünden will ich deinen Namen meinen Brüdern, inmitten (der) Gemeinde (ekklesia) will ich dich preisen (hymneo)." Es handelt sich um Worte des geretteten, nämlich von den Toten auferweckten Jesus. Der Hebräerbrief betont weiters, daß Jesus sich „nicht schämt", die an ihn Glaubenden „Brüder" zu nennen (Hebr 2,11). Er ist in allem, auch in der Leiderfahrung, den Brüdern gleich geworden (Hebr 2,17). Nicht nur durch vertiefte Reflexion auf den Begriff „Brüder", sondern vor allem durch den Gedanken, daß der auferstandene und zum Hohenpriester eingesetzte Jesus jetzt und weiterhin den Namen Gottes verkündet und ihn in der Gemeinde preist, gibt der Hebräerbrief dem Psalm 22 überraschend neue Aktualität. In der Vorstellung, daß sowohl der irdische als auch der auferstandene Jesus den Namen Gottes bekannt macht, trifft sich der Hebäerbrief mit dem Johannesevangelium (Joh 17,6.20).

5.2. Wiederaufnahme von Jes 43,21 in 1 Petr 2,9

Die Befreiung Israels aus dem babylonischen Exil beruht im Sinne von Deuterojesaja auf dem rettenden Handeln Gottes. Wie einst bei der Befreiung Israels aus Ägypten schafft Gott sich auch jetzt ein Volk, das zu ihm gehört. Die Hauptaufgabe der Erlösten besteht im Lobpreis Gottes vor anderen, ja vor der Weltöffentlichkeit: „Dieses Volk, das ich mir gebildet habe, sie sollen meinen Ruhm (hebräisch: t^{e}hilla, griechisch: arete) erzählen" (Jes 43,21; vgl. Ps 79,13).

Der erste Petrusbrief nimmt diese Stelle auf und verbindet sie mit dem Thema vom gemeinsamen Priestertum der Christen. „Ihr aber seid ein auserwähltes Geschlecht, eine königliche Priesterschaft, eine heilige Nation, ein Volk zum Eigentum (Gottes), damit ihr den Ruhm (arete) dessen verkündet, der aus der Finsternis euch berufen hat zu seinem wunderbaren Licht" (1 Petr 2,9). Ähnlich wie bei Deuterojesaja besteht die Grundaufgabe des erneuerten Gottesvolkes (Kirche) im öffentlichen Verkünden des „Ruhmes" bzw. der „Ruhmestaten" Gottes (arete bedeutet sowohl Ruhm, Lob, Preis als auch Ruhmestat, Wundertat). Dieses Verkünden ist eine Weise des Lobpreises auf Gott.

Darin zeigt sich zugleich die priesterliche Funktion und die königliche Würde des Volkes.

5.3. Das Opfer des Lobes

Wenn es - in Analogie zum Tempelkult - für Christen ein Opfer gibt, das man Gott darbringen kann, dann besteht dieses im Grunde nur noch in einem, nämlich im Opfer des Lobes. Die klassische Stelle ist Hebr 13,15: „Durch ihn (= Christus) also laßt uns Gott darbringen ein Opfer des Lobes (ainesis) durch alle Zeit, das ist Frucht (der) Lippen, die seinen Namen preisen (homologeo)."

Das Thema ist nicht neu. Vom Opfer des Lobes sprechen bereits die Psalmen, z.B. Psalm 50 (V. 14: „Bring Gott als Opfer dein Lob"; vgl. V. 23). Auch das Gebet des Jona im Bauch des Fisches enthält den Gedanken des Lobopfers (Jona 2,10: „Ich aber will dir Opfer bringen mit der Stimme des Lobes"). Selbst im Gebet des Asarja im Feuerofen klingt bei der Vorstellung vom Opfer das Thema des Lobpreises mit. In Verbindung mit der Klage darüber, daß zur Zeit keine Opfer im Tempel möglich sind, bittet Asarja: „Du aber nimm uns an! Wir kommen mit zerknirschtem Herzen und demütigem Sinn" (Dan 3,39). Dieses Selbstangebot wird als Ersatz für die bisherigen Tempelopfer gesehen (Dan 3,40). Das „zerknirschte Herz" und der „demütige Sinn" sind jedoch Haltungen, die umfangen bleiben von der Grundhaltung des Lobpreises, der die Situation im Feuerofen kennzeichnet (Dan 3,24.51).

6. Ausblick

Wie in den biblischen Zeugnissen sind auch für die Glaubenden von heute Leidenssituationen ein Testfall für den Lobpreis Gottes. Biblische Spiritualität verharmlost das Leid nicht. Auch wir beten die Klagepsalmen und bringen darin unsere Nöte und Ängste vor Gott zur Sprache. Bedrängnisse und „die Leiden dieser Zeit" (Röm 8,18) bleiben uns nicht erspart, aber im Blick auf die kommende Herrlichkeit (Röm 8,18) werden sie nicht nur erträglicher und wie eine leichte Last (2 Kor 4,17), sondern gelingt es sogar, daß wir zugleich Loblieder auf Gott singen können (hymneo) wie die drei Männer im Feuerofen oder wie Paulus und Silas um Mitternacht im Gefängnis. Gott loben, ihn

„erhöhen" und „groß machen" - wie ein Cantus firmus kann sich das in der wechselvollen Mehrstimmigkeit des Lebens durchhalten.

Die Haltung des Lobpreises beruht nicht auf menschlichen Voraussetzungen, sondern auf einem besonderen Gottesverständnis. Eine „Kurzformel" dafür ist in Offb 1,4 und 1,8 enthalten: Gott ist „der Seiende und der 'Er war' und der Kommende." In derselben Intention, in der er einst rettend gehandelt hat in der Geschichte Israels und im Leben und in der Aufweckung Jesu (der 'Er war'), wirkt er in der Gegenwart (der Seiende) und wird er auch in der Zukunft handeln, ja mehr noch: wird er zu den Menschen kommen (der Kommende). Er bleibt sich treu.

Ähnlich wie in den biblischen Texten hat auch unser Lobpreis eine prophetische Perspektive, indem er jetzt schon und sogar im Dunkel des gegenwärtigen Leides vom kommenden Heil singt, als wäre es bereits Wirklichkeit. Wir blicken dabei auf einen Anfang dieses Heiles, insbesondere auf die Auferweckung Jesu und die bereits bestehende Verbundenheit mit ihm.

Durch Leidenserfahrung geläuterter Lobpreis Gottes kann - und es wäre lohnenswert, in dieser Richtung weiter zu denken - der Ansatzpunkt sein sowohl für eine spezielle Opfertheologie (Hebr 13,15: Opfer des Lobes) als auch für eine Theologie der Verkündigung (1 Petr 2,9: Verkündigung der Ruhmestaten Gottes), die geprägt ist von dem Gedanken, daß Jesus selbst, der Irdische wie der Auferweckte, inmitten der Gemeinde Gott preist (Hebr 2,12).

MARTHA HEIZER
„GESTERN NO HAMM D'LEIT GANZ ANDERS G'REDT"
Gedanken zu einer Spiritualität der Veränderung

1. „Alles fließt"

Dieser Ausdruck stammt von Heraklit (ca.540-480 v.Chr.), dem griechischen Naturphilosophen aus Ephesos. Er drückt damit aus, daß der bestimmendste Charakterzug unserer Natur die dauernden Veränderungen sind. Alles ist in Bewegung und nichts dauert ewig. Wir können deshalb „nicht zweimal in denselben Fluß steigen". Denn beim zweiten Mal haben wir uns schon verändert - und der Fluß auch.

Berge und Meere wandern, und nach hundert Jahren ist die ganze Menschheit ausgetauscht. Afrika schiebt sich nach Norden, Holland wird kleiner, die Gletscher wandern. Vom Organsimus des Menschen ist nach sieben Jahren kein Stückchen Haut und kein Tropfen Blut mehr gleich. Unser Leben ist im Fluß. Wir werden krank und werden gesund. Wir werden älter.

Die Naturwissenschaften muten uns einiges zu: Umwälzende Neuerungen und ständig neue, immer verbesserte Forschungsmethoden bringen uns immer neue Erkenntnisse und damit auch veränderte Sichtweisen. Neue Erfindungen, neue Techniken erleichtern uns das Leben - und stellen uns zugleich vor die Anforderung, immer wieder umdenken zu müssen. Die Kommunikationstechnik entwickelt sich mit ungeheurer Rasanz. Ein Computer, der fünf Jahre alt ist, wird schon fast als historisch angesehen. So müssen auch die Lehrpläne für Schulen und die Studienpläne für Universitäten alle paar Jahre überarbeitet werden.

Im geisteswissenschaftlichen Bereich ist es natürlich nicht anders. Geistiges Leben und gesellschaftliches Bewußtsein entwickeln sich mit einer Dynamik und Schnelligkeit, die schwindlig werden läßt. Was vor kurzem noch wahr und gültig war, kann schnell an Bedeutung verlieren und durch neue Erkenntnisse ersetzt werden. So relativieren sich Erfahrungen und Erkenntnisse. Absolute Wahrheit wird relativ.

Und immer wieder müssen wir uns mit Veränderungen unserer Lebensgewohnheiten auseinandersetzen. Unsere berufliche Position ist selten endgültig fix, wir können vor die Situation gestellt werden, die Arbeit wechseln zu müssen/ zu wollen oder sie gar zu verlieren. Sogar die Menschen in unserem engsten Lebensumkreis wechseln: wir verlassen unsere Herkunftsfamilie, später ziehen unsere eigenen Kinder fort. Der Partner, mit dem wir unser ganzes Leben verbringen wollten, verläßt uns oder wir ihn: Die vielen Scheidungen zeigen, daß niemand mehr das Auseinandergehen von zwei Menschen, die sich einmal sehr geliebt haben, als etwas ansehen kann, das nur den anderen passiert. Unser Leben als Ganzes schließlich hängt an einem seidenen Faden. Wenn wir morgens aufstehen, wissen wir nicht, ob wir abends noch leben.

Der Umkreis kann sich verändern: die Wohnung, die Stadt, das Land, in dem wir leben. Ortswechsel aus beruflichen Gründen kann spannend sein; die großen Flüchtlingsströme unserer Zeit bringen aber Elend und Verzweiflung über die Betroffenen.

Veränderungen in unserem Leben können also gewollt, gewählt, frei entschieden sein oder erzwungen. Je nach unserem persönlichen Einverständnis gehen wir eher locker und heiter damit um oder sehen uns in Probleme gestürzt.

2. Mögliche Reaktionen:

2.1. Die grenzenlose Machbarkeit

Eine mögliche Reaktion auf diese Unbeständigkeit des Lebens und der Welt ist der Versuch, so viel wie möglich in den Griff zu bekommen. Es scheint leichter, mit dauernden Veränderungen umzugehen, wenn sie selbst inszeniert sind. Der Mensch kann schon fast alles, und erst recht darf er fast alles, was er kann. Der Mensch macht den Fortschritt, seine Leistung und Arbeitskraft bringen die Welt vorwärts.

Nicht immer wird mit Freiheit und Kreativität verantwortlich umgegangen, und da wird der Mensch dem Menschen zur Gefahr (homo homini lupus). Die Beispiele aus der Gentechnologie, der Rüstungsindustrie und der Atomforschung sprechen hier eine deutliche Sprache. Und die Art, wie mitunter aus ökonomischen Gründen in die Natur eingegriffen wird, ist nur mehr als frivol zu bezeichnen. „Dort, wo der Mensch seine eigenen Grenzen fahrlässig überschreitet und die Machbarkeit ohne ethisch-moralische Bedenken zur alleinigen Forschungs- und Lebensmaxime macht, wird er sich über kurz oder lang selber zerstören."[1]

Der hohe Stellenwert menschlicher Leistung setzt viele unter Druck und läßt andere Werte auf der Strecke bleiben. Der Stellenwert menschlicher Beziehungen, Freundschaft, Vertrauen, Zuwendung schrumpft. Diese Werte sind der Machbarkeit entzogen. Wenn Menschen dann Ventile suchen, um dem überzogenen Leistungsdruck irgendwie standhalten zu können, finden sie sich womöglich in krankhaften Mechanismen wieder: Die heutige Leistungsgesellschaft weist eine hohe Selbstmordrate auf.

2.2. Der Wunsch nach Beständigem

Veränderung und Entwicklung zählen zu den Grunderfahrungen unseres Daseins.

Auf nichts ist Verlaß als auf die Veränderung. Das bedeutet aber auch eine große Verunsicherung, angesichts derer der Wunsch nach Sicherheit, nach etwas, worauf immer und endgültig Verlaß ist, legitim ist.

Verständlich ist es auch, auf Veränderungen aggressiv zu reagieren, alles abzuwehren, was nach Neuerung aussieht, auch: Leute zu bekämpfen, die für Erneuerung stehen (siehe 4.4.). Und vor allem: Wenn es in der Jugend noch reizvoll und verlockend ist, sich immer wieder auf Neues einzulassen, wenn der Gedanke gar unerträglich wäre, es bliebe alles beim Alten - so definiert sich Alter unter anderem auch dadurch, daß es immer schwieriger wird, sich auf Veränderung einzustellen.

Dem Klima der ständigen schnellen Weiterentwicklung kann man sich nicht entziehen. Aber es läßt Wünsche offen: lebendig verbunden zu bleiben mit den eigenen Wurzeln, Geborgenheit und Beheimatung zu erleben, auf Traditionen bauen zu können, auch einfach rasten und ausruhen zu können. „Let the world turn without you tonight"[2].

Nicht wenigen geht das Tempo zu schnell. Sie versuchen auszusteigen, in welcher Form auch immer.

---

[1] Thomas Plankensteiner, Gottes entlaufene Kinder. Zum theologischen Hintergrund des Kirchenvolks-Begehrens. Thaur 1996, S 66f.
[2] Jesus Christ Superstar

3. Nützt es in diesem Dilemma, sich an christlicher Spiritualität zu orientieren? Ist sie hilfreich?

3.1. Christliche Spiritualität ist geprägt vom Exodus:

Religionen sind im Laufe der Weltgeschichte immer wieder dazu verwendet worden, den Zustand der jeweiligen Gesellschaft zu rechtfertigen, zu stützen, ja sogar zu heiligen - den status quo als gottgewollt zu interpretieren.[3] Das Christentum war vor dieser Gefahr nicht gefeit und ist ihr auch oft genug unterlegen. Ihre Liaison mit der weltlichen Macht ist auch heute noch gefährlich präsent.

Dennoch: Unsere biblische Religion baut auf der Veränderung auf, auf dem Exodus. Das grundlegende Motiv ist der Auszug aus der Unterdrückung mit Hilfe des befreienden, rettenden Gottes. Stehenbleiben, gar Rückzug auf Bestehendes wird als die große Versuchung angesehen. Der Wunsch des Volkes, zurückzugehen zu den Fleischtöpfen Ägyptens, drückt auch unsere Erfahrung aus, daß wir immer wieder versucht sind, lieber ungute Verhältnisse in Kauf zu nehmen, als uns auf Neues, Unbekanntes einzulassen. Aber die Geschichte des Exodus beweist, das Befreit-Werden-Wollen aus der wie immer gearteten Sklaverei führt zur Erlösung, zur Lösung der Fesseln, die uns einengen und behindern. Nach einem langen, sehr mühevollen Weg voller Beschwernisse und Zweifel erreicht das Volk Gottes das Gelobte Land.

Dazu kommt die Gewissheit, daß Gott die ursprüngliche Zusage nie widerrufen hat: Gott steht auf der Seite der Unterdrückten, der Benachteiligten, nicht auf der Seite der etablierten Macht, zumindest nicht, solange sie gewalttätig ist. Nie in der ganzen Geschichte des Gottesvolkes kann sich jemand darauf berufen, daß brutale Herrschaft von Menschen über Menschen gottgewollt sei.

Auszug aus bestehenden ungerechten Machtverhältnissen, in unserer Gesellschaft und auch in unserer Kirche - dazu sind wir ständg von Gott aufgefordert und berufen.

Unsere Widerstandskraft und unser Wunsch nach Verbesserung der Zustände wird gestützt von höchster Stelle. Ob wir also dabei sind,

---

[3] vgl. Martha Heizer, Christin-Sein im Patriarchat, In: Roman Siebenrock (Hg.), Christliches Abendland. Ende oder Neuanfang ? Thaur 1994, S 179

endlich eine frauen- und kindergerechte Gegenkultur zum Patriarchat aufzubauen, oder ob wir den Reichtum der Erde gerechter verteilen wollen, ob wir uns einsetzen gegen Gewalt und Krieg und Folter, mit denen Menschen geknechtet werden, oder ob wir unsere Kirche erneuern wollen, menschenfreundliche Strukturen schaffen wollen, die Auswahlkriterien für die Zulassung zu den Ämtern und die Ämter in ihrer derzeitigen Form in Frage stellen, ob wir den dringenden Wechsel von einer Kirche der Reichen zur Kirche der Armen fordern, ob wir eine Kirche des „herrschaftsfreien Dialogs" einklagen: Wir glauben an den Gott des Exodus und wissen uns von Gott geführt.

3.2. Die immer gleichbleibende Wahrheit Gottes

Wer die göttliche Offenbarung für gültig und wahr hält, kann sie natürlich nicht beliebig verändern. Wenn Gott absolut ist, braucht er keine Entwicklung und Veränderung. Die göttliche Wahrheit ist nicht von den Stürmen der Zeit beeinflußbar und in der Geschichte korrigierbar. Allerdings merken wir alle selbst, daß wir mit vielen Frömmigkeits*formen* unserer Tradition, z.B. des Mittelalters, seinen *Schwerpunkten* und seiner *Sprache* Schwierigkeiten haben. Vieles davon ist uns nicht mehr nachvollziehbar und manche Aussagen empfinden wir als leere Worthülsen. Die Wahrheit, die so auf „immer und ewig" ausgerichtet ist, muß, damit sie in der jeweiligen Zeit auch als gültig angenommen werden kann, durch die Vermittlungsform, die Art und Weise der Verkündigung und besonders die Sprache dem Verständnishorizont der Menschen angepaßt werden. Passiert das nicht, macht sich die Kirche mitschuldig daran, daß viele nicht mehr glauben können und wollen.

3.3. Mein Gott, wie siehst du denn aus?!

Was ist das für ein Gott, an den wir glauben? Ist er wirklich ein unveränderlicher Fels in der Brandung der Geschichte oder ist er/sie, orientiert an Entwicklung und Beziehung, mit uns „auf dem Weg" und selber immer wieder neu?

Ob unser Glaube eine Hilfe sein kann im Umgang mit Veränderungen, hängt grundsätzlich mit der Frage nach unserem Gottesbild zusammen. Das hat sich auf unterschiedliche Weise im Laufe unseres Lebens gebildet, wieder verändert, modifiziert, gestaltet, ist durch Kämpfe gewachsen, vielleicht in Stürmen zerstört und wieder aufgebaut worden. Die Frage nach unserem eigenen Gottesbild ist eine sehr individuelle und ist an unsere Lebensgeschichte gebunden.

Dennoch gibt es auch eine Menge von uns selbst „unabhängiger" Aussagen über unseren Gott. Die finden wir in der Bibel. Was sagt uns also der unveränderliche Gott der Bibel über unseren Umgang mit Veränderungen ?

Denn daß Gott „bleibt" in Ewigkeit, sein Ratschluß, seine Gerechtigkeit, seine Liebe, sein Bund mit uns Menschen, dafür gibt es Zitate vom ersten Buch der Bibel, der Genesis, bis zum letzten, der Offenbarung. Darauf ist Verlaß. Jakobus schreibt z.B.: *„Jede gute Gabe und jedes vollkommene Geschenk kommt von oben, vom Vater der Lichter, bei dem kein Wechsel ist oder ein Schatten von Veränderung"* (Jk 1,17).

Und doch kommt gerade von diesem bleibenden Gott immer auch die Erneuerung. Über Gottes Weisheit steht z.B. geschrieben: *„Obwohl in sich selbst verbleibend, erneuert sie doch alles"* (Weisheit 7,27 b). Beim Propheten Jesaja kündet Gott leidenschaftlich Neues an: *„Gedenkt nicht mehr des Früheren, und die Vergangenheit kümmere euch nicht! Seht, ich schaffe Neuartiges! Jetzt sprießt es, merkt ihr es nicht?"* (Jes 43,18 - 20) und in Jes 65, 17: *„Denn seht, einen neuen Himmel erschaffe ich und eine neue Erde; da gedenkt man des Vergangenen nimmermehr, und es kommt nicht mehr in den Sinn. Frohlocken aber wird man und jubeln auf ewig über das, was ich schaffe. Denn siehe, ich will Jerusalem umschaffen zum Jubel und sein Volk zum Frohlocken."*

Diese Erneuerung betrifft aber auch die Menschen selbst, sagt Ezechiel :*"Ich gebe euch ein neues Herz und lege neuen Geist in eure Brust; ich entferne das Herz aus Stein und gebe euch ein Herz aus Fleisch"* (Ez 11,19 und 36, 26).

3.4. Biblische „Handlungsanweisungen" an uns :

Altes ist nicht gleich schlecht und Neues nicht gleich gut, und umgekehrt gilt es auch nicht. Von der Verantwortung, genau abzuwägen, was in der aktuellen Situation das Bessere ist, sind wir nie enthoben, und das ist durchaus nicht leicht. Altes und Neues zu verbinden und zu gebrauchen, braucht die Weisheit eines reifen Hausvaters, meint Matthäus (13,52) : *„Darum ist jeder Schriftgelehrte, der durch die*

Schule des Himmelreiches ging, einem Hausvater gleich, der aus seinem Schatz Altes und Neues hervorholt."

Die Erfahrung unseres Lebens zeigt aber, daß es genügend Situationen gibt, in denen gewohnte Verhaltensweisen nichts nützen, in denen „das Alte" sogar schädlich wäre. Auch davon weiß die Bibel: *„Niemand setzt einen Fleck von ungewalktem Tuch auf ein altes Kleid; denn das Aufgesetzte reißt vom Kleide ab, und der Riß wird ärger. Auch gießt man nicht jungen Wein in alte Schläuche, sonst zerreißen die Schläuche und der Wein rinnt aus, und die Schläuche gehen zugrunde. Sondern jungen Wein gießt man in neue Schläuche, und beide werden sich halten"* (Mt 9,16f,vgl. auch Mk 2,21 und Luk 5, 36).

Immer wieder aber ist die Aufforderung zu lesen, uns auch selbst, nicht nur unser Verhalten, verwandeln, erneuern zu lassen: *„Fegt hinaus den alten Sauerteig, damit ihr ein neuer Teig seid"* (1Kor 5,7). Und im Römerbrief sagt Paulus: *„Jetzt aber sind wir enthoben dem Gesetz, da wir dem starben, worin wir festgehalten waren, so daß wir dienen in der neuen Weise des Geistes, und nicht in der alten der Buchstaben* (Rö 7,6).

3.5. Wie es war im Anfang, so auch jetzt und alle Zeit!

Zu all den biblischen Aussagen steht die Praxis der Kirchen in einer hohen Spannung: Denn in den Kirchen, vor allem in der römisch katholischen, wird dem Wunsch nach Beständigkeit ein hohes Gewicht beigemessen. Die Tradition scheint viel zu oft das Maß aller Dinge zu sein. „So werden etwa bestimmte Regelungen und Strukturen der Kirche wie z.B. der Pflichtzölibat, die sich biblisch nicht belegen lassen, sondern erst im Laufe der Kirchengeschichte entstanden und gewachsen sind, durch die Berufung auf die Tradition begründet und damit beinahe göttlich geoffenbarten Wahrheiten gleichgesetzt"[4]. Oft werden Entscheidungen nicht aus inhaltlichen Überlegungen getroffen, sondern deshalb, weil es eben immer schon so war. Allerdings ist angesichts der langen Kirchengeschichte nicht immer klar, was Tradition ist, bzw. welche der vielen Traditionen als Argumentationshilfe herangezogen wird. Für welche Tradition entscheidet sich die Kirchenleitung im Zweifelsfalle? Es gab in der frühchristlichen Kirche

---

[4] Thomas Plankensteiner, a.a.O. S 59

weibliche Diakoninnen, später wurde dieses Amt nur Männern vorbehalten. Welche Tradition zieht man also heran? Wohl die, die zur Bestätigung der eigenen Meinung dient... Damit hilft „Tradition" dem Beharrungswunsch. Dieses Verständnis führt aber direkt zu einem Spannungsverhältnis mit biblischen Aussagen.

„Denn wer will, daß die Welt so bleibt, wie sie ist, hat schon in ihre Selbstzerstörung eingewilligt und so die Gottesliebe mit ihrem Ungenügen am Gegebenen verraten."[5]

4. Eigene Erfahrungen: Veränderungen lösen Angst aus[6]

Ich war eine der drei Leute, die das Kirchenvolks-Begehren in Österreich iniziiert haben. Ich habe mich also für Veränderung eingesetzt, dafür, daß unsere katholische Kirche (nicht nur in Österreich) ein menschenfreundlicheres Gesicht bekommt. Die Erfahrungen, die ich dabei gemacht habe, haben mich sehr nachdenklich gemacht.

„Es tut mir so leid, daß es keine Scheiterhaufen mehr gibt - für Frauen wie Sie", sagte mir eine Linzerin vor Beginn einer Kirchenvolks-Versammlung ins Gesicht. „Wenn ihr euch vor nichts zu fürchten braucht, tut ihr ja, was ihr wollt."

„Das hab ich noch nie erlebt," sagte meine Tiroler Freundin, die in Linz dabei war, „inmitten der Freude und der Begeisterung und des intensiven Gemeinschaftsgefühls, das ich gespürt habe, ständig zu merken, daß wir voller Feindschaft beobachtet wurden." „Freie Menschen lösen Angst aus", sagte Bischof Gaillot in Innsbruck, am Tag danach. Und das will man ihnen zurückgeben.

Auch wir von der Plattform „Wir sind Kirche" (die sich nach der Durchführung des Kirchenvolks-Begehrens gebildet hat, um die Anliegen weiterhin zu vertreten) sind noch nicht wirklich freie Menschen. Wir sind ein Stück angstfreier geworden im Laufe unseres Unternehmens, das schon. Die vielen Verleumdungen, Verunglimpfungen, Drohungen, Beschimpfungen, die wir zu hören oder zu lesen bekamen, haben uns eine dickere Haut wachsen lassen. Das hat Vor- und Nachteile.

---
[5] Dorothee Sölle, Mystik und Widerstand, Hamburg 1997, S 18
[6] Vgl. Martha Heizer, Veränderungen lösen Angst aus, In: actio catholica, Jg.50/1996, Heft 2, S 11 (Themenheft: Strategien der Erneuerung)

Was aber nicht geht, auch psychologisch schlichtweg unmöglich ist: dem Druck nachzugeben und wieder ein Stück Freiheit aufzugeben, damit wir nicht so viel Angst auslösen bei den anderen.

Denn natürlich bringt die Forderung nach Veränderung - die ja immer auch schon stattgefundene Veränderung dokumentiert - einen Aufschrei all derer mit sich, die wollen, daß alles so bleibt. Die Kirche ist da ein guter Boden. Wenn sich schon überall sonst im Leben ständig alles verändert, von der Mode bis zu den Lebensformen, vom Wetter bis zu den Wertvorstellungen, dann soll es doch wenigstens irgendwo einen Ort geben, wo man sich auf Beständigkeit verlassen kann!

So frage ich mich wieder einmal nach dem Verhältnis von Einheit und Erneuerung.

Bei jedem Ruf nach Erneuerung ist die Einheit gestört, das geht nicht anders. Da entsteht Spannung zwischen den „Reformfreudigen" und den „Traditionalisten". Da heißen die einen „Aufbegehrer", „Progressisten", „blindwütige Zerstörer" und die anderen „ewig Gestrige", „Fundamentalisten", „Betonierer". Da ist dann Dialogfähigkeit nötig, eine Kommunikations-Kultur, von der viele noch gar nicht wissen, was das ist. Da erweist sich die Qualität einer Gemeinschaft.

Vermittlung ist nötig. Ich glaube aber nicht, daß sich jemand quasi in die Mitte stellen kann und damit Einheit symbolisiert. JedeR muß Stellung beziehen, auf der einen oder auf der anderen Seite, und dann müssen beide Gruppen schauen, wie sie miteinander umgehen. Sozusagen von der Mitte her nach Einheit zu rufen, ist ein müßiges Unterfangen. Die Folge ist, daß so einE „MittlerIn" von beiden Seiten nicht ernstgenommen wird. Denn wer inmitten eines Reformprozesses immer nur nach Einheit ruft, hat von der Dynamik des Wandels nichts verstanden. Oder weiß genau um diese Dynamik und will sie nicht. Der einseitige Wunsch nach Einheit (die ja auch selten genauer definiert wird) macht deutlich, daß Erneuerung nicht gewünscht wird.

Ich möchte die Einheit auch. Ich wollte, mir würde nicht der Tod gewünscht, weil ich mich für Erneuerung einsetze. Ich wollte, wir könnten uns auf der Basis unseres gemeinsamen Glaubens an den dreifaltigen Gott verständigen. Aber auch wenn mir das verweigert wird, werde ich mich weiter für eine „ecclesia semper reformanda" engagieren. Denn es ist mir klar: Meine Spiritualität, das heißt, meine

Fähigkeit, Gott zu erfahren und Gott zu vermissen, nährt sich immer aus der konkreten Situation, in der ich lebe. Ich kann meinen Einsatz für meine Welt nicht verweigern, wenn ich Gott suche, wenn ich ein spirituelles Leben führen will. Ich muß handeln, damit verändern, und oft genug darunter leiden[7]. Somit läßt sich die Frage, ob es denn helfe beim Umgang mit Veränderungen, sich christlicher Spiritualität zuzuwenden, auf zweifache Weise beantworten:

Es hilft mir zu wissen, daß Gott auf meiner Seite ist, wenn ich mich für Veränderung, Erneuerung einsetze. Aber es ist auch umgekehrt: Mein Engagement in meiner Welt hilft mir auch, Gott kennenzulernen, sein leidenschaftliches Interesse für Gerechtigkeit und Frieden in seiner Schöpfung und für seine Geschöpfe, aber auch seine Finsternis, „sein unaufhebbares Dunkel, das im Leiden der Unschuldigen, der historischen Verlierer wie in Hiobs Klagen schreit."[8]

---

[7] Vgl. auch Sölle, a.a.O., S 190
[8] ebd.

GERTRAUD LADNER
IN DIE TIEFE GEHEN - ASPEKTE FEMINISTISCHER SPIRITUALITÄT ALS HERAUSFORDERUNG AN THEOLOGIE UND KIRCHEN

Beim Nachdenken über feministische Spiritualität erschien mir das Bild der Tiefe verbunden mit dem Gehen in mehrfacher Weise zutreffend. Im eigenen Versuch des Tiefergehens bewegten mich Fragen wie:
Wo trifft feministische Spiritualität Wesentliches für Frauen, wo tastet sie sich erst heran? Wo wagt sie sich an Themen, die in den UnTiefen traditioneller Theologie verborgen sind, tabu waren, vergessen oder verschwiegen wurden? Welches sind zentrale Inhalte und wo liegen die Stolpersteine und Widerstände? Wie geht die Vielfalt der feministisch-spirituellen Ansätze zusammen, wo geschieht eine uneinholbare Ausdifferenzierung? Wo „schwimmt sie mit im spirituellen Warenangebot"? Wie verhält sich die feministische spirituelle Praxis zur Theologie und wie zu Kirchenzugehörigkeiten? Wo geht feministische Spiritualität in die Tiefe, wo „paddelt" sie an der Oberfläche? ...

In die Tiefe gehen verstehe ich in diesem Sinne als eine Beschreibung feministischer Spiritualität und gleichzeitig als eine Herausforderung an sie: Schritte in Bereiche, die unbekannt, unbeachtet oder tabu waren, sind gewagt worden; andererseits ist es notwendig, weiter zu gehen, vieles ist aufzuarbeiten oder zu erarbeiten.

Zugleich ist feministische Spiritualität eine Herausforderung an traditionelle spirituelle Formen, an die Theologie und die Kirchen: Werden sie dem Wunsch von Frauen nach sie wertschätzenden Formen und Inhalten gerecht? Lassen sie sich überhaupt auf die Kritik und die Anstöße von Feministinnen ein? Lassen sich auf der Basis gemeinsamer Anliegen entsprechende Wege finden? ...

Die mich bewegenden Fragen bedenke ich wesentlich aus meinem Kontext: dem Eingebundensein in eine Gruppe von Frauen, die seit mehreren Jahren regelmäßig feministische Liturgien und Rituale feiert und darüber reflektiert; dem Verbundensein mit Frauen aus verschiedensten Ländern v.a. Europas, die auf der Suche nach einer frauengerechten Feier und Benennung des Göttlichen sind; der Zugehörigkeit zu einer OrtsKirche, in welcher Zögerlichkeit einerseits und Engagement andererseits auf mehreren Ebenen, nicht zuletzt in der Frauenfrage, widerstreiten. An all diesen Orten wünsche ich mir ein Vertiefen der Bemühungen, ein Zulassen der Bedürfnisse von Frauen, ein Streiten darüber, wie sie gemeinsam umsetzbar sind.

Einzelne Aspekte der oben angeführten Fragen werde ich im folgenden behandeln, jedoch nicht, um sie endgültig zu erörtern; sie begleiten mich weiter auf der Suche nach möglichen Antworten.

Von verschiedenen Orten ausgehend - feministische Spiritualitäten

Die *Sehnsucht nach Mehr und die Erfahrung des Mangels* waren und sind wesentliche Ausgangspunkte für feministische Spiritualität. Sie „entsteht nicht im luftleeren Raum. Sie entsteht in Auseinandersetzung mit lebensgeschichtlichen Erfahrungen der Abwertung und Ausgrenzung des Weiblichen in einer patriarchal geprägten Gesellschaft und Kultur. Für viele Frauen ist es ein lebenslanger Prozeß, sich von den negativen Anteilen einer geschlechtsspezifischen allgemeinen und religiösen Sozialisation zu befreien und den Weg hin zu einer lebensbejahenden und frauenfreundlichen Identität und Spiritualität zu finden."[1] Für Spiritualität bedeutet dies: Frauen sind gemeinsam auf der Suche nach dem Göttlichen. Sie eignen sich traditionelle Formen an und entwickeln neue; sie überdenken Inhalte, formulieren neu; ihre Lebenswelt, ihre Erfahrungen und das Bestreben nach einer frauengerechteren Welt sind wesentlich dafür. Von der Kritik an Kirchen und Institutionen sind sie längst dazu übergegangen, eigene Räume zu schaffen, mit ihnen gemäßen spirituellen Formen zu experimentieren.[2]

---

[1] Sommer Regina, „Ich würde sagen, ich bin der weiblichen Seite Gottes begegnet bei Frauen, durch Frauen"... Zur lebensgeschichtlichen Entstehung feministischer Spiritualität. In: Pahnke Donate, Sommer Regina (Hg.), Göttinnen und Priesterinnen. Facetten feministischer Spiritualität. Gütersloh 1995 (im folgenden abgekürzt mit: Göttinnen und Priesterinnen), 43-55, hier 43.

[2] Inzwischen gibt es zahlreiche Handreichungen zur feministischen Spiritualität. Für den feministisch-christlichen Bereich vgl. Hojenski Christine, Hübner Birgit, Hundruß Reinhild, Meyer Martina (Hg.), Meine Seele sieht das Land der

In der Ausgestaltung dieser frauenfreundlichen und lebensbejahenden Spiritualität gibt es eine große Vielfalt. Meistens werde ich hier von feministischer Spiritualität im Kontext des Christentums sprechen, doch benennt feministische Spiritualität das patriarchatskritische und frauenbestärkende Bemühen von Frauen (und Männern) mit unterschiedlichem feministischen Bewußtsein in unterschiedlichen religiösen, konfessionellen und areligiösen Kontexten.

Als zwei Pole dieser Suche und Auseinandersetzung können „Göttinnen und Priesterinnen"[3] genannt werden. Im euroamerikanischen, hauptsächlich christlichen Kontext wird manchmal die Unterscheidung getroffen in *matriarchal-ästhetische Spiritualität* und *ethisch-befreiungs-theologische feministische Theologie und Spiritualität*.[4] Während sich die zuletzt genannten stärker im christlichen Glauben eingebunden fühlen und im kirchlichen Kontext feministische Veränderungen herbeiführen wollen, versuchen die anderen davon unabhängig etwas Grundlegendes, Eigenes zu entwickeln und greifen dabei häufig auf vor- oder außerchristliche, besonders auf matriarchale Traditionen zurück. Sie feiern den Jahresrhythmus der Natur, die Mondphasen, die Göttin oder Göttinnen als Symbol weiblicher Stärke, das Verhältnis zur Erde und zum Kosmos.

Freiheit. Feministische Liturgien - Modelle für die Praxis. Münster 1990; Enzner-Probst Brigitte, Felsenstein-Roßberg Andrea (Hg.), Wenn Himmel und Erde sich berühren. Texte, Lieder und Anregungen für Frauenliturgien. Gütersloh 1993, u.a. Für die nichtchristliche feministische Spiritualität vgl. Veröffentlichungen der US-Amerikanerin Starhawk, die von großer Bedeutung für den europäischen Raum sind; für den deutschsprachigen Raum vgl. Veröffentlichungen von Luisa Francia.

[3] Vgl. die gleichnamige Aufsatzsammlung hg. von Donate Pahnke und Regina Sommer. Diese Pole finden sich in der Praxis feministischer Feiern bis zu einem gewissem Maß in der Selbstbezeichnung Frauen- oder feministisches *Ritual* beziehungsweise Frauen- oder feministische *Liturgie* wieder. Die Bezeichnung Liturgie hat im christlichen Kontext einen besonderen patriarchatskritischen Stachel, da üblicherweise unter Liturgie der eucharistische Gottesdienst mit einem genau festgelegten Ablauf verstanden wird. In der römisch-katholischen Kirche u. einigen anderen ist diese Feier an den der Liturgie vorstehenden männlichen Priester gebunden. Nun reklamieren Frauen den Begriff für sich, füllen ihn mit neuen Formen und Inhalten, mit unüblichen Texten und Symbolen, nehmen Leitungsfunktionen ein.

[4] Vgl. Sölle, Einleitung. In: Heyward Carter, Und sie rührte sein Kleid an. Eine feministische Theologie der Beziehung. Stuttgart 1986, 7-13. Die in dieser Unterscheidung mitschwingende Annahme, die matriarchal-ästhetische Spiritualität beinhalte keinen politischen Anspruch, trifft nur bedingt zu.

Die genannten Bezeichnungen und Unterscheidungen mögen helfen, die Herkünfte und Hintergründe feministisch-spiritueller Ansätze ein wenig zu erkennen, sie deuten Richtungen, Hauptströmungen an. Andererseits darf nicht vergessen werden, daß die jeweiligen Strömungen und Bewegungen neben-, mit- und ineinander existieren, voneinander lernen, sich gegenseitig in Frage stellen, daß ein reger Austausch vor sich geht, und eine klare Abgrenzung oder Unterscheidung nicht möglich und von den Frauen oft auch nicht gewünscht ist.

Es gilt festhalten, daß es nicht *die* feministische Spiritualität gibt, sondern verschiedene Formen, Herkünfte und Ausprägungen, Bewegungen feministischer Spiritualität oder Religiosität, sozusagen mehrere „feministische Spiritualitäten", oder anders: eine breite spirituelle feministische Praxis und Theorie/Theologie/Thealogie.

Feministischer Spiritualität geht es um die Überwindung patriarchaler, androzentrischer Normen und Strukturen und um eine frauengerechte, frauenbestärkende religiöse Praxis und deren theoretische Reflexion. Sie stellt sich einer patriarchalen Tradition entgegen, die die göttliche Macht als etwas Transzendentes und rein Männliches beschreibt. Sie erhebt den Anspruch auf umfassende Veränderungen im religiösen und gesellschaftlichen Bereich. Trotz der jeweils unterschiedlichen Umsetzung können folgende Grundzüge und Anliegen festgehalten werden:

* *Frauen kommen zusammen und feiern ihre Beziehung zum Göttlichen*
* *Sie stimmen überein, daß gesellschaftliche und religiöse Veränderungen zugunsten von Frauen, ihren Bedürfnissen und Interessen notwendig sind*
  - Kritik am patriarchalen System in Religion und Gesellschaft
  - bewußtes Abwenden von patriarchalen Formen und Inhalten
* *Frauen beziehen sich auf andere Frauen und bestärken einander*
  - das konkrete Leben von Frauen kommt zur Sprache
  - die Körperlichkeit von Frauen wird gefeiert: z.B. Lebensrhythmen
  - Frauentraditionen werden aufgegriffen und kreiert
  - neue Formen und Elemente gesucht und entwickelt
  - weibliche Gottessymbolik: in weiblichen Gottesbildern, in der Göttin, das Göttliche in der Natur
  - Bemühen um Ganzheitlichkeit in der Gestaltung

- Bemühen um inklusive Sprache oder Frauensprache
- Wahrnehmen und Bestärken der Autorität/Macht von Frauen, insbesondere der spirituellen Macht von Frauen, z.B. als Leiterinnen von Gottesdiensten, Ritualen
* *die Beziehung zur Schöpfung, zur Erde, zum Kosmos ist bedeutsam*
  - ökologische Sichtweise, starker Natur- und Umweltbezug: Jahreszeitenrituale, Schöpfungsspiritualität
* *tendentiell ökumenisch und interreligiös*
  - im Sinne von sowohl Konfessionen wie Religionen übergreifend, sich gegenseitig bereichernd.

Wenn von feministischer Spiritualität die Rede ist, fallen religiöse Such-Bewegungen von Frauen in den christlichen Konfessionen wie in anderen Religionen - Islam, Judentum, Buddhismus darunter - ebenso wie in areligiösen und nachchristlichen, sogenannten neo-paganen, oder matriarchalen Bewegungen. Feministische Spiritualität bezeichnet also das patriarchatskritische Bemühen von Frauen mit unterschiedlichem feministischen Bewußtsein aus/in unterschiedlichen religiösen und konfessionellen Hintergründen/Kontexten. Die *feministische* Ausrichtung von jüdischen, christlichen, islamischen oder von Frauen ohne spezifische religiöse Tradition kann sich in ihrer Spiritualität sozusagen treffen.[5] Ein Ausloten von Berührungspunkten über die vordringlichen gemeinsamen feministischen Anliegen hinaus findet bei regionalen und internationalen interkulturellen und interreligiösen Treffen statt und drückt sich in einer breiten Palette von Arbeitskreisen und schriftlichen Auseinandersetzungen aus.[6]

Im christlichen Kontext hat feministische Spiritualität eine stark politisch-befreiungstheologische Komponente. Zugleich geht es nicht prinzipiell um den Ausschluß von Männern - „der Brüder durch die Schwestern" (Elisabeth Gössmann), sondern um eine Veränderung hin zu einer frauengerechten Spiritualität und zu einer Gemeinschaft

---

[5] So treffen sich z. B. die feministische Schöpfungstheologie Rosemary Radford Ruethers oder Catharina Halkes´ in ihrer inhaltlichen Ausrichtung mit der anderer Ökofeministinnen.
[6] U.a. dokumentiert in: Fabella Virginia, Der Weg der Frauen. Theologinnen der Dritten Welt melden sich zu Wort. Freiburg i. Br. 1996; sowie in zahlreichen Ausgaben der deutschsprachigen feministisch-theologischen Zeitschriften *Fama* und *Schlangenbrut*.

der Gleichen (Elisabeth Schüssler Fiorenza), wie sie v.a. in den USA durch die Frauenkirche angezielt wird.[7]

Dabei bewegen sich die Frauen mehr oder weniger weit vom traditionellen Kirchenverständnis weg. „Wichtig ist dabei für alle Frauen, diese Phase des religiösen Experimentierens mit anderen Frauen zu teilen. Weiterhin ist dieser Prozeß gekennzeichnet von einer großen Offenheit gegenüber nichtchristlichen Religionen und neuen spirituellen Orientierungen. Erst in zweiter Linie scheint es eine Rolle zu spielen, inwieweit dadurch Konflikte oder Vereinbarungsschwierigkeiten mit der Kirchenzugehörigkeit entstehen."[8] Bei all dieser Offenheit gegenüber anderen spirituellen Formen ist christlich beheimateten Frauen die biblische Basis sehr wichtig. Sie suchen sie mit den neuen Formen und den ihnen entsprechenden Inhalten zu verbinden und bemühen sich um Integration.[9]

Wie oft die gelebte Spiritualität hier an der Oberfläche bleibt, wie sehr sie in die Tiefe geht, kann nur in konkreten Einzelfällen angefragt werden. Manchmal scheint es im breiten zeitgenössischen spirituellen Angebot, das möglichst häufig etwas Neues bieten will, auch eine Art feministischer Erlebnisspiritualität zu geben. Kritisch zu hinterfragen ist, wenn spirituelle Elemente oder Praxen ohne persönlichen und politischen Bezug zur Herkunftstradition verwendet werden, diese Praxen einem Bedürfnis nach exotischen Erfahrungen dienen oder von den sozialen Bedingungen absehen. Doch ist dies eine Beobachtung, die die *gesamte* derzeitige „spirituelle Szene" betrifft.

In der „feministischen Gemeinschaft" gibt es eine breite theoretische Auseinandersetzung und eine Grenzen und Kulturen überschrei-

---

[7] Vgl. Radford Ruether Rosemary, Unsere Wunden heilen, unsere Befreiung feiern. Rituale in der Frauenkirche. Stuttgart 1988.

[8] Franke Edith, „Dem Vatergott habe ich abgeschworen." Spirituelle Frauenkultur in der Kirche. In: Göttinnen und Priesterinnen 56-67 (im folgenden abgekürzt mit: Franke), hier 65, in einem Bericht über eine Untersuchung unter Frauen in der Brehmischen Evangelischen Kirche zum Wandel des Gottesbildes.

[9] Vgl. Moser Michaela, Die Teilnehmerinnen der Frauensynode als Avantgarde. Vorschau auf einige Ergebnisse und Erkenntnisse der Studie Frauen - Kirche - Feminismus. In: Ladner Gertraud, Moser Michaela (Hg.), Frauen bewegen Europa. Die Erste Europäische Frauensynode - Anstöße zur Veränderung. Thaur 1997 (im folgenden abgekürzt mit: Frauen bewegen Europa), 210-216; bzw. die in Kürze erscheinende Untersuchung „Frauen - Kirche - Feminismus. Die Teilnehmerinnen der Frauensynode als Avantgarde kirchlicher und gesellschaftlicher Erneuerung" publiziert von der Arbeitsstelle für kirchliche Sozialforschung in Wien.

tende spirituelle Praxis von Frauen, die auf der Suche nach einer angemesseneren Spiritualität für die heutige Zeit sind. Sie erwächst aus den unterschiedlichen Kontexten von Frauen. Sie leben gleichzeitig in verschiedenen Kulturen und Traditionen sowie an deren Grenzen, sie sind bemüht um Dialog. Sie reflektieren ihre Kontexte und erleben sie zugleich als Ort des Kampfes und Quelle ihrer Spiritualität.[10]

Göttin und Gott - auf dem Weg mit vielen Bildern

Eine zentrale Suchbewegung feministischer Spiritualität ist jene um ein Gottesbild. In dem Gespräch von Celie und Shug, zwei schwarzen Frauen, in „Die Farbe Lila" gibt Alice Walker[11] diese Auseinandersetzung in literarischer Form wieder.

Celie hat jahrelang Briefe an Gott geschrieben, in denen sie ihre triste Situation als schwarze Frau schildert. In Gott sah sie lange Zeit ihren einzigen Adressaten. Inzwischen ist sie selbstbewußter, sie entdeckt, daß Gott, wie sie ihn kennt, ein mächtiger, alter, großer, graubärtiger, weißer Mann ist. Sie schildert ihn mit weißen Gewändern, barfuß und kalten blaugrauen Augen, der „einfach nur da droben hockt und frohlockt, ... taub ist ..."[12] „Jedenfalls... is der Gott, zu dem ich gebetet und dem ich geschrieben hab, ein Mann. Und der benimmt sich genau wie die ganzen andern Männer, die ich kenn. Liederlich, vergeßlich und gemein."[13] Ihre Briefe schreibt sie nun an ihre wiedergefundene Schwester, auf Gott meint sie verzichten zu können.

Ihre Freundin Shug ist damit nicht einverstanden. Nur weil Gott falsch, verfremdet dargestellt wurde, sei es dennoch wichtig, Ihn/Es kennenzulernen. Sie beschreibt Celie ihre Erfahrung mit dem Göttlichen: „Mein erster Schritt von dem alten weißen Mann weg waren die Bäume. Dann die Luft. Dann die Vögel. Dann andre Leute. Aber an einem Tag, wie ich ganz still dagesessen bin und mich gefühlt hab wie ein Kind ohne Mutter, und das war ich ja, da kam es mir: so ein Gefühl, daß ich ein Teil von allem bin, nich abgetrennt. Ich hab gewußt,

---

[10] Vgl. Grey Mary C., Zur Leitung ermächtigt - Sophias Töchter bahnen den Weg. In: Frauen bewegen Europa, 62-77.
[11] Walker Alice, Die Farbe Lila. Roman. Reinbek bei Hamburg 1995 ([1]1984) (im folgenden abgekürzt mit: Walker), 137-142. Die Bedeutung dieses Textes läßt sich aus der Bezeichnung „heiliger Text der Frauenbewegung" ermessen.
[12] Walker,138.
[13] Walker,137.

wenn ich einen Baum fäll, blutet mein Arm. Und ich hab gelacht und geweint und bin im ganzen Haus rumgerannt. Ich hab genau gewußt, was Es war. ..."[14] Ein wesentliches Kennzeichen Gottes ist für Shug, daß er Freude macht: „... mehr wie alles andre mag Gott, wenn man was bewundert. ... Die Leute denken, Gott Freude machen is alles, was Gott wichtig is. Aber jeder Idiot, der auf der Welt lebt, kann doch sehn, daß Es immer probiert, uns auch Freude zu machen. ... Es macht immer kleine Überraschungen und läßt die dann los, wenn wirs am wenigsten erwarten."[15] Shug ermöglicht Celie ein neues Gottesbild. Die Alternative zum patriarchalen, rassistischen Gottesbild, die Shug anbietet, geht über die Erfahrung des Göttlichen in der Natur und in anderen Menschen zur geschlechtsneutralen Bezeichnung: Es.

Für viele Frauen ist Gott/das Gottesbild durch androzentrische Darstellungen und Sprache schwer belastet. Sie durchleben eine ähnliche Wandlung ihres Gottesbildes wie Celie. Neue nichtpatriarchale und nicht androzentrische Bezeichnungen und Bilder werden gesucht, um das Göttliche zu benennen.

Nach dem Abschied von Gott-Vater, dem transzendenten Herrn im Himmel, beginnt für viele Frauen eine Zeit der *Wüste,* der Schwierigkeit mit jeglichem Gottesbild, oder ein *Bildermoratorium* (Hedwig Meyer-Wilmes). Diese Wüste ist gleichzeitig ein Ort bewegter, heftiger Suche nach neuen Namen und Bildern für Göttliches, die Frauen und andere Marginalisierte befreit und bestärkt. „Wenn wir das Göttliche nicht als dicke Rollstuhlfahrerin um die fünfzig mit kurzen blonden Haaren imaginieren können, sind wir wahrscheinlich so von einem anderen Bild des Göttlichen besetzt, daß für diese göttliche Möglichkeit kein Platz ist."[16] - sagt Dorothee Wilhelm, und Andrea Schulenburg formuliert als Postulat feministischer Spiritualität: „Bilder des Göttlichen können nur dann akzeptiert werden, wenn sie von Frauen als befreiend erfahren werden."[17]

---

[14] Walker,140.
[15] Walker,141.
[16] Dorothee Wilhelm, Gottebenbild im Plural. In: Fama 4, 13. Jg., Dezember 1997, 6-8, hier 8.
[17] Schulenburg Andrea, Feministische Spiritualität. Exodus in eine befreiende Kirche? Stuttgart 1993 (im folgenden abgekürzt mit: Schulenburg), 96. Die Ökofeministin Maria Mies lehnt in „Wir Frauen sind gott-los" (1973; wiederveröffentlicht in: Schlangenbrut Nr. 59, 15. Jg. , November 1997, 36) jedes Gottesbild als patriarchal ab und ist auch der Göttin gegenüber skeptisch (1984).

Eine Möglichkeit, an der christlichen Tradition anzuknüpfen, ist die Suche nach verschütteten, verschwiegenen *weiblichen Gottesbildern in der Bibel*:

Gott als Gebärerin, Stillende, Mutter, Geburtshelferin, Bärenmutter, Haushälterin, Bäckerin, Adlermutter, Sophia/Weisheit. Im Neuen Testament finden sich weibliche Bilder z.b. im Gleichnis von der verlorenen Drachme oder vom Sauerteig.

Eine weitere Möglichkeit ist, Gott als *Mutter und Vater* zu bezeichnen: indem z.b. „Vater und Mutter unser im Himmel..." gebetet wird. Doch wie der Theologin Rosemary Radford Ruether genügt es vielen Frauen nicht, der väterlichen Seite Gottes die mütterliche beizustellen. Die Benennung des Göttlichen als Mutter und Vater verweist zwar auf unseren Ursprung und auf den Schöpfer, aber sie kann auch die Bevormundung, das Nicht-Erwachsenwerden weitertransportieren. Ruether hat versucht, mit der sprachlichen Form *Gott/in* eine inklusive Gottesbezeichnung zu erfinden, die zumindest in der schriftlichen Form das „einstige und künftige Schalom des Lebens" beschreibt.[18] *Ruach, die Geistin*, jene Gestalt der Trinität, die am wenigsten besetzt ist, wird mit Frauenbildern besetzt (das hebräische Wort *ruach* ist weiblich). Ebenso vergessen und daher patriarchal unbelastet war *Sophia, die Weisheit*.[19]

Das Göttliche wird ebenso gefunden in der Erfahrung von Frauen, in ihrer Verbundenheit, in der *Macht in Beziehung* (Carter Heyward). „Hier eröffnet die Erfahrung nichthierarchischer Beziehungen ein Bild von Gott/in als Freund/in und Partner/in, das wechselseitiges Geben und Nehmen impliziert. Gott/in scheint weiterhin durch in verheißungsvollen Namen wie Befreiung, Gerechtigkeit, Schutz und Tiefe, unbändige Kraft, Dynamik, Bewegung, Prozeß, Liebe, Zärtlichkeit, Wut, Weisheit, Mutter, Schwester, Fülle und Lust."[20]

Die Verwendung des Symbols *Göttin* bedeutet eine sehr große Herausforderung für eine von patriarchalen Traditionen geprägte Spiritualität. Wird auf die Göttin bzw. Göttinnen Bezug genommen, so

---

[18] Radford Ruether Rosemary, Sexismus und die Rede von Gott. Schritte zu einer anderen Theologie. Gütersloh 1985, 90-93, hier 92.

[19] So feiert das Frauenforum Feministische Theologie österreichweit den 15. Mai, Sophia, und nimmt diesen Tag als verschüttete Tradition für sich in Anspruch.

[20] Schulenburg, 98.

meist nicht, um sie an die Stelle des bisherigen „Gott" zu setzen. Sie ist Symbol für die *Ermächtigung* von Frauen, die von göttlicher Stärke und Macht bejaht und begleitet wird.[21] Zugleich verweisen *Göttinnen* darauf, daß das Patriarchat keine notwendige Gegebenheit ist, sondern eine historisch entstandene; sie verweisen auf eine Geschichte, die einmal anders war, und wieder anders werden kann. „Göttinnen sind offensichtlich eher Inspiration und Anlaß für Gespräche, für das Erproben neuer religiöser Ausdrucksformen und für die religiöse Selbstreflexion als eine neue, anzubetende Gestalt auf dem Altar."[22] Den meisten Frauen geht es nicht um einen Austausch männlicher gegen weibliche Gottesbilder oder Gottesvorstellungen, sondern um deren Erweiterung. Andere wiederum sehen in der Bezugnahme auf die Göttin oder Göttinnen gerade wieder die Gefahr einer Reduzierung der göttlichen Vielfalt, sie wünschen sich ein neutrales Gottesbild oder eben vielfältige Bilder.

Durststrecken und notwendende Wandlungen

Bei diesem Gehen in die Tiefe gibt es inzwischen einige Nischen und manch fruchtbaren Ort für Frauen. Frauen treffen sich in geschlossenen Gruppen oder öffentlich, feiern zusammen Liturgien und Rituale. Dies geschieht ökumenisch weltweit, sie schaffen sich dafür Räume in Bildungshäusern, in Fraueneinrichtungen oder in Gemeinden, in denen sie meist ein zusätzliches religiös-kulturelles Angebot darstellen. Die Gruppen sind untereinander lose vernetzt, wie z.B. die Feministischen Liturgiegruppen im deutschsprachigen Raum. Meist bleiben die Frauen unter sich, bilden eine feministische Gemeinde in der patriarchalen Diaspora mit kritischer Distanz zur etablierten Theologie und zu den Kirchen.

Denn diese nehmen die feministischen Herausforderungen bisher wenig an. Wo Priesterinnen, Pastoralassistentinnen, Krankenhausseelsorgerinnen und andere Seelsorgerinnen ihr Sein als Frauen bewußt reflektieren, fließen Elemente feministischer Spiritualität in Ge-

---

[21] So war die Schlangengöttin ein Symbol für die Erste Österreichische Frauensynode 1992 in Puchberg bei Wels.
[22] Franke in: Göttinnen und Priesterinnen, 60.

meinden ein. Doch strukturell ist noch ein weiter Weg zu gehen. Feministische Spiritualität im christlichen Kontext macht in der etablierten Theologie und in den Kirchen immer noch die Erfahrung des Mangels. Sie zeigt, was in den christlichen Kirchen für Frauen fehlt - eine sie benennende und befreiende Sprache, weibliche Gottesbilder, die Möglichkeit, als Frauen Gottesdienste zu leiten in einigen Kirchen, frauenspezifische Formen und Inhalte. Zentrale Inhalte und Formen der christlichen Tradition sind aus der Sicht von Frauen zu durchdenken und umzuwandeln, sodaß sie beiden Geschlechtern - und darüberhinaus auch anderen bisher an den Rand gedrängten Gruppen - entsprechen.

An einigen konkreten Beispielen möchte ich diese Durststrecken für feministische Spiritualität besonders in der römisch-katholischen Kirche beleuchten.

Frauen Bedeutung geben

Frauen waren von der Botschaft Jesu ebenso wie Männer angesprochen, aber sie gehen uns verloren, entschwinden aus der Erinnerung, wenn beim Mahl nur die Männer gezählt werden oder in den neutestamentlichen Briefen die Anrede „Brüder" lautet, auch wenn Frauen unzweifelbar der überwiegende Teil der Gemeinden waren und heute sind. Die Exegetin Elisabeth Schüssler Fiorenza kommt in ihren neutestamentlichen Untersuchungen zum Schluß: Frauen waren in diesen Bezeichnungen, die nur Männer anführen (z.B. Jünger), mitgemeint - also sind sie auch zu benennen, um sie so sichtbar zu machen. Dies geschieht durch inklusive Sprache[23], die sexistischen Sprachgebrauch, den ausschließlichen Bezug auf nur ein Geschlecht, vermeidet. Sie basiert auf der Erkenntnis, daß Frauen in der Sprache oft unsichtbar gemacht werden und dieses Unsichtbarmachen zu ihrer weiteren Unterdrückung beiträgt, während *inklusive Sprache* Frauen sichtbar macht, *ihnen Bedeutung und Wert beimißt. Dies* begreife ich auch als eine theologische Herausforderung.

---

[23] Tips für eine inklusive Sprache gibt: Häberlein Susanne, Schmid Rachel, Wyss Eva Lia (Hg.), Übung macht die Meisterin. Ratschläge für einen nichtsexistischen Sprachgebrauch. München 1992.

Wenn ich meine Erfahrungen im kirchlichen Bereich befrage, so stelle ich fest, daß es eine große Unsicherheit gibt: oft werden Mischformen verwendet, Frauen kommen kaum vor oder werden selten angesprochen, Prinzipien für inklusive Sprache sind kaum bekannt. Allein die Anrede „Brüder und Schwestern" bei der Lesung gehört noch nicht zur Selbstverständlichkeit. Lektionar und Gotteslob, die die wesentlichen Texte für die liturgischen Feiern der römisch-katholischen Gemeinden enthalten, zeigen ein prekäres Bild für Frauen.

Allerdings ist gerade der Bereich der gottesdienstlichen Text- und Liedpraxis ein Beispiel für bereits geschehene Analysen und für daraus resultierende Veränderungsvorschläge. Eine kritische Durchsicht von *Lektionaren*[24] hat ergeben, daß Frauen nur insoweit vorkommen, als sie sich auf männliche Handlungsträger in den heilsgeschichtlichen Ereignissen beziehen. Auswahlprinzip der Lektionare scheint zu sein, männliche Personen wie Abraham, Isaak, Jakob, Mose, Elija als zentrale Träger der Heilsgeschichte darzustellen. Frauen als eigenständig Handelnde zu zeigen, scheint kein Anliegen zu sein. Frauen werden in patriarchalen Rollen dargestellt: als Verführerin, Ehefrau, Mutter oder Jungfrau. Texte mit bestimmten Frauengestalten wie Mirjam, Rachel, Lea, Debora, Judit und Ester kommen also in der Verkündigung nicht vor, da sie im Lektionar fehlen. Die Tendenz, Frauen in der Kurzform der Evangelien wegzulassen (z.B. Zeugnis der Hanna und des Simeon bei der Darstellung Jesu im Tempel: Lk 2,22-40; Kurzfassung: Lk 2,22.39-40), legt den Verdacht nahe, daß die Kompilatoren der Lektionare den Frauen für das Heilsgeschehen keine Bedeutung beimessen.

Um hier eine Änderung vorzunehmen, braucht es aus feministischer Sicht eine Neusammlung von Texten der Lektionare: Texte, die Frauen benennen, aber auch „Schreckenstexte" und Texte, in denen Frauen verschwiegen werden, sind aufzunehmen. Bei der Kombination der Texte für den Gottesdienst ist darauf zu achten, daß für Frauen befreiende und bestärkende Texte so mit anderen kombiniert werden,

---

[24] Vgl. Birgit Janetzky, Ihre Namen sind im Buch des Lebens. Frauengeschichte und erneuertes Lektionar. In: Berger Teresa, Gerhards Albert (Hg.), Liturgie und Frauenfrage. Ein Beitrag zur Frauenforschung aus liturgiewissenschaftlicher Sicht. St. Ottilien 1990 (im folgenden abgekürzt mit: Liturgie und Frauenfrage), 415-431.

daß Frauen als Jüngerinnen und Handlungsträgerinnen der Heilsgeschichte sichtbar werden.[25]

Viele Frauen äußern Unbehagen mit den Gebeten und Liedertexten des *Gotteslobes:* die Gläubigen kommen als Brüder und Söhne vor, Gottesbilder sind einseitig männlich, zudem schließen die vorkommenden Bezeichnungen Christ, Jünger, Sünder, Bekenner, Märtyrer für viele Frauen sie nicht mehr selbstverständlich ein. Die Liturgiewissenschaftlerin Teresa Berger[26] hat folgende Kriterien entwickelt: Angemessenheit der Aussage; theologisch verantwortbare Aktualisierung. Viele Texte des Gotteslobes entsprechen diesen Kriterien nicht - z.B. die monarchistischen Christuslieder. Für Frauen scheiden Texte und Lieder aus, da sie auf die Lebenswelt der Frauen nicht angewendet werden können.

Darüber hinaus verwendet das Gotteslob kaum Lieder und Texte *von* Frauen, es bedient sich also nicht der Frauentraditionen - z.B. der Lieder Hildegard von Bingens. Eine Einbeziehung dieser weiblichen Traditionen, der Traditionen von Frauen, die inzwischen vermehrt historisch erarbeitet und wissenschaftlich vertieft werden, wäre dringend erforderlich.

Neben der Sprache, die Bedeutung gibt, vorenthält oder eben nimmt, bedürfen weitere Ebenen kirchlichen und theologischen Lebens der Umwandlung, damit es nicht beim Sprechen von der Würde der Frauen bleibt, sondern sie sie nach eigenen Vorstellungen und im Dialog mit den Geschwistern gestalten können. Die Frage nach dem Priesteramt und dem Diakonat für Frauen ist dabei von besonderer symbolischer Bedeutung. Aber auch neue liturgische Formen, die in der Frauenkirche und in Frauengruppen entwickelt wurden und Frauenerfahrungen zum Ausdruck bringen, könnten in das liturgische Leben von Gemeinden integriert werden. So sind Versöhnungsriten nach Gewalterfahrungen oder Riten für den Verlust eines Kindes während der Schwangerschaft dringende Bedürfnisse von Frauen. Diese Er-

---

[25] Inzwischen gibt es Bemühungen für frauengerechte Lektionare: LektorInnenbibel. Texte der Sonn und Festtagslesungen mit Erklärungen. Redaktion: P.J. Arzt, S. Arzt, U. Schachl-Raber, C.M. Wallisch-Breitsching, E. M. Wallisch, Salzburg 1995. Vielfältige liturgische Behelfe in inklusiver Sprache, auch für Tagzeitenliturgien, sind in den USA erarbeitet worden, mehrfach von Frauenorden, z.B. von den Karmelitinnen.

[26] Berger Teresa, Das *Gotteslob* der Frauen? Eine Durchsicht des katholischen Gebets- und Gesangbuchs von 1975. In: Liturgie und Frauenfrage, 385-413.

fahrungen und Bedürfnisse in einer spirituellen Gemeinschaft zu benennen und zu bedenken, gehört zu den Grundvollzügen von Kirche, die das Anbrechen des Gottesreiches bei den Menschen feiern will.

Frau ist nicht Frau ist nicht frau - für eine Weitung des Blickes

Doch bedeutet das Betonen weiblicher Traditionen noch nicht gleich das Befürworten feministischer Ansätze, das Unterstützen weiblicher oder femininer Spiritualität nicht ein Bestärken feministischer Spiritualität. Bezeichnet weibliche Spiritualität die geschlechtsspezifische (historische) Ausfaltung der spirituellen Praxis nur von Frauen, also „Spiritualität von Frauen", so beinhaltet feministische Spiritualität die patriarchatskritische Reflexion von Spiritualität von Frauen und Männern und eine frauengerechte spirituelle Praxis. Weibliche Spiritualität meint eine den Frauen eigentümliche Spiritualität, Typen religiöser Praxis, die von Frauen bevorzugt werden/wurden, die Frauen ansprechen, von ihnen weiterentwickelt werden/wurden: Sie stehen meist in enger Verbindung mit der weiblichen Lebenswelt, mit Körperlichkeit/Leiblichkeit und der Sozialisation als Frau: kosmische Spiritualität, weibliche Gottessymbolik oder bestimmte Frömmigkeitsformen. Beispiele aus dem späteren Mittelalter und der frühen Neuzeit sind: die Teilnahme am Leiden Christi und Marias (compassio), die Reflexion des eigenen Frömmigkeitslebens auf dem Hintergrund des Kirchenjahres oder spirituelle autobiographische Aufzeichnungen, die v.a. von Frauen bekannt sind.

Die New Age Bewegung, die Jung´sche Archetypenlehre, auch manche matriarchalen Gruppen und ebenso manche kirchlichen Texte greifen auf „das Weibliche" zurück als Schattenseite, die nun integriert oder aufgewertet gehört: Passivität, Körperlichkeit und Naturnähe, Fürsorglichkeit, Mütterlichkeit, Friedfertigkeit, Empfänglichkeit, Intuition, ... Andrea Schulenburg u.a. warnen vor dieser Art der Weiblichkeit und der propagierten weiblichen Spiritualität. Zu leicht wird von „*dem* Weiblichen" und „*der* weiblichen Spiritualität" gesprochen und alte Stereotypen weitergetragen, statt sich mit den Bedürfnissen und Erfahrungen realer Frauen kritisch auseinanderzusetzen.[27]

---
[27] Vgl. Schulenburg, 60-62.

Bedeutende Frauengestalten der Geschichte wie z.B. Hildegard von Bingen oder Juliane von Norwich u.a. erleben eine Renaissance. Die kritische Weitung des Blickes in die Frauen-Geschichte und deren Einbeziehung in die Theologie und in die (feministische) Spiritualität gibt beiden einen weiteren und tieferen Blick auf die vielfältigen Möglichkeiten des spirituellen Lebens.

Frauenkirche und heilige Kommunion am Küchentisch

Feministisch-christliche Spiritualität im europäischen Raum ist geprägt von einigen Wesensmerkmalen von Frauenkirche, die sich v.a. im US-amerikanischen Raum entwickelt hat. Das Wesentlichste ist wohl das Bewußtsein, als Frauen Kirche zu sein und die daraus folgenden Konsequenzen.[28] Aus diesem Selbstbewußtsein heraus feiern Frauen gemeinsam Liturgien und schaffen sich liturgische Räume.

Gleichzeitig legt feministische Spiritualität Wert darauf, den je alltäglichen Kontext zu schätzen, ihn als Ort heiligen und heilenden Geschehens zu achten und in seiner politischen Dimension wahrzunehmen. Die Heiligkeit des Alltags zu erkennen, die Erfahrung, daß Göttliches uns überall begegnen und überraschen kann, ist ein Herausforderung - nicht nur - an die feministische Spiritualität.

---

[28] Die Resolution der Ersten Europäischen Frauensynode in Gmunden vom 21. bis 28. Juli 1996 zum Thema Spiritualität macht dies deutlich: „Frauen haben spirituelle und religiöse Autorität in allen Lebensbereichen. Deshalb fordern wir Zugang zu allen kirchlichen Ämtern, einschließlich der Frauenordination in der römisch-katholischen Kirche. Wenn wir die heilige Kommunion an unseren Küchentischen miteinander teilen, feiern wir das Sakrament des täglichen Lebens. ... Wir sind inspiriert von einer Schöpfungsspiritualität, die sowohl aus vergangenen Traditionen als auch vom gegenwärtigen liturgischen Handeln von Frauen genährt wird.
Wir bejahen die Spiritualität von Frauenerfahrungen als neue Mystik und Prophetie, die aus der Solidarität und dem Kampf für Gerechtigkeit, Frieden und Bewahrung der Schöpfung geboren wurde. Wir bejahen die Spiritualität des Widerstands und des Dialogs, die auf den Erfahrungen von Frauen und den gewaltlosen Traditionen unserer verschiedenen Religionen und Glaubensgemeinschaften aufbaut. ... Wir bekräftigen die Spiritualität des Widerstandes gegen das gegenwärtig weltweite neoliberale Modell der Marktwirtschaft und seine vernichtenden Auswirkungen auf Frauen und ihre kulturellen, ethnischen und nationalen Gemeinschaften." Die Resolution ist veröffentlicht in: Frauen bewegen Europa, 139-143.

Hinter der Betonung der Allgegenwart und der Alltäglichkeit des Göttlichen steht die Erfahrung der heilenden und heiligen Frauengemeinschaft in alltäglichen Situationen - der *heiligen Kommunion am Küchentisch*[29], wie es die schwedische Theologin Anna Karin Hammar bei der Ersten Europäischen Frauensynode formuliert hat - und der Wunsch, sich dessen bewußt zu bleiben. Darin klingt auch die Warnung mit vor der Aufteilung in Sakrales und Profanes, die Nährboden für eine Hierarchisierung der Gemeinschaft ist, in der Leitende (Kleriker) eine größere Nähe zum Heiligen beanspruchen. Ähnlich wie in der Befreiungstheologie (z. B. bei Leonardo Boff) zielt dieses Verständnis auf eine Erweiterung des Sakramentenverständnisses. Hier wie dort ist der Alltagsbezug wichtig, können Dinge des Alltags Ausdruck spiritueller Nahrung werden, geht es um das Wahrnehmen und Schätzen der alltäglichen, heilenden Begegnungen von Menschen und deren sinnlicher Qualität, in denen sich Göttliches ereignet.

Feministische Spiritualität als Frauenkirche versteht sich als Exodusgemeinschaft auf dem Weg: keine „heile" Gemeinschaft, sondern in Bewegung, mit Konflikten und auch Abgrenzungen, dennoch gemeinsam auf dem Weg, das Reich Gottes lebendig werden zu lassen, indem Gebet und Manifest[30] verbunden werden.

Abschließend und Ausblickend

Frauen suchen und haben entsprechende Formen von Spiritualität gefunden. Ob diese in einem weiteren Ausmaß als bisher eine Bereicherung für die Kirchen und die Theologie werden und zu einer Wandlung führen können, liegt meines Erachtens sehr bei den Leitenden dieser Kirchen. Ob sie diese Herausforderung annehmen oder nicht, daran wird sich entscheiden, ob sich der Exodus der Frauen aus den Kirchen verstärkt, immer mehr Frauen still oder laut ausziehen und ihre eigene Kirche gestalten, ihre Spiritualität woanders leben - die Möglichkeit dazu schaffen sich Frauen und sie ermächtigen sich gegenseitig dazu - oder ob Frauen bleiben und eine Wandlung mitbewirken.

---

[29] Vgl. Hammar Anna Karin, Wir reklamieren unsere verschütteten Traditionen - Die prophetische Stimme und Vision der Frauen. In: Frauen bewegen Europa, 46-61, hier 58.

[30] Vgl. Prüller-Jagenteufel Veronika, Gebet und Manifest gehören zusammen - Liturgische Impulse für die und von der Synode. In: Frauen bewegen Europa, 124-134.

HANS BERNHARD MEYER SJ
LITURGIE UND SPIRITUALITÄT
Liturgiewissenschaft und Geistliche Theologie

1. Vorbemerkungen

Die beiden Begriffspaare deuten auf eine Unterscheidung hin, die notwendig erscheint, um Unklarheiten und Mißverständnisse zu vermeiden. „Liturgie" bzw. „Spiritualität" bezeichnen die Sache, den Gegenstand, über den die Liturgiewissenschaft bzw. die Geistliche Theologie, d.h. konkret: Theologen, die das betr. Fach vertreten, mit den Methoden ihrer Wissenschaft nachdenken. Beide, die Feier der Liturgie und das geistliche Leben einerseits und die Reflexion über sie andererseits, sind, wie gesagt, zwar zu unterscheiden, sie dürfen aber nicht getrennt werden. Denn wer frei und bewußt handelt, wie es Liturgie und Spiritualität verlangen, der muß sich über Grund und Ziel seines Tuns vergewissern, um es vor sich selbst und gegenüber anderen verantworten zu können. Die nicht für jedermann zugängliche, aber auch nicht notwendige Höchstform solcher Vergewisserung nennen wir Wissenschaft.

Eine zweite Vorbemerkung betrifft ebenfalls die Frage von Unterscheidung und Trennung der beiden, in der Überschrift genannten Begriffspaare. Das dort zwischen ihnen stehende „und" ist als Hinweis darauf zu verstehen, daß Liturgie und Spiritualität bzw. Liturgiewissenschaft und Geistliche Theologie ebenfalls eng zusammengehören. Die hier folgenden, vorwiegend liturgietheologisch orientierten Ausführungen gehen von dieser Überzeugung aus und sollen sie begründen. Da dieses Thema bisher noch nicht – von Einzeluntersuchungen abgesehen – umfassend bearbeitet worden ist, kann allerdings nur eine ebenso kurze (aus Platzgründen) wie vorläufige (wegen fehlender Vorarbeiten) Darstellung geboten werden.[1]

---

[1] Selbst der umfangreiche Artikel von P. Grelot [u.a.], Liturgie et vie spirituelle. In: DSp 9 (1976) 873–939, der Aussagen zum Verhältnis von Liturgie und Spiritualität bzw. Liturgiewissenschaft und Geistlicher Theologie erwarten läßt, ist völlig unzureichend. Mehr bietet der u. in Anm. 9 genannte Beitrag von J. Struś. Einen ersten Versuch von mir stellt der Beitrag dar: H. B. Meyer, Liturgie und Spiritualität. Eine Problemskizze. In: Sursum Corda. Variationen zu einem liturgi-

2. Kurze Begriffsklärung

a) Liturgie

Unter Liturgie ist hier die Summe der gottesdienstlichen Feiern zu verstehen, die nach orts- und römisch-gesamtkirchlicher Ordnung begangen werden. Von ihnen gilt, daß sie der „vom mystischen Leib Christi, d.h. dem Haupt und den Gliedern" in der Kraft des heiligen Geistes unter realsymbolischen „sinnenfälligen Zeichen" begangene „Vollzug des Priesteramtes Christi" sind, durch die die Heiligung der Menschen bezeichnet und...bewirkt" und Gott verherrlicht sowie „der gesamte öffentliche Kult" der Kirche vollzogen wird.[2]

b) Spiritualität(en)

Dieses erst im 20. Jahrhundert aus dem Französischen (spiritualité) übernommene Lehnwort[3] ersetzt das ältere deutsche Wort Geistlichkeit, weil dieses sich zur Bezeichnung für Angehörige des geistlichen Standes verengt hat. Eine allgemein akzeptierte Definition des sehr weit gefaßten Begriffs Spiritualität gibt es nicht. Er geht letztlich auf die neutestamentliche Geisttheologie vor allem der Paulinen zurück.[4] Im Anschluß an B. Fraling[5] wird hier christliche Spiritualität als die vom Geist gewirkte gläubige Existenz verstanden, in der sich das Leben des Geistes Christi in den Gliedern des Leibes Christi, der Kirche, in konkreten, geschichtlich bedingten Formen ausprägt.

Es gibt außer der genannten gemeinchristlichen Spiritualität auch eine Vielfalt spezieller christlicher Spiritualitäten[6], die legitim und zu bejahen ist, so lange diese im Rahmen der gemeinchristlichen Spiritualität bleiben, der Auferbauung dienen und nicht zu Spaltungen füh-

---

schen Motiv. FS Ph. Harnoncourt. Hg. E. Renhart – A. Schnider. Graz 1991, 41–48; eine ausführliche Darstellung von mir ist in Vorbereitung für den Teil 2 des Handbuchs der Liturgiewissenschaft: Theologie des Gottesdienstes (voraussichtlich Regensburg 2000).

[2] Vgl. Vaticanum II, SC Art. 7.
[3] Zur Geschichte des Begriffs s. Meyer, Liturgie (s. Anm. 1) 41f.
[4] S. E. Schweizer, Πνευμα u.ä. In: ThWNT 6, 387–450. Die klassische Stelle ist 1 Kor 2,14–3,3 wo Paulus den homo spiritualis dem homo animalis bzw. carnalis gegenüberstellt.
[5] Vgl. B. Fraling, Überlegungen zum Begriff der Spiritualität. In: ZKTh 92 (1970) 183–198.
[6] Z. B. verschiedener Orden: benediktinische, franziskanische, ignatianische u.a.

ren.⁷ Sie gründen in der Vielfalt und Besonderheit der Personen, Gruppen und Gemeinschaften, der Kulturen und geschichtlichen Epochen, aber tiefer noch in der Vielfalt der von Gott gewirkten Heilsereignisse und der von ihm frei geschenkten Berufungen, Sendungen und Geistesgaben. Sie sind in ihrer Besonderheit spezifische Ausprägungen geistgewirkter gläubiger Existenz.

c) Liturgiewissenschaft und Geistliche Theologie

Beide sind theologische Disziplinen, deren Gegenstand unter a) und b) kurz beschrieben ist. Beide können als „Querschnittswissenschaften" bezeichnet werden⁸, insofern sie ihren Gegenstand multidisziplinär, d.h. mit den Methoden verschiedener theologischer Disziplinen bzw. Wissenschaftszweige und anderer Geistes- bzw. Humanwissenschaften bearbeiten. Beide passen daher nicht in das traditionelle Schema, das die theologischen Disziplinen in systematische, historische und praktische Fächer einteilt – sie überschreiten diese problematische Grenzziehung. Man kann von beiden sagen, daß sie Grundvollzüge der Kirche (so vor allem die Liturgiewissenschaft) bzw. christlich-kirchlicher Existenz (so besonders die Geistliche Theologie) theologisch reflektieren und deshalb auch eine wichtige komplementäre und integrative Funktion für die gesamte Theologie haben. Denn sie halten bewußt, daß die Beschäftigung mit der Gottesfrage den reinen Diskurs übersteigt und die Feier des Glaubens (Liturgie), aber auch die Glaubenserfahrung (Spiritualität) berücksichtigen muß.⁹

3. Gründe für die Zusammengehörigkeit von Liturgie und Spiritualität

a) Beide, die Feier der Liturgie und das geistliche Leben, haben ein gemeinsames Ziel: die communio zwischen Gott und seinem Volk; zwischen Gott, der die Teilhabe an seinem göttlichen Leben anbietet

---

[7] S. dazu H. U. v. Balthasar, Spiritualität. In: GuL 31 (1958) 340–352 und ders., Das Evangelium als Norm und Kritik aller Spiritualität in der Kirche. In Conc(D) 1 (1965) 715–722.
[8] Diesen Ausdruck hat J. Sudbrack, Spiritualität, in: HPTh 4. 1969, 681 geprägt.
[9] Vgl. B. Kranemann, Liturgiewissenschaft, Liturgik I. Aufgabe und Methode. In: LThK³ 6 (1997) 990; J. Struś, Teologia spirituale. In: DESp 3 (1990) 2474–2478.

und zu ihr beruft, und den Menschen, die dieses Angebot gläubig annehmen. Schon von daher liegt es nahe, einen inneren Zusammenhang zwischen beiden anzunehmen.[10]

Ein liturgietheologisches Grundaxiom, das in der Lehre von den Sakramenten entwickelt worden ist, aber mutatis mutandis nicht nur von den Sakramenten im engeren Sinn, sondern von allen gottesdienstlichen Feiern der Kirche gilt, sagt, daß sie nur bei entsprechender Disposition (willentliche „intentio" und wissentliche „attentio") der Feiernden „fruchtbar" sind. Damit wird nicht nur ein magisches (Miß-)Verständnis abgewehrt, sondern positiv gesagt: Das Angebot Gottes, durch Christus und das Wirken seines Geistes in der Gemeinschaft der Glaubenden an seinem göttlichen Leben teilzuhaben, kommt zum Ziel und wird wirksam, wo es Glauben findet, d.h. in der Synergie der Feiernden mit dem Wirken des Hl. Geistes, der Glauben schenkt, Glaubenswissen und Handeln aus dem Glauben möglich macht.[11] So gesehen ist Liturgiefeiern eine Hochform geistlich-geistvollen Handelns, in dem die gläubige Existenz der Glieder der Kirche sich konkret-geschichtlich ausprägt. Spirituelles Handeln ist gleichsam die Innenseite liturgischen Feierns. Das berechtigt zu der Feststellung: Es gibt keine Liturgie ohne Spiritualität.[12]

Die Frage ist, ob man diesen Satz auch umkehren und sagen kann: Es gibt keine Spiritualität ohne Liturgie. Wir werden sehen, ob und aus welchen Gründen das möglich ist.

b) Liturgie und Spiritualität haben nicht nur das gleiche Ziel, sondern – wie alle christlich-kirchlichen Grundvollzüge – auch eine gemeinsame Wurzel: die in der Heilsgeschichte offenbar werdende Selbstmitteilung Gottes, die im Christusereignis und in der Sendung des Hl.

---

[10] Darauf deutet, wenn auch in negativer Formulierung, das Vaticanum II., SC Art. 12 hin: „Das geistliche Leben deckt sich aber nicht schlechthin mit der Teilnahme an der heiligen Liturgie." Es gibt also eine gewisse, freilich nicht schlechthinnige Deckungsgleichheit.

[11] Das Vaticanum II. spricht in der Liturgiekonstitution in diesem Zusammenhang von der Verwirklichung der „Heiligung der Menschen" und der „Verherrlichung Gottes" durch die Feier der Liturgie (Art. 10), vom „Zusammenwirken" der Gläubigen mit der „himmlischen Gnade", von der „bewußten" und „tätigen" Teilnahme an der Liturgie, die „geistlichen Gewinn" bringt (Art. 11; vgl. Art. 19. 26).

[12] Vgl. unten Anm. 22.

Geistes zu ihrem nicht mehr überbietbaren Höhepunkt gekommen ist, und den auf diese Selbstmitteilung Gottes antwortenden Glauben.[13] Aus diesem Zusammenspiel von Selbstmitteilung Gottes und Antwort der von ihm zum Glauben Berufenen entspringt die durch Christus im Hl. Geist unter sinnenfälligen Zeichen Gott verherrlichende und die Menschen heiligende Feier der Liturgie, aber auch die vom Geist Christi geprägte, auf die communio mit Gott und den Mitmenschen ausgerichtete Gestaltung des Lebens der Christen. Von der gemeinsamen Wurzel her ist demnach ebenfalls ein innerer Zusammenhang zwischen Liturgie und Spiritualität anzunehmen.

Die genannte communio mit Gott und den Mitmenschen wird grundgelegt in der Feier der Initiation, der Taufe, der diese vollendenden Firmung und der (Erst-)Eucharistie, „die in die Kirche, den Leib Christi, eingliedern. Durch die Taufe werden die Menschen neu geschaffen aus dem Wasser und dem Hl. Geist, in der Firmung werden sie durch die Gabe des gleichen Geistes besiegelt, und im eucharistischen Mahl erhalten sie Anteil an Christi Leib und Blut. Daher begründen, kräftigen und nähren diese Feiern die Lebensgemeinschaft mit Christus und die Weggemeinschaft der Christus-Gläubigen. Der Geist, den sie in diesen Feiern empfangen, befähigt sie, Gott ihren Vater zu nennen, und sendet sie als Boten des Glaubens und der Liebe."[14]

Es sind also die Feiern der Initiation, in denen die Christen am Anfang ihres Weges, den sie als Söhne und Töchter Gottes in der Lebensgemeinschaft mit Christus und in der Weggemeinschaft mit den Christus-Gläubigen in der Kirche Christi gehen dürfen, den Geist empfangen, ohne den ein geistliches Leben bzw. das, was wir christliche Spiritualität nennen, gar nicht möglich ist, aber auch nicht eingefordert werden kann. Daß es aber von den Initiierten zu fordern ist, darauf weist der oben zitierte Text hin, wenn von deren „Sendung als Boten des Glaubens und der Liebe" die Rede ist.[15]

---

[13] Vgl. Vaticanum II. DV Art. 4 und 5.
[14] Zitat aus der Pastoralen Einführung (Nr. 1) der Bischöfe des deutschen Sprachgebietes für die Neuauflage der „Feier der Kindertaufe" (Approbationsvorlage vom November 1996); vgl. Vaticanum II., LG Art. 11, 1. Absatz.
[15] Das bedeutet, daß Spiritualität im umfassenden, gemeinchristlichen Sinn, d.h. Leben aus dem Hl. Geist, geistliches Leben, Berufung zur Heiligkeit und Streben nach Vollkommenheit nicht nur Sache einer geistlichen Elite, sondern aller Christen ist (vgl. Vaticanum II., LG 11. 32. 39–42).

Schon aus dem bisher Gesagten ergeben sich wichtige Einsichten in das Verhältnis von Liturgie und Spiritualität, in ihren inneren Zusammenhang und ihre Unterschiedenheit, die aber noch weiter zu klären und zu vertiefen sind.

Mehr als nur Hinweise auf die enge Verbindung beider sind das oben genannte gemeinsame Ziel (communio mit Gott und unter den Glaubenden) und die gemeinsame Wurzel (Selbstmitteilung Gottes und Glaubensantwort); sie begründen letztlich die oben bereits gemachte Feststellung, daß die Feier der Liturgie eine Hochform – man kann auch sagen: ein privilegierter Ort – geistlichen Lebens sei, aber auch, daß es ohne dieses keine fruchtbare Feier der Liturgie gebe. Diese Gemeinsamkeit beider in Wurzel und Ziel begründet aber auch die umgekehrte Aussage: Ohne die Feier der Liturgie gibt es kein Leben aus dem Geist, keine Spiritualität, die christlich genannt zu werden verdient. Denn die Glaubensantwort auf die Selbstmitteilung Gottes ist nicht möglich ohne die Gabe und das Wirken des Hl. Geistes, die durch die Feier der Initiation, durch das Neugeschaffen(geboren)-werden aus dem Wasser und dem Geist (Joh 3,5–7) geschenkt und das in allen sakramentalen Feiern der Kirche zur Stärkung und Vertiefung des Lebens aus dem Geist neu aktualisiert wird, da der Geist und sein Wirken nicht getrennt (wohl aber unterschieden) werden können.[16] Zugleich ist jedoch eben diese geistgetragene und -gewirkte Glaubensantwort ein Akt des Lebens aus dem Geist. Liturgie und Spiritualität sind also – wie alle wesentlichen Vollzüge der Kirche und eines christlichen Lebens – aufeinander verwiesen, ja durchdringen einander. Sie sind gleichwertige und unverzichtbare Ausdrucksformen christlich-kirchlichen Lebens.

c) Es gibt allerdings in der Liturgiekonstitution des Vaticanum II. die Wirksamkeit der Liturgie betreffende Aussagen, welche dieser Feststellung zu widersprechen scheinen. So schließt deren Art. 7 mit dem Satz: „Infolgedessen ist jede liturgische Feier als Werk Christi, des Priesters, und seines Leibes, der die Kirche ist, in vorzüglichem Sinn heilige Handlung (actio sacra praecellenter), deren Wirksamkeit (effi-

---

[16] Vgl. z. B. die Bitte um den Hl. Geist, um (stets neu und tiefer) eins zu werden mit Christus bzw. mit seinem Leib, der Gemeinde bzw. Kirche Christi, im Darbringungsgebet der Hochgebete II–IV: „... erfülle uns mit seinem [Christi] Heiligen Geist, damit wir ein Leib und ein Geist werden in Christus" (Hochgebet III).

cacitatem) kein anderes Tun (alia actio) der Kirche an Rang (titulo) und Maß (gradu) erreicht." Abgesehen davon, daß es im Kontext eines Dokumentes, das insgesamt der Bedeutung, Förderung und Erneuerung der Liturgie gewidmet ist, zwar verständlich, aber dennoch grundsätzlich problematisch ist, heilswirksame „actiones"[17] qualitativ (titulo) und quantitativ (gradu) zu vergleichen, weil sich das Wirken des Ersthandelnden (Gott durch Christus im Hl. Geist) aber auch das Mitwirken der Feiernden unserem Urteil entzieht, ist festzuhalten: Der genannte Satz kann hinsichtlich der Wirksamkeit nicht als Begründung für den Vorrang der Liturgie vor der Spiritualität dienen, weil es, wie oben gezeigt worden ist, kein wirksames bzw. fruchtbares liturgisches Handeln ohne geistliches Handeln gibt, da dieses die Wirksamkeit liturgischer Feiern entscheidend mitbestimmt.[18]

Eine ähnlich wertende Aussage steht im Art. 10 der Liturgiekonstitution, der ebenfalls von der Liturgie insgesamt spricht, aber besonders die Eucharistie als deren zentrale Feier hervorhebt. Nach ihm „ist die Liturgie der Gipfel, dem das Tun (actio) der Kirche zustrebt, und zugleich die Quelle, aus der all ihre Kraft strömt. Denn die apostolische Arbeit (labores) ist darauf hingeordnet, daß alle, durch Glauben und Taufe Kinder Gottes geworden, sich versammeln, inmitten der Kirche Gott loben, am Opfer teilnehmen und das Herrenmahl genießen. ... Aus der Liturgie, besonders aus der Eucharistie, fließt uns wie aus einer Quelle die Gnade zu; in höchstem Maß („maxima cum efficacia ... obtinetur", d.h. richtig übersetzt: mit größter Wirksamkeit ... wird erreicht) werden in Christus die Heiligung der Menschen und die Verherrlichung Gottes verwirklicht, auf die alles Tun (opera) der Kirche als auf sein Ziel hinstrebt." Dieser Text streicht wie der aus dem Art. 7 zitierte kräftig die spezifische Bedeutung der Liturgie und insbesondere der Eucharistiefeier heraus. Er kann aber, jedenfalls soweit er die Wirksamkeit der Liturgie hervorhebt[19], aus den oben genannten

---

[17] Zu beachten ist auch, daß der Begriff „actio (sacra)" bzw. „actio" ohne qualifizierendes Adjektiv hier analog verwendet wird und im deutschen Text mit Recht „(heilige) Handlung" und „Tun" verschieden übersetzt ist. Denn das Substantiv actio hat ebenso wie das Verb agere den Charakter eines terminus technicus für liturgisches Handeln.

[18] Vgl. das im folgenden Absatz zu SC Art. 11 und 12 (s. Anm. 22) Gesagte.

[19] Zu dem, was der Text unter anderer Rücksicht bedeutet s. u. Abschn. 4.

Gründen ebenso wenig wie jener für die Begründung eines Vorranges der Liturgie vor der Spiritualität herausgezogen werden. Diese Auffassung bestätigt der an Art. 10 der Liturgiekonstitution anknüpfende Art. 11 der betont, daß es für die „maxima efficacia"[20] der Heiligung der Menschen und der Verherrlichung Gottes durch die Feier der Liturgie, von der Art. 10 spricht, „notwendig [ist], daß die Gläubigen mit recht bereiteter Seele (cum recti animi dispositionibus) zur heiligen Liturgie hinzutreten ... und daß sie mit der himmlischen Gnade zusammenwirken, um sie nicht vergeblich zu empfangen", sondern „bewußt, tätig und mit geistlichem Gewinn" an der Feier teilnehmen. Hier wird deutlich die am Beginn dieses Abschnitts angesprochene Disposition, also ein Akt geistlichen Lebens, als notwendige Voraussetzung für die Wirksamkeit bzw. Fruchtbarkeit der Feier der Liturgie bezeichnet.

4. Gründe für die Verschiedenheit von Liturgie und Spiritualität

a) Die Liturgiekonstitution weist in den Artikeln 9 und 12 auch auf die Verschiedenheit von Liturgie und Spiritualität hin: „In der heiligen Liturgie erschöpft sich nicht das ganze Tun (tota actio) der Kirche; denn ehe die Menschen zur Liturgie hintreten können, müssen sie zu Glauben und Bekehrung gerufen werden... Denen aber, die schon glauben, muß sie [die Kirche] immer wieder Glauben und Buße verkünden und sie überdies für die Sakramente bereiten. Sie muß sie lehren, alles zu halten, was immer Christus gelehrt hat (vgl. Mt 28,20), und sie ermuntern zu allen Werken der Liebe, der Frömmigkeit und des Apostolates."[21] Hier ist vor allem im letzten Satz zumindest einschlußweise vom geistlichen Leben (Werken der Frömmigkeit) als unterschieden von der Liturgie die Rede. Deutlicher noch spricht davon der Satz: „Das geistliche Leben deckt sich aber nicht schlechthin

---

[20] Art. 11 der Liturgiekonstitution gebraucht i.U. zu Art. 10 den Ausdruck „Ut haec tamen plena efficacitas habeatur" (Hervorhebung vom Verf.), deutsch: „Damit aber dieses Vollmaß der Verwirklichung erreicht wird", nämlich der im Art. 10 angesprochenen „hominum sanctificatio et Dei glorificatio".

[21] Vaticanum II., SC Art. 9.

mit der Teilnahme an der Liturgie"[22], gefolgt von dem Hinweis auf die Bedeutung des privaten Gebets gemäß Mt 6,6 und der Gemeinschaft mit dem Sterben Christi, um auch an seinem Leben teilzuhaben, gemäß 2 Kor 4,10f.

Diese Aussagen der Liturgiekonstitution geben zu verstehen, daß der Gegenstandsbereich der Liturgie (Gottesdienst der Kirche) enger ist als der der Spiritualität (Lebensgestaltung in der Kraft des Hl. Geistes), sich aber insofern mit letzterem deckt, weil es, wie gesagt, eine fruchtbare Feier der Liturgie ohne Spiritualität nicht gibt. Der Gegenstandsbereich der Spiritualität umfaßt hingegen im weiten Sinn das ganze Leben der Christen und christlicher Gemeinschaften, insofern es vom Wirken des Geistes getragen und durchformt ist, und im engeren Sinn alle jene einzeln oder gemeinschaftlich vollzogenen Akte christlicher Frömmigkeit umfaßt, die formal und ausdrücklich auf die communio mit Gott ausgerichtet sind, einschließlich der Feier der Liturgie.

b) Dieser Unterschied im Materialobjekt von Liturgie und Spiritualität ist jedoch nicht der entscheidende Grund für deren Unterschiedenheit. Er liegt tiefer als dieser, aber auch tiefer als die Gründe für die Zusammengehörigkeit beider, die sich, wie es im vorausgehenden Abschnitt geschehen ist, aus ihrem gemeinsamen Ziel, ihrer gemeinsamen Wurzel und aus den Überlegungen zur Wirksamkeit bzw. Fruchtbarkeit der liturgischen Feiern ableiten lassen. Dieser Grund ist der sakramentale oder Mysteriencharakter[23] der Liturgie sowie ihr Festcharakter, in deren Licht die oben zitierten Aussagen der Litur-

---

[22] Der lateinische Text im Art. 12 der Liturgiekonstitution ist präziser: „Vita tamen spiritualis non unius sacrae Liturgiae participatione continetur"; denn er stellt zugleich fest, daß das geistliche Leben zwar nicht in seiner Gänze von der (Mit-)Feier der Liturgie umfaßt wird (continetur), aber als inneres Moment zu ihr gehört.

[23] Die Wiederentdeckung des Mysteriencharakters der Liturgie ist vor allem mit dem Namen Odo Casels OSB (1886–1948) verbunden (Hauptwerk: Das christliche Kultmysterium. Regensburg [4]1960). Die von ihm vertretene Mysterientheologie ist heute weitgehend rezipiert und hat auch das Liturgieverständnis des Vaticanum II. beeinflußt; vgl. A. Schilson, Theologie als Sakramententheologie. Die Mysterientheologie Odo Casels (TTS 18). Mainz 1982; H. B. Meyer, Odo Casels Idee der Mysteriengegenwart in neuer Sicht. In: ALW 28 (1986) 388–395.

giekonstitution zu sehen sind, die der Feier der Liturgie eine Vorzugsstellung im Leben der Kirche zusprechen.

Der Mysteriencharakter der Liturgie gründet im zugleich verborgenen und durch seine Selbstmitteilung offenbar werdenden Geheimnis (mysterion) Gottes. Diese Selbstmitteilung, die sich im Handeln Gottes in der Heilsgeschichte – besonders in der Menschwerdung und im Pascha Christi – ereignet, ist der Inhalt des Mysteriums Gottes und der Gegenstand der liturgischen Feiern der Kirche, die ihrerseits das von Christus gestiftete und von seinem Geist erfüllte Mysterium (sacramentum) der Vereinigung mit Gott und der Einheit unter den Menschen ist.[24] Daher hat sie die Aufgabe, einerseits das ihr offenbar gewordene Mysterium Gottes stets neu, und zwar nicht als menschliche Weisheit, sondern in vom Geist (Gottes) getragener Vollmacht, zu verkünden (vgl. 1 Kor 2,1–9), andererseits aber es nicht nur zu verkünden, sondern auch je neu im Modus realsymbolischen Handelns, d.h. sakramental zu „vollziehen" (exercere), wie es „in der Kraft des Heiligen Geistes" in der Feier der Liturgie geschieht[25]; denn unter „sinnenfälligen Zeichen" vollzieht sich je neu im „Heute" der Feier[26] die den Menschen heiligende und Gott verherrlichende Begegnung der Feiernden mit dem Mysterium Gottes und seiner Heilstaten.[27] Dieser sakramentale bzw. Mysteriencharakter zeichnet in der Tat die Liturgie vor den anderen kirchlichen Grundvollzügen, der Martyria und der Diakonia, aber auch vor dem auf dem Fundament, das in der Liturgie gelegt ist, aufbauenden geistlichen Leben aus und rechtfertigt die oben erwähnten wertenden Aussagen der Liturgiekonstitution.[28]

Auch der Festcharakter ist ein Merkmal, das die Liturgie gegenüber anderen Grundvollzügen christlich-kirchlichen Lebens aus-

---

[24] Vgl. Vaticanum II., SC Art. 5; LG Art. 1; Art. 48, Abs. 2.
[25] Siehe Vaticanum II., SC Art. 6, der das am Beispiel der sacramenta maiora, Taufe und Eucharistie, darstellt; vgl. auch ebd. Art. 2 erster Satz.
[26] Vgl. das „Heute" in den Präfationen des Meßbuchs von Weihnachten II, von Erscheinung des Herrn, von Christi Himmelfahrt I und vom Pfingstfest oder das dreifache „Heute" der Antiphon zum Magnificat in der zweiten Vesper vom Fest der Erscheinung des Herrn.
[27] Von dieser heilswirksamen, als Vollzug des Priesteramtes Christi bezeichneten, ihn und die feiernde Gemeinde einander vergegenwärtigenden Begegnung spricht der oben im Abschnitt 2. a) und 3. c) bereits erwähnte Art. 7 der Liturgiekonstitution des Vaticanum II.
[28] S. oben Abschnitt 3. c); es handelt sich um Vaticanum II., SC Art. 7 und 10.

zeichnet. Schon in religionswissenschaftlicher Sicht gehören gemeinschaftliches rituelles Handeln und das Eintreten in eine andere als die alltägliche Zeitdimension zu den für festliche Begehungen typischen Elementen.[29] Das Vaticanum II. hat seinerseits mit Nachdruck festgestellt: „Die liturgischen Handlungen sind nicht privater Natur, sondern Feiern der Kirche... Daher gehen diese Feiern den ganzen mystischen Leib der Kirche an, machen ihn sichtbar und wirken auf ihn ein"[30]; und es hat immer wieder betont, daß sie als gemeinschaftliche Handlungen die bewußte und tätige Teilnahme aller fordern.[31] Das Eintreten in die dem Fest eigene Zeitdimension wird in kirchlichen Dokumenten nicht direkt thematisiert, sondern ist Gegenstand religionswissenschaftlicher, bibel- und liturgietheologischer Reflexion. Die alltägliche Zeit ist gekennzeichnet durch die Flüchtigkeit des gegenwärtigen Augenblicks, die Unwiederbringlichkeit des Vergangenen und die Unerreichbarkeit des Zukünftigen. In der Festfeier werden diese Differenzen „aufgehoben" (nicht: geleugnet) hinein in die seit Casel so genannte „Mysteriengegenwart"[32], in die die Feiernden eintreten, d.h. in die Gegenwart der historisch vergangenen Heilstaten Gottes und der historisch noch ausstehenden Erfüllung seiner Verheißungen. Diese die ganze Heilsgeschichte von ihrem Ursprung bis zur Vollendung umfassende „Aktualpräsenz"[33] der Heilstaten Gottes, deren Inbegriff die Person Christi und sein Pascha ist[34], ist der „Zeit-Raum", in dem die im Namen Jesu versammelte Gemeinde Liturgie feiert und die Feiernden „Zeit-Genossen" der Heilstaten Gottes – auch der verheißenen und in Christus schon geschehenen Vollen-

---

[29] Vgl. Das Fest und das Heilige. Religiöse Kontrapunkte zur Alltagswelt. Hg. von J. Assmann – Th. Sundermeier (Studien zum Verstehen fremder Religionen 1). Gütersloh 1991; darin bes. J. Assmann, Der zweidimensionale Mensch: das Fest als Medium des kollektiven Gedächtnisses, 13–30.

[30] Vaticanum II., SC Art. 26.

[31] Ebd. Art. 11. 14. 19. 27. 30. 48. 50. 114.

[32] O. Casel, Mysteriengegenwart. In: JLW 8 (1928) 145–224.

[33] Diesen Begriff hat J. Betz, Die Eucharistie in der Zeit der griechischen Väter. Bd. 1/1: Die Aktualpräsenz der Person und des Heilswerkes Jesu im Abendmahl nach der vorephesinischen griechischen Patristik. Freiburg i. Br. 1955, geprägt.

[34] Vgl. Vaticanum II. SC Art. 5, Abs. 2 und Art. 7, Abs. 1 mit dem Kommentar von E. J. Lengeling. In: Die Konstitution des Zweiten Vatikanischen Konzils über die heilige Liturgie. lateinisch-deutscher Text mit einem Kommentar von E. J. Lengeling (RLGD 5/6). Münster 1964, 19f. S. auch Praesentia Christi. [FS J. Betz.] Hg. von L. Lies. Düsseldorf 1984.

dung werden[35]. Damit ist der oben genannte, die Feier der Liturgie auszeichnende Festcharakter gegeben, der sie ebenso wie ihr Mysteriencharakter von der Spiritualität unterscheidet.

5. Liturgische Spiritualität

Die Rede von bzw. die Forderung nach einer „liturgischen Spiritualität" ist nur voll verständlich vor dem Hintergrund der Liturgie- und Frömmigkeitsgeschichte der Westkirche.[36] Hier hat sich, anders als in den Kirchen des Ostens, eine verhängnisvolle, im Mittelalter beginnende und bis in das 20. Jahrhundert fortwirkende Trennung von Liturgie und (Volks-)Frömmigkeit sowie von geistlicher und Mönchstheologie einerseits und systematischer Schultheologie andererseits vollzogen, in deren Folge das Wissen um den inneren Zusammenhang von Liturgie und Spiritualität verlorengegangen ist. Er wurde erst im Zug der Liturgischen Bewegung wieder neu entdeckt, deren frühe Vertreter den „objektiven" Charakter der Liturgie gegenüber dem „subjektiven" Charakter außerliturgischer Frömmigkeitsformen betonten und deshalb als Verfechter einer liturgischen Spiritualität auftraten.[37] Der Begriff hat sich weitgehend durchgesetzt, aber was er genau bedeutet und wie sich die liturgische zur gemeinchristlichen Spiritualität oder zu den speziellen Spiritualitäten einzelner Ordensgemeinschaften und ihrer Stifter (z.B. benediktinische, franziskanische, ignatianische Spiritualität), verschiedener Stände und Gruppen (z.B. priesterliche, Laien-, feministische Spiritualität u.ä.), einzelner

---

[35] Vgl. Vaticanum II., SC Art. 8: „In der irdischen Liturgie nehmen wir vorauskostend an jener himmlischen Liturgie teil, die in der heiligen Stadt Jerusalems gefeiert wird, zu der wir pilgernd unterwegs sind, wo Christus sitzt zur Rechten Gottes, der Diener des Heiligtums und des wahren Zeltes" (vgl. Offb 21,2; Kol 3,1; Hebr 8,2).

[36] S. dazu die einen Überblick bietenden Beiträge von J. Castellano, Liturgia. In: DESp² 2 (1990) 1450–1468 und A. Caprioli, Liturgia e spiritualità nella storia. Problemi, sviluppi e tendenze. In: Liturgia e spiritualità (BEL.S 64). Roma 1992, 11–25.

[37] Eine detaillierte Darstellung der dadurch ausgelösten Kontroverse mit reicher Bibliographie bietet H. Schmidt, Introductio in liturgiam occidentalem. Romae 1960, 88–130. S. auch B. Neunheuser, Objektive Frömmigkeit. Ein Beitrag zur Geschichte und Systematik dieses Begriffes. In: Paschale mysterium. [FS S. Marsili.] Hg. von G. Farnedi (StAns 91, ALit 10). Roma 1986, 97–114.

Kirchen und Konfessionen (z.B. byzantinische, russische, protestantische, katholische Spiritualität) u.a.m. verhält, ist noch nicht vollkommen geklärt. Eine begriffliche Klärung dieses Verhältnisses ist freilich nicht das wichtigste Anliegen. Ich beschränke mich daher auf einige Hinweise zum Inhalt und der Bedeutung liturgischer Spiritualität.

Eine von der Feier der Liturgie geprägte Spiritualität nährt sich aus der Bibel, ist weitgehend biblische Spiritualität. Denn aus den Schriften der beiden Testamente wird das Wort Gottes in reichem Maß verkündet und in der Homilie aktualisiert, werden Psalmen und Hymnen gesungen, und aus ihrem Geist ist der Gebetsschatz der liturgischen Feiern und sind für sie Gesänge und Lieder geschaffen worden.[38]

Die liturgische Spiritualität ist daher geprägt durch die Heilsgeschichte, von der die biblischen Bücher berichten, und durch die Feier der zentralen Heilsereignisse, vor allem durch die Feier der mysteria vitae Christi und hier besonders des Paschamysteriums, die im Festkreis des liturgischen Jahres begangen werden.[39] In engem Zusammenhang mit der Feier des Christusmysteriums steht auch die Feier der Heiligenfeste.[40] Dasselbe gilt von den sakramentlichen Feiern (Sakramente, Sakramentalien), welche an den Knoten- und Wendepunkten des Lebens der Gläubigen und in den vielfältigen Anliegen christlicher Familien, Gemeinden und Gemeinschaften stattfinden.[41]

Die liturgische Spiritualität lebt daher aus der stets erneuerten Erfahrung, daß die im gottesdienstlichen Gedächtnis des Christusmysteriums und aller Heilstaten und Verheißungen Gottes aktualisierte Heilsgeschichte den Feiernden nicht nur den umfassenden Sinnhorizont ihres Lebens erschließt, sondern ihre eigene (Heils-)Geschichte ist. In Caselscher Diktion: Liturgische Spiritualität ist „Mysterienfrömmigkeit".

Schließlich wird die liturgische Spiritualität auch genährt von der vielfältig bedrohten und oftmals ganz verschütteten, aber gerade in der Feier der Liturgie immer neu gemachten Erfahrung, daß die Kir-

---

[38] Vgl. Vaticanum II., SC 24. 35,1–2. 91–93. 121 Abs. 3.
[39] S. ebd. Art. 102.
[40] Ebd. Art. 103f.
[41] Ebd. Art. 61; s. auch die pastoralen Einführungen in den Faszikeln der liturgischen Bücher für die Feier der Sakramente (Rituale, Pontifikale) und des Benediktionale (De Benedictionibus [1984] Praen.gen.Nr. 14).

che nicht nur eine von Menschen geschaffene und mit allen nur möglichen Unzulänglichkeiten behaftete Institution, sondern ein von Christus gestiftetes und von seinem Geist durchwirktes Glaubensmysterium ist: Denn in der Kirche hat Gott denen, die glauben, den Raum eröffnet, in dem sie als sein auserwähltes Volk des neuen und ewigen Bundes nicht nur die allgemeine Allgegenwart des Schöpfers in seiner Schöpfung, sondern vermittelt durch sinnenfällige Zeichenhandlungen, die heilswirksame communio mit Gott und mit den Brüdern und Schwestern im Glauben erfahren dürfen.[42]

Diese Hinweise mögen genügen. Sie machen deutlich, daß man mit Recht von einer liturgischen Spiritualität sprechen kann und daß sie Elemente enthält, die zu jeder genuin christlichen Spiritualität gehören. Sie ist daher nicht nur eine der oben genannten „speziellen" Spiritualitäten im engeren Sinn.[43] Andererseits kann man nicht sagen, sie sei die christliche Spiritualität schlechthin, wohl aber darf man behaupten, daß ihre wesentlichen Inhalte für jede christliche Spiritualität konstitutiv sind und wenn schon nicht betont werden müssen, so doch sicher weder abgelehnt noch geleugnet werden dürfen.

---

[42] Vgl. hierzu Vaticanum II., SC Kap. 1 über das Wesen der Liturgie und ihre Bedeutung für die Kirche sowie LG Kap. 1 und 2 über das Mysterium der Kirche und über das Volk Gottes.
[43] S. dazu M. Klöckener, „... wo der Geist lebendig ist". Christliche Spiritualität aus der Liturgie. In: Spiritualität. Interdisziplinäre Woche 'Spiritualität' 9.–13.1.1995. Reader. Hg. Theol. Fakultät. Freiburg/Schw. 1995, 15–19 (Ms.Druck); A. M. Triacca, Liturgy and Spiritual Life or Liturgical Spirituality? In: Church and its Most Basic Element. Ed. P. Pallath. Rome 1995, 117–159.

JÓZEF NIEWIADOMSKI
DER OFFENE HIMMEL. KONTUREN ESCHATOLOGISCHER VORSTELLUNGSKRAFT

*„Wer dem lieben Gott ins Fenster geschaut hat,
langweilt sich nicht; er ist glücklich."* [1]

1. Der moderne Traum vom „offenen Himmel"

Es ist eine archaische Geschichte. Und wie dies halt bei allen archaischen Geschichten der Fall ist, erzählt sie etwas, was sich irgendwann abgespielt hat, was sich aber immer und immer wieder ereignen kann. Vor uns erscheint ein pubertierender Durchschnittsjugendlicher unserer Zeit - und Jakob ist sein Name! Er hat gerade Krach mit seinem Vater und seinem älteren Bruder gehabt, fühlt sich zurückgesetzt und gedemütigt. Deswegen flieht er auch, und er flieht in sein Zimmer. Er schließt die Tür ab, dockt sich an seinen Heimcomputer ein und surft stundenlang im Internet. Dort hat er seine „virtual community", seine wahre Gemeinschaft - man könnte fast sagen, seine Kirche - gefunden: Menschen, die ihn anscheinend verstehen und ihm auch Geborgenheit schenken. Ganz im Gegenteil zu der „wirklichen Welt" seiner Familie, seiner Schule und seiner Freunde auf der „wirklichen" Straße. Stundenlang saugt er die faszinierenden Bilder auf; Bilder vom geglückten Leben: in dem alles, aber gar alles möglich sei, in dem die Raumgrenzen keine Relevanz haben und auch die Zeit anscheinend keine Rolle spielt, sei doch die Frage der „tota simul et perfecta possesio"[2] nur noch eine Angelegenheit der besseren Prozessoren. Schlußendlich übermannt ihn aber doch die Müdigkeit: eine jener angenehmen Grenzsituationen aus der alten, wirklichen und nicht virtuellen Welt. Er schläft ein ... und er fängt an zu träumen: Den Traum von „Havens Gate"! Auch der moderne Jakob träumt nämlich ab und zu seinen Traum vom „offenen Himmel".

Wie sehen nun seine mysteria tremenda et fascinosa aus? Welche Götter bevölkern seinen Himmel? Und wie sehen die Treppen dorthin und auch die Engeln aus, die da hinauf- und hinabsteigen? Sind es

---
[1] M. Kundera, Die Langsamkeit. München 1995, 7.
[2] Mit dieser Formel beschrieb die mittelalterliche Theologie die Ewigkeit des Himmels.

noch die „Chicago bulls", die auf der himmlischen Leiter ihren Himmel den Pubertierenden anzeigen, einen Himmel, in dem es massenweise Geld, tolle Frauen, die unbezweifelbare Potenz und vor allem den weltweiten Ruhm gibt? Oder sind es bloß noch die zweitklassigen DJ´s, die zu ihrem Himmel der nie aufhörenden Ekstase einer Technoparty locken? Nährt sich seine Hoffnung aus der Erwartung des Erfolgs oder aber aus dem Entsetzen über seine Welt, über seinen Vater, seinen Bruder und seine Kollegen?

2. Wissenschaftspolitischer Exkurs: der „aufgeklärte" Zugang zum Thema

Unser Jakob lebt nicht nur im Kontext der technischen Entwicklung auf der Höhe der Zeit, auch die human- und sozialwissenschaftliche Diskussion ist nicht spurlos an ihm vorübergegangen. So weiß er beispielsweise, daß das Fenster des lieben Herrgotts, in das er in seinem Traum hineingeschaut hat, nichts anderes sei, als ein Spiegelbild seiner eigenen Ängste und Hoffnungen. Aufwachend nimmt er sich fest vor, diesem Spiegelbild seiner selbst, dem Himmelsentwurf, den sich seine Seele zusammengezimmert hat, auch 100% gerecht zu werden. Schließlich befindet er sich noch in der Pubertät und hat noch nicht zu resignieren gelernt. Ob es einen Gott und seinen Himmel gibt, die auf diese seine Ängste und Hoffnungen nicht reduzierbar wären, darüber macht sich der moderne Jakob zuerst keine Gedanken. Er hat auch keinen Grund dazu, eigene Hoffnungen und Pläne reichen ihm anscheinend vollständig aus.

Von seinem biblischen Prototyp aus dem Buch Genesis unterscheidet er sich eben durch seinen aufgeklärten Zugang zu seinem Traum. Auch der biblische Jakob träumte seinen Himmelstraum. Er träumte und betete! Jakob hatte einen Traum: „Er sah eine Treppe, die auf der Erde stand und bis zum Himmel reichte. Auf ihr stiegen Engel Gottes auf und nieder. Und siehe, der Herr stand oben und sprach: ich bin der Herr, der Gott deines Vaters Abraham und der Gott Isaaks. Das Land, auf dem du liegst, will ich dir und deinem Nachkommen geben. Deine Nachkommen werden zahlreich sein wie der Staub auf der Erde. Du wirst dich unaufhaltsam ausbreiten nach Westen und Osten, nach Norden und Süden, und durch dich und deine Nachkommen werden alle Geschlechter der Erde Segen erlangen. Ich bin mit dir, ich behüte dich, wohin du auch gehst, und bringe dich zurück in dieses Land. Denn ich verlasse dich nicht, bis ich vollbringe , was ich dir versprochen habe. Jakob erwachte aus seinem Schlaf und sagte: Wirklich, der Herr ist an diesem Ort... Er stand früh am Morgen auf, nahm den Stein, den er unter seinen Kopf gelegt hatte, stellte ihn als Steinmal auf und goß Öl darauf ... und er machte ein Gelübte: Wenn Gott mit mir ist und mich auf diesem Weg, den ich eingeschlagen habe, behütet, wenn er mir Brot zum Essen und Kleider zum Anziehen gibt, wenn ich wohlbehalten heimkehre in das Haus meines Vaters und der Herr sich mir als Gott erweist, dann soll der Stein, den ich als Steinmal aufgestellt habe, ein Gotteshaus werden ..." (Gen 28,12-22).

Das biblische mysterium tremendum et fascinosum, der offene Himmel dort und jener noch nicht klar erkennbare Gott, dem der biblische Jakob sein Gelübte macht: All das kann der heutige Jakob problemlos erklären; schließlich lebt er in einem Zeitalter, das auf eine hundertjährige Tradition historischer Kritik in ihren vielfältigsten Formen zurückblicken kann. Gott ist ihm längst, ohne daß er dies begrifflich auch so ausdrücken kann, zur Chiffre geworden: zur Chiffre für physikalische, chemische und biologische Prozesse, für historische und kulturpolitische Zusammenhänge; zur Chiffre, auf die man auch notfalls verzichten kann. Der moderne Jakob kann also darauf hinweisen, daß es sich bei seinem biblischen Kollegen um bloße Bilder und Metaphern eines Zeitalters handelt, in dem die Menschen die Elektrizität nicht kannten und ihre Welt in mehrere Stockwerke aufteilten. Vor allem aber weiß er, daß die Menschen in den sprichwörtlichen Grenzsituationen von einem Himmel über den Wolken träumten. Als ein moderner und fortschrittlicher Mensch vertraut er emphatisch darauf, daß er in solche Grenzsituationen nicht gerät, oder aber, daß die Menschheit diese irgendwann doch 100 % in den Griff bekommt. Es wurde ihm aber schon in der Schule beigebracht, daß der liberale Zeitgenosse, der auf den Reichtum menschlicher Kulturen bedacht ist und diesen Reichtum auch schätzt, diese alten Mythologien nicht gleich zu verwerfen braucht: Entmythologisiert schenken sie immer noch brauchbare Impulse zur Gestaltung des Alltags. Wenn ihm also der Himmel nur noch ein Spiegelbild unserer Sehnsüchte sei, so lohnt es sich doch immer wieder, einen Blick dorthin zu werfen, um die Langeweile des Alltags zu vertreiben: Gerade vor kurzem hat er den Roman von Umberto Eco „Der Name der Rose" gelesen und sich köstlich an den Seiten ergötzt, wo Eco ein altes Schriftstück: Coena Cypriani paraphrasiert und ein Bild des Himmels zeichnet, in dem sich die Menschen so bewegen und so miteinander kommunizieren, wie sie auf unseren alten Heiligenbildchen dargestellt sind.[3]

Freilich weiß der moderne Jakob auch von den unermäßlichen Gefahren solcher Träume und solcher Himmelsbilder. Die hundertjährige Religionskritik feuerbachscher, marxscher und auch leninistischer Prägung hinterließ ihre Spuren auch in der popular culture. Wie lautet dort die Argumentationsfigur? Himmelsbilder sind instrumentalisierbar im Kontext der Opfer-Täter-Machtspiele. Vom Opfer selber als Trost ausgedacht oder von den Tätern den Opfern zum Trost vorgeworfen: Himmel als Opium des Volkes oder - was noch schlimmer sei - als Opium für das Volk - stabilisiert die ungerechten Herrschaftsverhältnisse und lähmt den Befreiungswillen. All das weiß unser moderner Jakob und all das läßt ihn im Grunde kalt.

Auf eine Möglichkeit, die Rede vom Himmel zum Gesprächsthema zu machen, reagiert er allerdings überdurchschnittlich allergisch. Von seinen Eltern hat er erfahren, daß die Pfarrer früher kaum mit der Vision des offenen Himmels gearbeitet haben, wohl aber mit dem Bild der offenen Hölle. Immer wieder hat er gehört, daß man da den Menschen Ängste eingejagt hat, sie regelrecht neurotisiert hat ... v.a. in jenem Bereich, den er gerade in seiner Pubertät zu erforschen anfängt: im Bereich der Sexualität, nach dem Motto: ein Auge gibts, was alles sieht, auch was in finstrer Nacht geschieht, v.a. unter der Bettdecke. Er selber glaubt zwar, daß er sich doch glücklich schätzen darf. Er hat doch aufgeklärte Eltern, Eltern also, die die offene Hölle aus ihrer Vorstellungskraft verbannt haben, dorthin, wo sie auch hingehört: zu den verhärmten religiösen Fundamentalisten. Denn auch das bleibt ihm nicht verborgen. Daß es immer noch solche „Ewiggestrigen" gibt, die den Fortschritt nicht zur Kenntnis nehmen wollen und die in den Himmelsbildern und vor allem den Höllenvisionen mehr zu sehen bereit sind als beeindruckende Zeugnisse mittelalterlicher Kunst. Solche Menschen findet unser moderner Jakob auch besonders gefährlich. Deswegen läßt er sie bei seinen Reisen im Internet und Cyber-

---

[3] U. Eco, Der Name der Rose. München 1982, 541-554.

space sofort abstürzen, weil er doch noch trotz allem ein braver Junge ist, der bereit ist, seine Phantasie mindestens im religionspolitischem Kontext zügeln zu lassen. Da hört er mehr auf seine Eltern als im sexualpädagogischen Bereich. Obwohl: wenn er ehrlich sein sollte, ist er froh, daß es diese Fundis gibt. Denn: Solange es solche Menschen gibt, die die Hölle so direkt an die Wand malen, kann er doch getrost annehmen, daß er selber noch nicht so weit sei; daß die eigenen Ängste - ganz gleich wie bedrohlich sie auch sein mögen, ganz gleich, wieviel Alkohol, Ekstasy, Kokain oder nur Therapiestunden sie fordern, daß diese seine Ängste immer noch problemloser seien, verglichen mit den Ängsten der Fundis vor der Hölle.

Denn: auch das bleibt ihm nicht verborgen - schließlich ist er ein ganz aufgeweckter Junge -, daß die Depotenzierung der jenseitigen Hölle nur einen zweifelhaften Fortschritt mit sich gebracht hat: nämlich die Fixierung auf die irdischen Höllen. Ein ganz freibeuterischer Gedanke kommt ihm in den Sinn: Sollte da etwa die These stimmen, daß die Tabuisierung der Transzendenz nicht die Erhöhung der Lebensqualität mit sich bringt, sondern eine kontinuierliche Minderung derselben bedeutet? Weil eine solche Tabuisierung die Problematik der Hölle keineswegs löst. Sie läßt nur die Menschen mit ihren selbstgemachten Höllen allein zurück und läßt diese nur in sich selber oder - was meistens zutrifft - in den anderen suchen und auch finden - denn: die Hölle, das sind die Anderen (J.P. Sartre) - , während der Himmel auf der Strecke bleibt? Unser pubertierender Jakob hätte das Zeug für einen Theologiestudenten!

3. Exkurs zur Methode

Ich hoffe, die Leserinnen und Leser verzeihen mir den essayhaften Stil, der im deutschprachigen Raum den Schein der fehlenden wissenschaftlichen Seriosität erweckt und Mißtrauen, wenn nicht gar Hohn provozieren kann. Mag der wissenschaftliche Alltag von der Bemühung um die Präzision des Begriffes und um die Argumentationslogik gekennzeichnet sein[4], so darf sich doch eine Antrittsvorle-

---

[4] Vgl. J.Niewiadomski, Hoffnung im Gericht. Soteriologische Impulse für eine dogmatische Eschatologie. In: ZKTh 114 (1992) 113-126.

sung[5] mit den Konturen begnügen. Die Konturen sind schwammig und Assoziationen zulassend. Mehr noch: die programmatische Antrittsvorlesung darf Konturen einer Vorstellungskraft, einer Phantasie zeichnen. Sie soll doch weniger das trockene Werkzeug präsentieren, vielmehr Visionen anbieten und dies sowohl für die universitäre als auch außeruniversitäre Öffentlichkeit. Dies ist - und daß ist auch mein fester Glaube - gerade in der Eschatologie legitim, in jenem dogmatischen Traktat, in dem professionell über menschliche Ängste und Hoffnungen zum Thema: Leben durch den Tod hindurch (früher hätte man gesagt: Leben nach dem Tod) reflektiert wird. Denn: bis zu welchem Ausmaß beeinflußt die Alltagseinstellung, die popular culture die akademische Forschung und Lehre in diesem Kontext? Unser Jakob, dessen Gestalt ich hier mit ihnen zusammen nachzeichne, ist mir der Inbegriff unserer typischen Alltagseinstellung zum Thema. Wenn die heutigen Religionssoziologen sagen, daß bis zu 30 % der gut religiös sozialisierten Mitbürger weder den Himmel noch die Hölle für ihre Weltanschauung brauchen, so gibt diese statistisch richtige Information nur sehr bedingt Auskunft über die eschatologische Vorstellungskraft unserer Mitmenschen. Die direkte Auskunft über den Himmel und die Hölle gibt sehr wenig her, um etwas über den Modus der Präsenz eschatologischer Hoffnungen in unserer Kultur zu erfahren.

4. Der „unaufgeklärte" Zugang zum Thema

Was den modernen Jakob von seinem biblischen Prototyp unterscheidet, ist auf den ersten Blick sein aufgeklärter Zugang zu seinem Traum. Auf diesen Unterschied ist der Großteil unserer akademischen Forschung und Lehre fixiert; sie reißt zwischen beiden Gestalten auch immer größere Gräben. Was haben sie aber gemeinsam? Können sie etwas voneinander lernen?

---

[5] Der vorliegende Text geht auf die Antrittsvorlesung des Verfassers an der Theologischen Fakultät der Universität Innsbruck am 14.Mai 1997 zurück. Für die Publikation wurde sie nur geringfügig überarbeitet; der mündlich-narrative Stil ist bewußt beibehalten worden. Die Narration als Methode des wissenschaftlichen Denkens erlaubt engere Verbindung zwischen Theologie und Spiritualität. Zur wissenschaftstheoretischen Reflexion vgl. R. Schwager, J.Niewiadomski u.a. Dramatische Theologie als Forschungsprogramm. In: ZKTh 118 (1968) 317-344.

Beiden ist zuerst die Fähigkeit zur Faszination eigen; beiden ist auch die Bereitschaft eigen, sich ihre Vorstellungskraft von dem, was sie fesselt, prägen zu lassen und auszugreifen, sich nicht zufriedenzugeben mit der Welt, die sie vorfinden. Beide haben ihre „profundior et universalior appetitio" - wie dies Vaticanum II sagen würde -[6], eine Lust nach dem Leben, und zwar hier und jetzt! So ganz nach dem Motto: „Selig, die gelebt, bevor sie starben!"[7] oder: Es gibt ein Leben vor dem Tod und dieses darf mit einer Selbstverständlichkeit gelebt werden.

Bei beiden stehen auch ihre Visionen des offenen Himmels ganz im Dienste dieser Lebensbejahung, ja der Lust. Denn auch der Gott des biblischen Jakobs erscheint nicht in der dogmatischen Klarheit des Nizäno-Konstantinopolitanums; es ist ein Gott, der auch zum Verwechseln ähnlich ist mit seinen eigenen Wünschen und Ängsten, ein Gott, dessen Präsenz die vorhandenen Rivalitäten keineswegs beseitigt, sondern verstärkt[8]. Es ist aber ein Glaube, ein bedürfnisorientierter Glaube, der sogar ständig einen regelrechten Kuhhandel mit Gott macht: weil ihm viel an der Qualität dieses Lebens liegt.

Wie ist dann aber der Mehrwert der Anwesenheit Gottes zu beschreiben? Angeregt durch seine Vision des offenen Himmels erbittet Jakob etliches von seinem Gott, aber er bleibt deswegen nicht untätig. All das, was er erbittet, scheint er aber selber auch zu leisten. Gott und Mensch scheinen einander zu ersetzen, Theologie und Anthropologie bleiben hier spiegelbildlich einander ähnlich, aber sie sind doch nicht identisch![9] Denn: der biblische Jakob kommt nicht auf die Idee, auf seinen Gott zu verzichten. Würde dieser Jakob heute leben, so würde er seinen Glauben vermutlich mit der klaren (vielleicht auch dogmatischen) Formel zum Ausdruck bringen; er würde vom grenzenlosen Vertrauen auf die Kraft eines Gottes sprechen, der - wenn auch meistens unaufdringlich und anonym - seinen Alltag begleitet und das bloße Dasein: den Inbegriff der biologischen, chemischen und physi-

---

[6] Gaudium et spes 9.
[7] Dieser Spruch steht auf dem Grabstein von M.L. Kaschnitz in Bölschweiler.
[8] Man denke nur an den Konflikt mit Esau.
[9] Vgl. dazu: J. Niewiadomski, Inkarnation als Inkulturation. Ein theologisches Triptychon. In: Evangelium und Inkulturation (1492-1992). Salzburger Hochschulwochen 1992. Hg. von P. Gordan. Graz 1993, 27-49.

kalischen Prozesse, aber auch der kulturell-politischen Zusammenhänge, der dieses bloße Dasein zum Leben verwandelt.

Auch die Vision des offenen Cyberspacehimmels steht im Dienste der Lebenslust des modernen Jakobs. Auch sein Glaube ist bedürfnisorientiert, auch seine appetitio kennt keine Grenzen. Als aufgeklärter Mensch glaubt er aber, sich mit dem Spiegelbild seiner Seele zufrieden geben zu müssen, auf Illusionen und Hoffnungen verzichten zu können und selber sich seinen Himmelstraum zu verwirklichen, ohne die unaufdringliche Anwesenheit eines lebenspendenden Gottes. Als verantwortlicher Täter will er niemandem mit billigen Himmelsbildern trösten, als Opfer glaubt er, darauf verzichten zu können (mindestens solange er jung und potent ist). Hin und wieder erschrickt er vielleicht über die Zeugnisse seiner Engel, die auf der Leiter zu seinem Himmel stehen, wenn sie die Grenzen ihrer Vorstellungskraft allzudeutlich anzeigen; der amerikanische Basketballstar von den Chicago bulls Dennis Rodman hat vor kurzem das fascinosum, aber auch das tremendum seines Himmels in einer geradezu pornographischen Deutlichkeit beschrieben: Seitenlange schildert er seine Erfolge, seine Beziehungen zu den anderen Stars, seine orgiastischen Erlebnisse mit Madonna, seine Spiellust usw. Die Zuspitzung seines Bekenntnisses kommt bei der Frage nach den Erwartungen, wenn all dies nicht mehr möglich sein sollte: „Wenn es für mich nichts mehr zu leisten gibt, wenn ich keine Ziele oder Träume mehr habe, weiß ich, daß mein Leben vollendet ist. Wenn ich älter werde und es soweit ist, werde ich mich wahrscheinlich irgendwo zurückziehen - in die Wälder oder ins Gebirge - und dort in mich gehen. Ich werde mein Leben noch einmal Revue passieren lassen und eine Zeitlang darüber nachdenken. Dann werde ich eine Knarre nehmen und mich in den Kopf schiessen. So wird es enden, kurz und schmerzlos."[10] Die diesem Himmel eigene Rationalität, die stahlharten Dogmen der dorthin führenden Treppe lassen letztendlich nur eine Erwartung zu: die Erwartung der Leistung und die Hoffnung, daß, wenn die Leistung nicht möglich ist, daß dann das Ende kurz und schmerzlos sei. Ob eine solche Vorstellungskraft der profundior et universalior appetitio unseres pubertierenden modernen Jakobs wirklich gerecht wird? Kann sie ihn ein Leben lang tragen?

---

[10] D. Rodman mit T. Keown, Der Abräumer. Bad as I wanna be. dtv. premium. München 1996, 276.

Der angehende moderne Theologiestudent Jakob würde gut tun, nach der religionskritischen Schulung, die ihm durch die gegenwärtige Kultur widerfährt, sich nun in die Schule seines biblischen Prototyps zu begeben und von ihm die Kunst der zweiten Naivität zu lernen, um wirklich ein Vollbluttheologe zu werden.[11] Worum geht es dabei? Eben um die Einübung der (nun explizit zu thematisierenden) eschatologischen Vorstellungskraft.

Die Ausbildung der expliziten eschatologischen Vorstellungskraft hat Jahrhunderte gedauert. Ganze Generationen von Menschen bürgen mit ihren Erfahrungen, mit ihren Hoffnungen, aber auch mit ihren Tränen für deren Konturen und Jakob steht nun stellvertretend für das ganze Volk Israel und seine Geschichte. Seine einfache Vision des Himmels, die ihm zum Erfolg animierte, brach in dieser Geschichte des öfteren zusammen. Gott und Erfolg fielen auseinander. Und doch verzichtete weder er noch das Volk Israel auf Gott - ganz im Unterschied zum heutigen aufgeklärten Menschen. Deswegen fand dieses Volk auch zu jenen Konturen seiner Vorstellungskraft, die sich radikal von denen eines Denis Rodmans von den Chicago bulls unterscheiden.

Die einfache Vision des Himmels schien immer dann zusammenzubrechen, wenn schon einzelne Menschen einen Zusammenbruch in ihrem Leben hinnehmen mußten, die Verminderung ihrer Lebensqualität am eigenen Leib erfahren haben und den Verlust ihres Lebens befürchteten; wenn nicht Ruhm, Geld, tolle Beziehungen, sondern radikale Einsamkeit, Armut und Tod einem zuteil wurden. Solange aber der Einzelne in der Gemeinschaft aufgehoben war, wurde der Zusammenbruch nicht zu einem fundamentalen theologischen Problem. Radikal brach die Vision des Himmels erst beim Exil im Jahre 587 v. Chr. zusammen. Dieser Zusammenbruch mußte gemäß dem nüchternen Urteil eines Historikers ein radikales Ende der Träume vom offenen Himmel bringen, weil solche Träume identisch zu sein scheinen mit dem Traum vom Erfolg. Der Zusammenbruch brachte aber nicht das Ende des Traums, sondern dessen vielfältige Korrekturen. Und sie sind nur deswegen möglich geworden, weil die Vorstel-

---

[11] Zu den methodischen Fragen vgl. J. Niewiadomski, Aufklärung durch Theologie. In : Erkenntniswege in der Theologie. Hg. von H. Bogensberger, F. Ferschl, R. Kögerler und W. Zauner. Graz 1998, 89-106.

lungskraft dieser Menschen ähnlich strukturiert war, wie die des biblischen Jakobs: sie war geradezu besessen von der Vision eines Gottes, der niemals bloß nur eine Chiffre für die biologischen, chemischen, physikalischen Prozesse sei und auch nicht für die historischen und kulturtheoretischen Zusammenhänge. Deswegen suchte sie im Kontext der Enttäuschungen nach radikal neuen Spuren. Mühsam ringt die Phantasie der erniedrigten Menschen um die Konturen neuer Hoffnungen: Man versucht die Katastrophe zu erklären (wie die Deuteronomisten es tun), analog zum Krebskranken, der, konfrontiert mit dem Unfaßbaren, sich mit der Erklärung des Zigarettenrauchens hinwegzutrösten vermag. Man sucht die Katastrophe zu verdrängen (wie die Chronisten), man klagt und weint und buhlt um Sympathie ("Ihr alle, die ihr des Weges zieht, schaut doch und seht, ob ein Schmerz ist, wie mein Schmerz, den man mir angetan" Klgl 1,12) und man hofft auf eine neue, andere Welt, die zuerst doch genauso sein wird, wie die jetzige (vgl. die strukturkonservative Prophetie, aus der in der Gegenwart viele Sekten und Konventikel ihre Hoffnung schöpfen[12]). Nur die Rollen werden hier vertauscht. Die Erniedrigten werden herrschen und sich rächen an ihren Henkern.

Wenn es auch in diesem Kontext nicht möglich ist zu sagen, ob die Konturen dieser eschatologischen Vorstellungskraft vom Menschen oder von Gott diktiert sind; wenn auch hier Anthropologie und Theologie oft spiegelbildlich gleich bleiben, so verzichtet das Volk trotzdem niemals auf die Vorstellung eines Gottes, der diese Prozesse begleitet. Nur deswegen konnten schußendlich die kühnen Hoffnungen thematisiert werden, die das erfahrene Leid, die Ohnmacht und den mir entgegenschlagenden Tod primär nicht als Infragestellung der Lebensbejahung und der Lebenslust begriffen haben, sondern als Zeilen, auf denen Gott, der Liebhaber des Lebens, gerade schreiben kann: Der Tod, nicht als Ende, sondern als Anfang des neuen Lebens: das ist nicht der Anfang des Glaubens, sondern die letzte konsequente Folge einer Lebenseinstellung, die die Lebensbejahung zur Norm erhebt, deswegen auch ihre Hoffnung nicht aus sich selber gewinnt, sondern aus dem lebendigen Gott.

---

[12] Vgl. dazu: J. Niewiadomski, Faszination des Untergangs. Herausforderungen fundamentalistischer Religiosität. In: Gottesgeschichten. Beiträge zu einer systematischen Theologie. FS Gottfried Bachl. Hg. von W. Achleitner und U. Winkler. Freiburg i. Br. 1992, 392-400.

Der biblische Jakob könnte seinem modernen Kollegen zu der fundamentalen These verhelfen und ihm stückweise seine platte religionskritische Einstellung korrigieren. Es ist die These, daß ein Lebensentwurf, dem die Lebensbejahung die letzte normative Latte bleibt, notwendigerweise eschatologische Bilder, eschatologische Metaphern und eschatologische Aussagen impliziert. Sie werden nicht erst am Ende des menschlichen Lebens relevant, vielmehr bilden sie den Fokus, durch den die biologischen Tatsachen, aber auch die chemischen und physikalischen Prozesse, kulturelle und politische Zusammenhänge betrachtet werden können. Sie normieren unsere Phantasie unentwegt: Was hat das zu bedeuten? Lassen sie mich das zuerst ganz einfach ausdrücken! Es geht dabei schlicht und einfach um die Frage, mit welchen Augen ich meinen Alltag, meine Lebensgeschichte, unsere Alltagskultur, ja unsere menschliche Geschichte betrachte. - Sind es die Augen, die immer und immer wieder nur die Banalität der Macht der Tatsachen sehen? Selbst wenn es die Tatsachen sind, die ich selber vollbringen kann. - Oder sind es die Augen eines gnadenlosen Zensors, der all das, was irgendwie nach einem Mehr von Phantasie aussieht, zensiert und mich immer wieder neu mit der Nase auf den Inbegriff der physikalischen, chemischen und biologischen Prozesse aufmerksam macht und mich ständig desillusioniert? - Oder sind es wirklich die Augen, die der profundior et universalior appetitio gerecht zu werden versuchen und deswegen immer wieder den Blick erweitern, anstatt diesen einzuengen?

Bei diesen simplen Fragen entscheidet sich unser aller Glaube oder Unglaube.

5. Vom Traum zum Programm

Kann die dramatische Narration begrifflich strukturiert und ein praktischer Ertrag daraus gewonnen werden? Nimmt man die christliche Überzeugung, daß in Jesus Christus eine Verdichtung des gesamten Potentials von alttestamentlichen Ängsten und Hoffnungen stattfindet, so wird man den nun einsetzenden explizit christologischen Fokus nicht als eine beliebige Ergänzung anschauen, sondern als eine konsequente Folge. Meines Wissens nimmt nur eine einzige Stelle der biblischen Botschaft einen direkten Bezug auf den Traum unseres Jakobs: es ist die Stelle, in der von der Berufung Natanaels, des wahren

Israeliten, des neuen Jakobs, erzählt wird (Joh 1,45-51). Ist sie für die eschatologische Vorstellungskraft relevant? Jesus sieht Natanael und lädt ihn ein mitzugehen. Wenn Du mit mir kommst, wenn du dich auf mich einläßt, wirst du die eschatologische Vorstellungskraft lernen! Du wirst lernen, dem lieben Gott ins Fenster zu schauen. Deine Phantasie wird zunehmend beherrscht durch das Bild, das Jakob damals gesehen hat: mit einem Unterschied. Die Treppe ist nun nicht beliebig. Man findet weder eine goldene Leiter, die eine beliebige Projektionsfläche anbietet, noch die Chicago bulls und auch nicht die zweitklassigen DJ´s. Es ist der Menschensohn, über den die Engeln auf- und niedersteigen. Auf eine solche Botschaft könnte auch unser moderner surfender Jakob gestoßen sein: irgendwo im Cyberspace. Schaut er schon mit dieser Begegnung automatisch dem lieben Gott ins Fenster? Nein! Die eschatologische Vorstellungskraft wird er nur lernen können, wenn er sich auf den Menschensohn und seine Logik einläßt! Und dies passiert nur dort, wo er erfährt, was es zu bedeuten hat, daß er letztendes aufgrund einer bedingungslosen Zuwendung eines anderen (und nicht kraft seines Durchsetzungsvermögens) lebt. Erst dann hat er dem lieben Gott ins Fenster geschaut; erst dann wird er glücklich und er wird nie der Versuchung verfallen, dieses Vertrauen auf die bedingungslose Zuwendung eines anderen unter der Hand doch nur zum Spiegelbild seiner eigenen Ängste und Hoffnungen zu degradieren.

Was hat das konkret zu bedeuten? Konkret wird diese eschatologische Vorstellungskraft sichtbar, wenn wir auf die Lebensweise Jesu schauen: Auch er lebte nicht primär aufgrund seines eigenen Durchsetzungsvermögens, sondern aufgrund seines sich Getragenwissens. Die Beziehung zu seinem himmlischen Vater, die seine Existenz geradezu konstituiert, ermöglicht ihm, dieses Stück des Himmels Wirklichkeit werden zu lassen. Er läßt uns dem lieben Gott ins Fenster schauen, wenn er davon spricht, daß Gott seine Sonne über Gute und Böse aufgehen und seinen Regen über Gerechte und Ungerechte regnen läßt. Eschatologische Vorstellungskraft hat sehr viel mit Toleranz zu tun (der Himmel geht dort über Menschen auf, wo sie tolerant sein können). Er läßt uns dem lieben Gott ins Fenster schauen, wenn er sich bedingungslos den Sündern zuwendet und damit mehr als bloß Toleranz zeigt: Wenn er die Ausgeschlossenen in die Mitte der Gesellschaft zurückführt, ganz gleich, wer sie sind: Schwache, Kranke,

Sünder, Außenseiter. Eschatologische Vorstellungskraft vertieft sich in einer qualifizierten Toleranz, einer Toleranz, die nicht mit demselben Maßstab über alle hinweggeht, sondern einer, die dem konkreten Menschen in seiner gebrochenen Situation gerecht wird. Nur eine solche bedingungslose Zuwendung eines anderen kann den in sein Zimmer geflüchteten und damit isolierten Jakob himmelsfähig machen.

Jesus läßt uns aber auch dem lieben Gott ins Fenster schauen, wenn er abgelehnt und verurteilt wird, seine Unschuld beteuert, das Geschick erleidet. Eschatologische Vorstellungskraft vertieft die Toleranz angesichts der Ablehnung, indem sie selber die Ablehnung erleidet und damit stückweise die Alltagshöllen unseres Lebens tranformiert. Jesus läßt uns dem lieben Gott ins Fenster schauen, wenn er gottverlassen stirbt. Eschatologische Vorstellungskraft wagt Gott in den letzten Abgründen der menschlichen Existenz zu denken: im Kontext der Gottverlassenheit. Weil Gott, der Liebhaber des Lebens, sich mit den Toten identifiziert, weil er sich bedingungslos den Gottverlassenen zuwendet, kann er nicht nur den Tod, er kann sogar die Hölle transformieren. Ja: wer dem lieben Gott ins Fenster geschaut hat, der langweilt sich nicht! Er ist glücklich!

Dies bedeutet nicht, daß die eschatologische Vorstellungskraft uns vor Konflikten bewahrt. Im Gegenteil. Anhand der Apostelgeschichte und des Martyriums des Stephanus, der im Sterben den offenen Himmel sah (Apg. 7,54-60), können wir lernen, daß die eschatologische Vorstellungskraft die Grenzsituationen nicht tabuisiert. Die eschatologische Vorstellungskraft, die sich am Menschensohn und seiner Botschaft orientiert, wird in Konflikte stürzen, bei denen es um die Konturen eines menschenwürdigen Lebens geht. Es können gar tödliche Konflikte sein, aber die eschatologische Phantasie kann sich in der Sackgasse bewähren.

Die letzte neutestamentliche Stelle, die die Vision des offenen Himmels bietet, ist Offb 21,1-2; 22.23. Es ist die Vision der neuen Stadt, einer neuen Gemeinschaft. Sie steht hier als Kontrastbild zu einer „virtual community" des elektronischen Zeitalters[13]

Das sich Einlassen auf den Weg des Menschensohnes, die Bewährung dieses Weges in der Sackgasse sind aber letztendlich nur in einer

---

[13] Kritisch zur virtual community vgl. J. Niewiadomski, Extra media nulla salus? Zum Anspruch der Medienkultur. In: ThPQ 143 (1995) 227-233.

Gemeinschaft möglich. In der Offenbarung des Johannes haben wir das letzte - all die Stränge bündelnde - Bild des offenen Himmels: Dort ist die neue Stadt, die neue Gemeinschaft sichtbar. Eine Gemeinschaft, die sich zusammensetzt aus jenen, denen der einfache Traum vom offenen Himmel radikal zerbrach: sie wurden verfolgt, sie erfuhren, was Leid, Ablehnung, Isolation, ja sogar der Tod bedeutet. Diese Erfahrungen haben sie aber nicht mit dem Prinzip der Stärke und der Selbstdurchsetzung zunichte gemacht; nein: ihr Sozialisationsprinzip ist das Lamm: das Lamm als der Inbegriff für den jesuanischen Weg und sein Geschick. Sie feiern die Hochzeit des Lammes. Mitten in der Situation des bürgerlichen Durchschnitts oder aber mitten in der Verfolgung, mitten im Trübsal dieser Welt, ja mitten in der alltäglichen Hölle feiert die neue Gemeinschaft immer wieder die Hochzeit: ein leib-seelisches Ereignis: sie nimmt den Inbegriff des Himmels - die fruitio der communio sanctorum und die fruitio dei - den Genuß Gottes und den Genuß der Gemeinschaft aller Heiligen vorweg.

Die letzte Vision des offenen Himmels legt die Latte sehr hoch, weil sie die leibliche, ja die materielle Wirklichkeit integriert; deswegen kann sie geradezu als ein Gegenbild der virtual community gelten, die die Gemeinschaft nur vortäuscht, faktisch aber die Isolation verstärkt.

6. Hochzeit des Lammes und ein Fest für alle Völker

Ich glaube, es ist höchste Zeit, den in seinem Zimmer eingesperrten modernen Jakob herauszuholen zu der Hochzeit des Lammes oder aber zum Mahl der Völker. Denn das ist der letzte normative Impuls der eschatologischen Vorstellungskraft. Sie wird primär durch eine neue Praxis und nicht durch die Reflexion korrigiert. „Der Herr wird auf diesem Berg für alle Völker ein Festmahl geben mit den feinsten Speisen, ein Gelage mit erlesenen Weinen, mit den besten und feinsten Speisen, mit besten, erlesenen Weinen" (Jes 25,6).

Es ist das letzte Bild, mit dem ich Sie konfrontiere: Auch dieses Bild kann als Bild des offenen Himmels gesehen werden; denn: auch in diesem Bild geht es um die Hoffnung auf einen Anderen, nicht auf uns selber und unsere Kräfte. Es ist die Hoffnung auf den lebendigen

Gott, eine Hoffnung aber, die alles andere als steril und frömmlerisch ist.[14]

Dieses Bild gehört für mich zu den wichtigsten Kurzformeln des Glaubens und der Hoffnung: Hoffnung auf menschliches Leben in einer Gemeinschaft, die der Menschen würdig ist. Es ist ein Bild, das ich ganz gerne zur Überblendung anderer Bilder verwende: Bilder, mit denen wir unsere Gegenwart beschreiben, aber auch Bilder von der Kirche, ja sogar Bilder von Gott. Die Vision eines Festmahls, das zu einem Gelage wird, diese Hoffnung auf eine geradezu orgiastische Lust und Freude, die dazu noch allen Völkern der Erde zukommen soll - wenn der Herr, auf den wir unsere Hoffnung setzen, sich als Gott erweisen wird. Diese Vision soll nun sakramental - bruchstückhaft Wirklichkeit werden: im Arkadenhof[15]. Sie wird Wirklichkeit, weil viele mitgeholfen haben: der Freundeskreis, die Fachschaft und die Studierenden. Sie wird Wirklichkeit, weil viele kommen werden: Kommen Sie also alle, damit diejenigen, die kommen, nicht in den Weinfluten ertrinken müssen. Angesagt ist open end für eine Fakultätsparty als Vorwegnahme des himmlischen Festmahls.

---

[14] J. Niewiadomski, „... ein Festmahl für alle ..." Biblisch-systematische Reminiszenz. In: ThPQ 148 (1998), 47 – 51.
[15] Das im Anschluß an die Antrittsvorlesung im Arkadenhof der Fakultät stattgefundene Fest verstand sich als ein integraler Teil der Vorlesung selbst.

ROBERT OBERFORCHER
VERHEISSUNG DES LEBENS
Die biophile Grundhaltung der biblischen Offenbarung

Daß die Bibel eine intensiv dem Leben zugewandte Botschaft hat, ist eigentlich niemandem strittig, zumal, wenn man dabei vor allem (und bisweilen leider auch ausschließlich) an das Neue Testament denkt. Doch bereitet die übliche pastorale Zerlegung und Aufsplitterung der großen biblischen Themenfelder und ihrer oft so vielschichtigen Wechselbezüge für viele eine Barriere, diesen großartigen *Grundgestus der biblischen Einladung zum Leben* voll und genau wahrzunehmen. Auch besteht eine gewisse religiöse Verbildung bzw. Hemmung darin, daß man der oft so bildintensiven und alltagsdurchtränkten Erzählsprache (besonders des Alten Testaments, aber auch etwa der Gleichnisse Jesu) wenig Glaubenssubstanz zutraut. Vor allem macht die für unser Empfinden allzu gewaltträchtige Ausdrucksweise und (besonders die Jungen) abschreckende Verneinungs- und Verbotsterminologie der spirituellen Aneignung des biblischen Denkens schwer zu schaffen.

Könnte man also zeigen, daß die biblische Offenbarung und Glaubenswelt durchzogen und geradezu strukturiert ist von Initiativen der Lebenszuwendung Gottes, sodaß selbst seine verbietenden und verurteilenden Interventionen noch als Ringen um Leben verstanden werden können, dann wäre dies ein bedeutender bibelpastoraler und spiritueller Gewinn. Doch kann von den Einsichten moderner Bibeltheologie her noch mehr behauptet werden. Im Blick auf die Rahmenthematik „Theologie und Spiritualität" stehen ja alle theologischen Aussagen und Themen der Hl.Schrift von vornherein unter dem Anspruch, dazu beizutragen, daß Menschen ihr Dasein im Geist (spiritus - Spiritualität, was mehr ist als „Frömmigkeit"!) und in der Gesinnung Gottes gestalten können. Wenn die gesamte Heils- und Offenbarungsgeschichte als Aufbruch Gottes zu den Menschen verstanden werden darf, dann bedeutet die Erschließung des „lebendigen Gottes", daß dem menschlichen Dasein sein eigentlicher Lebensursprung und seine tiefste Innovationsquelle zugänglich wird.

1. Der biophile Grundimpuls: „Wähle das Leben, denn Gott ist dein Leben!"

Vielleicht darf man in diesem Zusammenhang auf die große Intuition Karl Rahners Bezug nehmen, wonach Gott als tragendes „Geheimnis des Menschen" diesen so auf sich hin ausrichten will, daß in der Selbsttranszendenz der Mensch bei Gott erst ganz zu sich und zu seiner eigenen Lebensmitte findet. Diese fundamentale Offenheit des Menschen ist zugleich die Basis aller „Spiritualität". Von daher begreift sich auch das unermüdliche Ringen der Offenbarung um den Menschen, der sich durch die Sünde gegen Gott und damit zugleich gegen sein eigenes Leben wendet. In großartiger Verdichtung kommt diese biophile Grundorientierung[1] der Bibel dort zur Sprache, wo der Bundesgott nach Abschluß der Kundgabe der Sinaitora seinem Volk die fundamentale Daseinsentscheidung vorlegt:

„Leben und Tod lege ich dir vor, Segen und Fluch. Wähle also das Leben, daß du lebst ... Liebe Jahwe deinen Gott, höre auf seine Stimme und halte dich an ihm fest! Denn er ist dein Leben." (Dtn 30,19-20)

„Wähle das Leben" wird von daher zur Grundoption der gesamten biblischen Offenbarung. Die Entscheidung für Gott wird zur Entscheidung für das Leben, wenn „Gott selbst dein Leben ist". Damit ist nun ein hermeneutischer Zugang im Blick, der von außerordentlicher Bedeutung für das Gesamtverständnis der biblischen Glaubenswelt ist und bei keinem einzigen Text suspendiert werden darf: *wo immer die Bibel glaubensrelevante Aussagen macht, dort geht es eo ipso um lebensrelevante Zusagen*! In welch hoher und testamentsübergreifender Kontinuität dieser Ansatz gilt, kann durch die für das Neue Testament gleichermaßen umfassende Bestimmung der Sendung Jesu bestätigt werden:

„Ich bin gekommen, daß sie Leben haben in Fülle ... Ich gebe ihnen ewiges Leben!" (Joh 10,10.28)

Daß der biblische Einsatz für die Erschaffung, Entfaltung und Vertiefung von Leben zur Signatur der Offenbarung überhaupt gehört,

---

[1] Der Ausdruck „biophil" wird hier von E. Fromm entlehnt, der die „Liebe zum Lebendigen" der Nekrophilie, der „Liebe zum Toten", gegenüberstellt. In: Die Seele des Menschen (dtv 15039). Stuttgart 1988.

kann im Blick auf den christlichen Kanon bestätigt werden durch die Auswertung der umfassenden Rahmenbildung für die ganze Hl.Schrift: Gen 1 am Beginn und Offb 21-22 am Ende der Offenbarungsgeschichte lassen machtvoll den Akkord von Schöpfung und Neuschöpfung erklingen. So erfährt die Bibel eine *universale Gestimmtheit auf die Melodie des Lebens*. Im Folgenden sollen nun die großen Themenfelder unter dem Gesichtspunkt der biophilen Großperspektive dargestellt werden.[2]

2. Schöpfung als Gottes Ja zum Leben

Diese triviale Feststellung hat eminent weichenstellende Implikationen. Wenn die Bibel in ihrem Eröffnungstext (Gen 1-2) Gott als den Schöpfer von Welt und Mensch einführt, dann ist von Anfang an eine universale Großperspektive eröffnet. So wie hier Gottes Wirken und Gesinnung gezeichnet wird, erscheint Gott in einem Engagement, das sich als zutiefst *weltzugewandt und lebensbejahend* darstellt. Die Schöpfungserzählungen sind geprägt und inspiriert von einem ungeheuer kreativen JA Gottes. Von daher baut sich ein äußerster tragender Horizont auf für alle Einzelthemen und Begegnungsweisen Gottes mit den Menschen. Ob Erwählung, Führung, Verpflichtung, Bund, Strafsanktion, Unheilsdrohung bis hin zur apokalyptischen Konfrontation, immer steht umgreifend das treue Ja des Schöpfers im Hintergrund.

In großartiger Monotonie gestaltet Gen 1 die Weltschöpfung als schrittweisen Aufbau einer gewaltigen kosmischen Architektonik, in der eine tragende Ordnung anstelle des todbringenden Chaos Lebensräume ausbildet und eine für alles Lebendige bewohnbare Welt darstellt. Während die Pflanzen in diesem Weltbild noch nicht als Lebewesen fungieren, gilt der Schöpfungssegen „Wachset und mehret euch und bevölkert das Meer/die Erde" (1,22.28) ausdrücklich der Tierwelt und den Menschen. Zur Stabilisierung der idealen Schöpfungsordnung und des Lebensrechtes für alle tritt die Regelung ausschließlich pflanzlicher Ernährung in Kraft. Selbst der Auftrag an den

---

[2] Dabei wird die ntl. Weiterführung der Themen im Sinn der Vertiefung, Modifizierung und Radikalisierung aus Platzgründen nur knappe Illustration und Konkretisierung zulassen.

Menschen, sich die Erde und die Tierwelt „zu unterwerfen und zu beherrschen" (1,28) muß im Kontext dieser Lebensordnung der Schöpfung interpretiert werden: ist der Mensch (in seiner artspezifischen Ganzheit als Mann und als Frau) als „Abbild Gottes" in seiner Welt Gottes Mandatar und Repräsentant, dann darf er gegenüber den Lebewesen niemals lebensbedrohlich und destruktiv agieren, sondern muß im Maßstab des Schöpfers selbst lebensbewahrend und kreativ wirken. Dieser idealen Schöpfungswelt wird vom Schöpfer mit dem „Es war sehr gut" (1,31) höchste Qualifikation zugesprochen. Dem Schöpfungssabbat Gottes, der als tiefe Bejahung und innere Zustimmung Gottes zur Lebenswelt verstanden wird, korrespondiert im Dekalog die große Sabbat-Memoria, die wöchentliche Feier der Schöpfungsgrundlage unseres Daseins (Ex 20,8-11): Gottes Ja zum Leben soll jede Lebensminderung (Sklaven, Arbeitstiere) aufheben!

Die Paradiesgeschichte (Gen 2) entfaltet und vertieft in eindringlicher narrativer Konkretisierung die Initialzündung der Geschichte des Lebens und des Kosmos. In erfahrungsnäherer Fokusierung der Menschenschöpfung wird Zug um Zug eine paradiesische Wohnwelt für den Menschen gebaut. Die Einzelschilderung ist voller Lebensmetaphern (Gartenlandschaft, Ströme, Fruchtbäume). Voll hintergründiger Bedeutsamkeit ist jedoch die sich in drei Phasen vollziehende Menschwerdung des Menschen: 1. Aus Ackererde und Lebensodem Gottes wird „der Erdling/Adam" konstituiert. 2. Mit der Integration der Tierwelt („Adam gab Namen allem Vieh" 2,20) wird dem Menschenfragment Adam nur beschränkt abgeholfen, ehe 3. durch die Erschaffung der Frau (nicht mehr aus Ackererde, sondern aus adamitischer Substanz, um die innere Nähe und Zugehörigkeit - nicht Zurückstufung der Frau, denn es „bindet sich der Mann an seine Frau" v.24! - schöpfungstheologisch zu sichern) erst die Menschwerdung des Menschen zum Ziel kommt. Die Frau als Partnerin, Vertraute und „Mutter alles Lebenden" (3,20 mit dem Wortspiel Eva/Chawwa - Lebendes/Chaj) ist eine (für die patriarchale Denkmentalität doch erstaunliche) Vorstellung voll anthropologischer Sprengkraft. Hier enthält die biophile Perspektive eine ausgeprägte und zukunftsweisende sozialethische Komponente.[3]

---

[3] Zur schöpfungsanthropologischen Perspektive von Gen 1-2 vgl. R. Oberforcher, Das Menschenbild in der biblischen Urgeschichte. In: Hans Czuma (Hg.), Menschenbilder, Wien 1988, 15-32.

Der biophile Einsatz der Offenbarungsgeschichte durch die Schöpfung erfährt mit Gen 3-11 eine scharfe Kontrastierung zu diesem Idealbild einer von Gott „erträumten" Schöpfungswelt, indem nun die harte Alltagserfahrung mit ihrer vielfältigen Lebensminderung in den Blick kommt. Die theologische Pointe dieser Entgegensetzung von idealer Schöpfung und durch Sünde, Deformation und Entfremdung tief gestörtem Dasein liegt darin, daß diese kaputte Welt so nicht sein müßte, daß zu arbeiten ist an Veränderung, Humanisierung und lebensbejahenden Alltagsstrukturen, daß vor allem die dem Gefälle zum Tod ausgesetzte Welt Folge des Verlustes der Beziehung zum Schöpfergott ist. Die hier beschriebene Erzählsequenz (Sündenfall, Brudermord, Lamechschwur, Flutgeneration, Turmbau) stellt sich dar als Eskalation menschlicher Selbstpotentierung, die autonom und nicht im Schöpfungsgehorsam „Gut und Böse" (=Wertewelt) durchsetzen will und damit eo ipso die Lebensentfaltung des Mitmenschen und die Qualität des eigenen Lebens zerstört. Indem etwa die Flutgeneration die ganze Schöpfungswelt durch den Daseinsstil der „Gewalttat/chamas" (Gen 6,11.13) infiziert und zerstört hat, wird das Dasein in der Sünde und Entfremdung von Gott begriffen als eine Situation der (Selbst)Destruktivität, die sich in der Theologie der Sünde (Hamartiologie) durch die ganze Bibel gleichsam *als die Negativfolie zur biophilen Grundperspektive* durchzieht. All die Texte, in denen sich das Ringen um die Überwindung der Sünde als Gottesverlust artikuliert, haben ebenso mit der Lebensthematik zu tun. In eindrucksvoller poetischer Intuition hat R. M. Rilke (im Zyklus „Vom mönchischen Leben") dies in einem Gedicht über die Urgeschichte verdichtet:

Ich lese es heraus aus deinem Wort,
aus der Geschichte der Gebärden,
mit welchen deine Hände um das Werden
sich ründeten, begrenzend, warm und weise.
Du sagtest *leben* laut und *sterben* leise
und wiederholtest immer wieder: *Sein.*
Doch vor dem ersten Tode kam der Mord.
Da ging ein Riß durch deine reifen Kreise,
und ging ein Schrein
und riß die Stimmen fort,
die eben erst sich sammelten,

um dich zu sagen,
um dich zu tragen
alles Abgrunds Brücke -
und was sie seither stammelten,
sind Stücke
deines alten Namens.

Dieses „Sagen" des Schöpfers wird in den Psalmen immer wieder als der tragende Grund menschlichen Hoffens beschworen, wie es die Schöpfungspsalmen (8; 104) thematisieren. Der Appell an die siegreiche Macht über die Chaosmächte (74,12-17; 77,17-21; 89,9-12; Ijob 26,7-13) oder an die Treue des Schöpfers gibt dem Beten Halt (146,6) und Orientierung.

3. Der Gott Abrahams als Hirte Israels

Auf die immer breitere Kreise ziehende Unheilsgeschichte in der Menschheit reagiert Gott - nachdem er im Noahbund (Gen 9,1-17) nach der Flutkatastrophe eine Revision des Schöpfungsideals als Kompromißformel zur Erfahrungsrealität etabliert hat (mit Tierfreigabe als Nahrung und gleichzeitigem Verbot des Blutvergießens, mit Einbeziehung auch der Tierwelt: „Alles Fleisch" in das Bundesverhältnis!) - durch neue heilsgeschichtliche Initiativen. Abrahams Berufung (Gen 12,1-3 und die ganze folgende Patriarchenerzählung) kann im Sinne unserer Themenstellung begriffen werden als machtvoller Einsatz Gottes für eine völlig neue und reiche Lebensperspektive. Diese entfaltet sich in drei Verheißungen, die einen großen Zukunftshorizont aufreißen: Sohn- und Volkverheißung, Landverheißung, Bundesbeziehung mit Segenszusage. Immer wieder wird in der stufenweisen Realisierung dieser Zukunftsentwürfe *die abrahamitische Haltung* eines immer aufbruchbereiten, ganz auf Gott hin offenen Menschen herausgearbeitet. Abraham ist der theologische Typos eines Menschen, der sich sein Leben ganz von Gott her aufbauen läßt. Dies wird narrativ und erzähldramatisch so dargestellt, daß jeweils der nichterbberechtigte Zweitgeborene die Abrahamlinie weiterträgt (Isaak statt Ismael, Jakob statt Esau, Josef statt seiner Brüder, Efraim statt Manasse). Ein zweites Darstellungselement ist die Blockierung der Zeugungsmechanismen über die Unfruchtbarkeit der Ahnfrauen (Sara, Rebekka, Rachel). Diese Art der Durchbrechung eigener Zukunftsplanung des Menschen macht deutlich, daß ausschließlich der Schöpfungssegen Gottes die Kontinuität des Lebens in die Zukunft hinein garantiert (Gen 17,16; 28,3). Solche „Entautomatisierung der Heilsgeschichte"[4] gilt noch für den Stammbaum Jesu (Mt 1) und innerhalb der paulinischen Theologie (Gal 4,21-31). Brennpunktartig wird diese Sicht in der Geschichte von der „Opferung Isaaks" (Gen 22) dargestellt, wo Abrahams Bewährung exakt darin besteht, daß selbst das Verheißungskind nochmals freigegeben werden kann und nicht als Faustpfand zu eigener Lebens- und Zukunftssicherung eingesetzt wird.

Gottes Fürsorge und Führungsinitiative trägt die ganze Patriachengeschichte als die Phase der Konstituierung Israels. Dies zeigt sich eindrucksvoll am Leitmotiv des *Mit-Seins Gottes*. Lebenssicherung geschieht allein durch die Treue des solidarisch mitwandernden Gottes, wie dies etwa Jakob in Lebensgefahr und auf der Flucht (aus dem Verheißungsland!) erfährt: „Ich bin mit dir, ich behüte dich, wohin du auch gehst...Ich lasse dich nicht im Stich!" (Gen 28,15 vgl. dazu die gleichsinnige Zusage für Israel Dtn 31,8). Diese Erfahrung des Mit-Seins, welche sich über das Ich-Bin-Da Jahwes (Ex 3,14), die Aussage der Präsenz Gottes im Heiligtum (s. unten) und die Immanuelprophetie (Jes 7,14 u. Mt 1,23) wie ein roter Faden gesamtbiblisch durchhält, wird als Zusage unbedingter und unaufkündbarer Nähe des lebenschaffenden Gottes in symbolischer Prägnanz durch die *Rolle des Hirten* dargestellt. So konnte Jakob am Ende eines unübersichtlichen und gefahrreichen Daseinsverlaufs resümieren:

„Gott, vor dem meine Väter Abraham und Isaak ihren Weg gegangen sind, Gott, der *mein Hirte* war mein Lebtag bis heute, der Engel, der mich erlöst hat" (Gen 48,.15).

Der Patriarchensegen Jakobs für sein Zwölfbrüdervolk (Gen 49) entwirft für Juda und Josef, die Kernzonen des künftigen Israel, eine Zukunft voller Lebensmetaphorik. Judas Königtum ist eingetaucht ins volle Leben: „Nie weicht das Zepter von Juda ... Er bindet am

---

[4] R. Oberforcher, Glaube aus Verheißung. Aktualität der Patiarchengeschichten. Klosterneuburg 1981, bes. 79-113. Das Lebensmotiv bleibt selbst durch Josefs Verkauf in die Sklaverei nach Ägypten dominant, indem gewissermaßen der Segen selbst mit Josef auswandert. „Gott hat mich fruchtbar werden lassen im Lande meines Elends." (41,52 als Namensdeutung Efraims). So deutet Josef sein Geschick: „Um Leben zu erhalten, hat mich Gott hierher gesandt" (45,5 sowie 50,20.).

Weinstock sein Reittier fest, seinen Esel am Rebstock. Er wäscht ... in Traubenblut sein Gewand." (v. 10f) Noch intensiver ist die Segenszusage für Josef: „Er ist ein junger Fruchtbaum am Quell, ein junger Zweig...Dies kommt vom *Hirten*, Israels Fels...Er wird dich segnen mit Segen des Himmels von oben und Segen tief lagernder Urflut, mit Segen von Brust und Schoß!" (v.22-25) Ebenso feiert Mose am Ende seines Lebens Israels Erwählung und Führung durch „Israels Fels und Schöpfer" (Dtn 32,4.6). Im Bild der Auffindung des in der Steppe ausgesetzten Säuglings wird Israels Start ins reiche Leben so geschildert: „Er fand ihn in der Steppe...wo wildes Getier heult. Er hüllte ihn ein, gab auf ihn acht und hütete ihn wie seinen Augenstern. Sowie die Adlermutter, die ihr Nest beschützt, ihre Schwingen breitet, ein Junges ergreift und es flügelschlagend fortträgt...Jahwe führte ihn auf die Berge des Landes, nährte ihn mit den Früchten des Feldes, stillte ihn mit Wein aus dem Felsen, mit Öl aus Felsritzen. Mit Butter von Kühen, Milch von Schafen und Ziegen, dazu Fett von Lämmern, von Widdern aus Baschan...dazu Feinmehl aus Weizen. Traubenblut trankst du gegoren." (v.10-14) Hier baut sich eine mächtige *„Option für das Leben"* auf! Gottes Hirtensorge für Israels Lebensentfaltung wird gefeiert im Hirtenpsalm 23 oder im Appell an Gottes Rettungsmacht: „*Hirte* Israels, höre, der du Josef weidest wie eine Herde ... Erhalte uns am Leben!" (80,2; vgl. 95,7). Oder: „Hilf deinem Volk, und segne dein Erbe, weide und trage es in Ewigkeit!" (28,9) Eine letzte Auswertung des Hirtenbildes voll tiefer Empathie bietet die Zeichnung des Rettergottes angesichts des exilierten Volkes in Babylon: „Seht, Gott, der Herr, kommt mit Macht...Wie ein *Hirt* führt er seine Herde zur Weide, er sammelt sie mit starker Hand. Die Lämmer trägt er auf dem Arm, die Mutterschafe führt er behutsam." (Jes 40,10f) In der Nennung der schutzbedürftigsten Tiere zeigt sich die tiefe Zuwendung Gottes für Israels Überlebenschancen.

4. Die Exoduserfahrung - Gott als Kämpfer für das Lebensrecht der Wehrlosen

Während das biophile Bild von der Rettung des Säuglings in der Steppe stark von mütterlichen Zügen der *Lebenskompetenz* geprägt ist und die Hirtenrolle diese von einem männlichen Berufsbild her gestaltet, arbeitet die Exoduserzählung (mit ihrer Fortsetzung in der Landnahme) mit Zügen der kämpferischen Auseinandersetzung. Die Überwindung der Macht der Sklavenherren und ihres Unterdrückungsapparates kann in der Darstellungslogik, wie sie den Menschen des Alten Orients plausibel war, ohne die Sprache der Gewalt, des Niederringens und des Tötens nicht auskommen. Von daher bauen sich bisweilen fast unüberwindliche Schwierigkeiten für das Verstehen der religiösen und theologischen Botschaft dieser Texte auf, sodaß Leser/-innen hinter dieser gewaltbesetzten Sprache die biophile, zutiefst lebensbejahende Grundbotschaft gerade auch dieser Exodustexte oft kaum mehr in den Blick bekommen.[5]

Dennoch sind die Grundzüge des Profils vom Exodusgott völlig klar. Gott erweist sich im Einsatz für das bedrohte Volk als machtvoller Befreier, der seinem Volk im Sinaibund eine neue Zukunft und ein neuartiges Gemeinschaftsmodell zur Bewahrung der Freiheit erschließt. Zunächst zeigt die Gottesbegegnung Moses am brennenden Busch (Ex 3) eine bedeutsame Radikalisierung und Verschärfung des Mit-Seins Gottes. Voll tiefer Empathie stellt Gott sich dar in einer außerordentlichen *Wahrnehmungsfähigkeit für das Leiden des Volkes:*

„Ich habe das Elend meines Volkes in Ägypten genau gesehen und ihren Hilfeschrei wegen ihrer Antreiber habe ich gehört. Ich kenne ihre Schmerzen." (Ex 3,7)

Hier verdichtet sich das Mit-Sein zum solidarischen Dabeisein, das von religionsgeschichtlicher Sprengkraft ist. Die übliche Vorstellung im Alten Orient ist die, daß die Götter auf der Seite der Sklavenherren - Pharao als „Sohn des Sonnengottes Re" ist der absolute Repräsentant seines Gottes - und nicht auf der Seite der Versklavten stehen. Doch der Gott Abrahams ergreift entschieden und ausschließlich Partei für sein geknechtetes Volk. So steigert sich das treue Mit-Sein Gottes zur eminent sozialkritischen Solidarität und Parteilichkeit. Gegenüber einer generellen Omnipräsenz Gottes wird ein qualifiziertes Da-Sein dieses Gottes bei den Versklavten behauptet. Dort, wo niemand mehr die rechtlos Gewordenen ins Sklavenhaus hinein be-

---

[5] Zur Problematik und Hermeneutik solcher Texte vgl. M. Görg, Der un-heile Gott. Die Bibel im Bann der Gewalt. Düsseldorf 1995 sowie W. Dietrich, Ch. Link: Die dunklen Seiten Gottes. Willkür und Gewalt. Neukirchen-Vluyn 1997, ferner meinen Beitrag in dieser Reihe: Verkündet das Alte Testament einen gewalttätigen Gott? In: Jozef Niewiadomski (Hg.), Eindeutige Antworten? (theologische trends 1). Thaur 1988, 133-158.

gleitet, da geht Gott mit. Diese Erfahrung und Selbsterschließung Gottes wird als so fundamental empfunden, daß sie geradezu Gott zu definieren vermag. So kommt es in exakt diesem (und keinem anderen) Sozialkontext zur Proklamation des neuen Gottesnamens JHWH! In etymologischer Auswertung von „Jahwe" entsteht die Selbstaussage: „Ich bin der Ich-Bin-Da" (v.14 mit Martin Buber). Seit diesem Augenblick wird, wo immer Gott mit dem Jahwenamen gerufen wird, der Exoduskontext evoziert, wie das später beim Thema Gottesdienst zu reflektieren sein wird. Die Solidarität Gottes, das *Ringen Gottes um das Lebensrecht und die Menschenwürde der Wehr- und Rechtlosen*, ist eine großartige Konkretisierung der biophilen Grundorientierung der Offenbarung Gottes, dessen Ja zum Leben zuerst und vor allem dem bedrohten Leben gilt. Der Gottesname Jahwe selbst enthält in dem hier dargestellten erweiterten Sinn der Befreiung aller in ihrem Lebensrecht Bedrohten die „Option für die Armen".

Ist die primäre theologische Aussage richtig zentriert, dann können auch die in ihrer Gewaltdiktion problematischen Passagen eingeordnet und interpretiert werden. Der Zyklus der Zehn Plagen (Ex 7-12) entfaltet in erzähldramatischer Komposition die theologische Aussage, daß der Gott der Ohnmächtigen nicht machtlos ist, sondern die Übermacht der Sklavenherrschaft (und ihrer religiösen Legitimation durch die Götterwelt Ägyptens) besiegen kann und zwar ausschließlich als Befreiung der Sklaven. Genauso zielt das Wunder des Durchzugs durch das Schilfmeer (Ex 14-15) theologisch keinesfalls auf die Vernichtung von Menschen (die z.B. selbst Familie und Kinder sowie Militär als Brotberuf haben: auf der existentiellen Ebene können genauso „Ägypter" wie „Israeliten" Adressaten der Exodusbotschaft werden! Vgl. Jes 19,24-25; Am 9,7; Ps 87), sondern auf die Rettung der Versklavten. Diese Aussageebene läßt sich vor allem beim Siegeslied Moses gut erkennen, wo das Schilfmeerereignis sofort ins Mythisch-Symbolische überhöht wird, wenn Gott („Jahwe ist ein Mann des Krieges, Jahwe sein Name" 15,3) zwar Pharaos Streitmacht im Meer versenkt (Erzählebene), aber eigentlich gegen todbringende Chaosmächte als Sieger hervorgeht (v.8ff).

Die bibeltheologische Einsicht in das exodusgeprägte Porträt Gottes ist voller Impulse für eine *exodusgemäße Spiritualität* (vgl. Ps 18, 17.20.30), die als religiöse Daseinshaltung ohne solidarische Offenheit für die am Leben zu kurz Gekommenen und in ihrer Menschenwürde Bedrohten nie realisierbar ist. In ungebrochener Kontinuität setzt sich die Exodusbotschaft auch im Neuen Testament fort. So stammt unser religiöses Grundwort „Erlösung" direkt aus dem Exoduskontext (Ex 6,6; 15,13) und ist von der Vorstellung der „Aus-Lösung/Loskauf" und „Entfesselung" abgeleitet. Noch Jesus wird sein Leben als „Lösegeld" einsetzen (Mk 10,45; vgl. 1 Kor 7,21-23; „Tilgung des Schuldscheins" Kol 2,14). In Exodusterminologie kann Paulus die zentrale Erlösungsbotschaft aussprechen: „Zur Freiheit hat uns Christus befreit. Faßt Stand und laßt euch nicht erneut in das Joch der Sklaverei hineinzwängen!" (Gal 5,1)

Das atl. Grunddogma von „Gott, der Israel aus dem Sklavenhaus herausgeführt hat", weitet sich zu einem gewaltigen Innovationsraum für die Ausgestaltung der biblischen Religion aus. Im Folgenden sind vier Bereiche unter dem Aspekt der *Lebensverdichtung durch den Glauben an den Exodusgott* zu skizzieren: a) Gottesdienst als Erinnerungsarbeit und Aktualisierung der Befreiung; b) die Sinaitora als Lebensgesetz des befreiten Volkes; c) der prophetische Einsatz um größere Menschlichkeit; d) die Gebetswelt der Psalmen.

5. Gottesdienst als Vergegenwärtigung der Exoduserfahrung

Die Offenbarung Jahwes - des Ich-Bin-Da als Vertiefung des Mit-Seins - prägt auch die Konzeption des Heiligtums als Zentrum des Gottesdienstes. Schon die alte Kultlegende von Betel (Gen 28,10-20) arbeitet an der Überzeugung, daß der Weg ins Heiligtum die Begegnung mit dem nahen Gott bedeutet. Vom Exodushintergrund her wird dies nun großartig vertieft. Gottes solidarisches Mit-Sein stellt sich beim „Zelt der Begegnung" in der Wüstenzeit so dar, daß hier *Gottes Zugänglichkeit und Begegnungsfähigkeit* in den Blick kommt. Dieser Wille zu lebenstiftender Gemeinsamkeit Gottes mit seinem Volk wird am Ende des Aufbaus der sakralen Institutionen am Sinai so ausgesprochen: „Ich wende mich euch zu, ich lasse euch fruchtbar werden und mache euch zahlreich, und ich errichte meinen Bund mit euch" (Lev 26,9). Dies wird nun in eindringlicher Weise aus dem Exoduskontext entfaltet. Was geschieht, wenn Menschen ins Heiligtum kommen, auf welchen Gott treffen sie dort, was hat dies mit ihrem Leben zu tun?

„Ich schlage meine Wohnung auf mitten unter euch und habe keine Abneigung gegen euch. .... Ich bin JAHWE, euer Gott, der ich euch herausgeführt habe aus dem Land Ägypten, daß ihr nicht mehr ihre Sklaven seid. Ich zerbreche die Stangen eures Jochs und lasse euch aufrecht gehen!" (Lev 26,11-13)

Israel trifft also im Heiligtum auf den Exodusgott, den Ich-Bin-Da, der solidarisch bei den Menschen sein will, der zugleich die Exoduserfahrung vergegenwärtigt. Wer zu diesem Gott kommt, gewinnt erneut seine Menschenwürde und eine große Freiheit für sein Leben. Besonders die Psalmen gestalten den Zug zum Heiligtum voller Lebensmetaphorik (Ps 23,6; 48,10f; 122,6ff). Besonders das Lied Ps 42/43 komponiert die vitale Sehnsucht eines Leviten nach dem Heiligtum von diesem Ausgangsbild her: „Wie die Hinde lechzt nach frischem Wasser, so lechzt meine Seele, Gott nach dir. Meine Seele dürstet nach Gott, nach dem lebendigen Gott. Wann darf ich kommen, Gottes Antlitz zu schauen?" (42,2f) Wiederum ist hochbedeutsam, daß dieses Motiv vom Wohnen Gottes unter den Menschen auch für die Sendung Jesu ausgewertet werden kann, wie es in höchster Verdichtung die Inkarnationsaussage Joh 1,14 zu leisten vermag: „Und das Wort ist Fleisch geworden und hat gewohnt /gezeltet/ in uns(erer) Mitte)." Aber auch die messianische Einladung ist im Licht der Heiligtumskonzeption vom Exodus her begreifbar: „Hierher ihr alle, die ihr euch quält und belastet seid, ich biete euch eine Raststätte/Erholung. ... Lernt von mir! ... Mein Joch ist milde und meine Last lind." (Mt 11,28-30) Jesus als der „Heilige Gottes" und eschatologisches Heiligtum wird zum Ort der lebenschaffenden und freiheitstiftenden Begegnung mit Gott.

Darüber hinaus konzipiert die Bibel auch heilige Zeiten der Begegnung mit dem Exodusgott, Festtage, in denen die *Exodus-Memoria* als unermüdliche Erinnerungsarbeit liturgisch geleistet wird. So der wöchentliche Sabbat, der einen Freiraum für neue Konzentration auf die eigene Lebensmitte schafft. Woraus lebe ich letztlich? Das Dekaloggebot verlangt die Neuausrichtung unseres Lebensstils und aller Zielsetzungen unserer Arbeitswelt am Exoduswissen: „Denk daran/ erinnere dich, daß du Sklave warst im Lande Ägypten und Gott dich herausgeführt hat von dort!" (Dtn 5,15 - in anderer, schöpfungstheologischer Ausrichtung formuliert die Parallele Ex 20,8-11 die Perspektive des Lebens). Also darf die Arbeitswoche nicht von versklavenden und entwürdigenden Strukturen geprägt sein! Daraus entsteht ein mächtiger sozialethischer Impuls: „damit dein Rind und dein Esel ausruhen und der Sohn deiner Sklavin und der Fremde wieder aufleben" (Ex 23,12 unter Betonung der Schwächsten und Hilflosesten!) Der Sabbat kann so eine eminente humanisierende Wirkung entfalten, wie dies Heinrich Heine im Gedicht „Prinzessin Sabbat" angesichts des schwierigen und immer auch entwürdigenden jüdischen Diasporaalltags unnachahmlich formuliert hat:

... Hund mit hündischen Gedanken, / kötert er die ganze Woche durch des Lebens Kot und Kehrricht, / Gassenbuben zum Gespötte. Aber jeden Freitag Abend, / in der Dämmrungsstunde, plötzlich weicht der Zauber, und der Hund / wird aufs neu ein menschlich Wesen.

Mensch mit menschlichen Gefühlen, / mit erhobnem Haupt und Herzen,

... tritt er in des Vaters Halle."

Das jährliche Osterfest hebt die Exoduserfahrung ins Zentrum der liturgischen Feier (Ex 23,15). „Denk an diesen Tag, an dem Er euch herausgeführt hat aus Ägypten!" (Ex 13,3) sowie: „Dieser Tag gelte euch zum Gedenken. Feiert ihn als Fest für Jahwe!" (12,14)[6] In dicher Lebensmetaphorik zelebriert Ps 81 zur Feier des Laubhüttenfestes die Exodusmemoria. Dabei bricht die Botschaft der Befreiung ganz neu auf: „Eine Stimme, die ich nicht kannte, hörte ich ... Ich bin JAHWE, dein Gott, der dich heraufgeführt aus dem Lande Ägypten, mach weit deinen Mund, ich will ihn füllen ... Nähren würde ich (mein Volk) mit bestem Weizen." (81,6.11.17) Mit innerer Logik wird aus dem Horizont der Exoduserfahrung das Osterfest für die Christen zum Hochfest der Auferstehung Christi, die ja in biblischer Sicht ein Exodus aus der Todeszone hinaus ins unendliche Leben Gottes hinein sein will (Apg 2,24). So wird der Auferstandene zum „Anführer des Lebens" (3,15).

---

[6] Die Pesach-/Paschanacht ist auch die Nacht der Tötung der ägyptischen „Erstgeborenen bei Mensch und Vieh, und über alle Götter Ägyptens halte ich Gericht" (Ex 12,12). Dieser schauerliche Hintergrund muß, wie schon oben betont wurde, aus der erzähldramatischen Logik und Komposition verstanden werden. So korrespondiert diese Maßnahme dem pharaonischen Plan der Unterdrückungsstrategie und Dezimierung Israels (Ex 1,15-22). Sie trifft den allmächtigen Pharao selbst, der ohnmächtig Israel ziehen lassen muß. Wiederum ist *die theologische Ebene allein die Feier der Exodusmacht Gottes!*

6. Sinaibund und Tora als Lebensmodell des befreiten Volkes

Die Tora vom Sinai ist konzipiert als Lebensgesetz und wird so zur Signatur des biblischen Israel (wie des nachbiblischen Judentums). Doch auch bei diesem großräumigen Themenfeld (Ex 19 - Num 10 + Dtn) mit seiner Masse an Gesetzesmaterialien bricht immer wieder das Mißverständnis einer Gesetzesideologie hervor, die einen Gott des Befehlens, Verbietens und der unbarmherzigen Strafsanktion (bis hin zum Todesurteil) forciert. Die Bibelkatechese des Religionsunterrichts steht bisweilen hilflos vor dem Vexierbild eines alles kontrollierenden Weltpolizeigottes.[7] Gewiß orientiert sich die Sprache der Rechtsordnung immer auch an den iuridischen Vorstellungen des Alten Orients sowie dem Mechanismus von Tat und Folge, um von den Menschen damals überhaupt verstanden zu werden. Der entscheidende hermeneutische Zugang zur Erfassung der für uns verbindlichen religiösen Aussageebene besteht in der genauen Wahrnehmung des narrativen Großkontextes.[8] Dabei zeigt sich sofort, daß die Sinaioffenbarung literarisch eingebettet ist in die Großerzählung der Exoduserfahrung und niemals für sich stehen kann. Sie bestimmt ein literarisch-kompositorisches Gefälle: vor dem Sinai steht der Exodus und nach dem Sinai die Zeit der Bewährung und Bewahrung der Freiheitserfahrung. Dieser dominante *Exoduskontext der Sinaioffenbarung mit seiner immanenten Lebensperspektive* schafft einen Interpretationsrahmen für sämtliche Gesetzesformulierungen, die nie isoliert verstanden werden dürfen. Es kann gezeigt werden, daß alle Weisungen und Verbote unter der *Exodusmotivation* stehen. Bezeichnenderweise wurde jahrhundertelang in der Bibelkatechese der Dekalog ohne jenen Vor-Satz (Ex 20,2) gelernt, der eben diese Exodusanbindung gewährleistet und fordert:

---

[7] Bezeichnenderweise ist von dieser Pervertierung des Sinaibundes das Judentum kaum betroffen, da in ihm seit rabbinischen Zeiten eine außerordentliche *Spiritualität der Tora als Lebenswissen* sich entwickeln konnte. Von Hillel wird die Maxime überliefert: „Viel Tora, viel Leben"! So kann der religiöse Jude gegen Abend beunruhigt sagen: „Noch kein Stickl Tora heut?" Hier gilt es für Christen ökumenisch viel zu lernen und zwar zu eigenem christlichen Gewinn! Eine schöne und informative Sammlung rabbinischer Texte zur Rezeption der Sinaitora im Alltagsleben bietet J. Petuchowski, Die Stimme vom Sinai. Freiburg 1981.

[8] Eine ansprechende Interpretation bietet F. Crüsemann, Bewahrung der Freiheit. Das Thema des Dekalogs in sozialgeschichtlicher Perspektive. München 1983.

„Ich bin JAHWE, dein Gott, der dich herausgeführt hat aus dem Land Ägypten, aus dem Sklavenhaus."

Es ist exakt dieser Exodusgott, der zuerst befreiend-erlösend gehandelt hat, ehe er Israel binden und verpflichten will. Plakativ gesagt: vor dem „Du mußt gehorchen" kommt das „Du kannst leben"! Dann aber wird auch klar, daß alle Gesetzesintention im Dienst der Sicherung und Wiedergewinnung der Exodusfreiheit steht. Der Sinaibund ist die *Institutionalisierung der Freiheit* in einem großartigen Gemeinschaftsmodell für Israel. Dies gilt generell, wird aber bei den die Lebenschancen für die Bedrohten tangierenden Themen ausdrücklich gemacht.

„Einen Fremden sollst du nicht ausbeuten, wart ihr doch selbst in Ägypten Fremde" (Ex 22,20). In 23,9 heißt es zur gleichen Vorschrift vertiefend „Ihr kennt doch - aus eigener Erfahrung in Ägypten - die Psyche/seelische Stimmung eines Fremden!" Die Radikalisierung der Nächstenliebe zur Fremdenliebe wird ebenfalls vom Exodus her motiviert (Lev 19,34 vgl. 18). Daran schließt sich ein Casus zur Wirtschaftsethik an, der in kühner Weise den Geschäftsalltag ebenfalls vom Exoduswissen her bewertet: „Ihr sollt kein Unrecht begehen ... mit Längenmaß, Gewicht und Hohlmaß. Ihr sollt richtige Waagen haben... Ich bin Jahwe, euer Gott, der euch aus Ägypten herausgeführt hat!" (v.35-36). So erscheint der *Alltag der Menschen exodusgemäß strukturiert*. Der verarmte und verschuldete Mitmensch (wiederum auch der Fremde) darf im Namen des Exodusgottes nicht durch Wucherzins ruiniert werden (Lev 25,35-38). Es darf keinen Rückfall in Versklavung geben: „Du sollst nicht mit Gewalt über ihn herrschen." (v.43. 53). Wenn sich daran die Formel anschließt „Fürchte deinen Gott!" oder noch häufiger „Ich bin Jahwe", dann signalisiert diese Kurzformel die spezifische Autorität des Exodusgottes mit allen biophilen Konnotationen, die oben dargestellt wurden. Immer geht es dabei primär um das Lebensrecht der Schwächsten und der Rechtlosen: „Du sollst einem Tauben nicht fluchen und einem Blinden kein Hindernis in den Weg stellen. Fürchte vielmehr deinen Gott! Ich bin Jahwe." (19,14) Ein ganzes Minderheitenethos (Witwen, Waise, Fremde) wird im Exodus verankert (Dtn 10,17-19 + 24,17-18).

Der Sinaibund im Kontext des Exodus entfaltet somit eine hohe Spiritualität, deren atmosphärische Gestimmtheit auch darin besteht, daß die Tora als Lebensweisung mit höchster Autorität und Lebenskompetenz versehen wird. So heißt es einmal prinzipiell im Blick auf die Krise der Wüstenwanderung, „daß der Mensch sich nicht allein von Brot ernährt, sondern lebt von jeder Äußerung aus Gottes Mund" (Dtn 8,3). Das Wort Gottes mit seiner Orientierungskraft für ein befreites Leben partizipiert selbst am Motiv des Mit-Seins Gottes, sodaß intime Vertrautheit entsteht: „Dieses Gebot ... ist nicht zu schwer für dich und nicht zu fern. Denn ganz nah ist das Wort bei dir, in deinem Herzen und in deinem Mund, es zu vollziehen." (30,11.14) Die Tora Jahwes ist „süßer als Honig und kostbarer als Gold" (Ps 19, 11). Der große Ps 119 ist eine einzige weitausladende Torameditation, welche die lebensbejahende und sinnstiftende Kraft des Sinaigesetzes Zug um Zug entfaltet.

7. Gottes exodusgemäße Empathie als Maßstab des Betens in den Psalmen

Seit jeher hat der große Ausdrucksreichtum im biblischen Beten und seine erstaunliche Variationsfähigkeit im der Darstellung menschlichen Leidens imponiert. Diese Gebetssprache enthält eine tiefe Menschlichkeit in der Überzeugung, vor diesem Gott alles sagen zu dürfen, wo Menschen vor ihren Mitmenschen längst verstummen müssen. Woher beziehen diese Gebete für die klagende und anklagende Bitte bis hin zum verzweifelten ohnmächtigen Aufschrei ihre theologische Motivation und Legitimation? Es ist exakt jener Grundzug des Exodusgottes, der nach Ex 3,7 eine unüberbietbare Wahrnehmungsfähigkeit und eine tiefe Empathie erkennen läßt: „Ich habe gesehen ... ich habe gehört ... Ich kenne ihre Schmerzen!" Nimmt man hinzu, daß der privilegierte Ort der Begegnung mit Gott das Heiligtum als Zelt Gottes mitten unter den Menschen ist, dann kommt auch von daher die große Einladung, vor diesen Gott alles tragen zu dürfen, was einen belastet und lähmt. Die Welt der Psalmen ist ein einziges *Ringen um Leben vor diesem Gott unendlicher Lebensbejahung.* Das ist die bibeltheologische Prämisse für alles biblische Beten, das wiederum seinen zentralen Beitrag leistet für die Spiritualität selbst. Daß noch die Passion Jesu sich an diesen Texten ausrichtet (bes. Ps 22 und 69), zeigt deren deutende und tröstende Kraft. Es war Nelly Sachs, die solcher Spiritualität der Psalmen die genaue Formulierung gab: „Du

(=David) bautest Nachtherbergen für die Wegwunden".[9] Natürlich greifen die Psalmen neben der Leiderfahrung auch das Wissen um das gelingende Leben auf und feiern es in hymnischer Sprache dankbar vor Gott. Die reiche Bilderwelt ist durchwegs geprägt von der Lebensmetaphorik (vgl. den biophilen Großrahmen Ps1 +150).

In diesem Zusammenhang des Wissens um die Wahrnehmungsschärfe des Exodusgottes kann der aufschlußreiche Kontrast genannt werden, der dieses Wissen noch schärfer profiliert. Es geht um die *Fremdvölkerpolemik*, in der die primäre theologische Disqualifikation der Götter exakt darin besteht, daß sie deshalb nicht lebendig und mächtig sein können, weil ihnen jegliche Wahrnehmungs- und Kommunikationsfähigkeit fehlt. „Ihre Götzen sind nur Holz ... ein Werk aus der Hand des Schnitzers verfertigt ... Wie Vogelscheuchen im Gurkenfeld können sie nicht reden." (Jer 10,3.5) Diese Wirkungslinie greift Ps 115 auf: Götzen „haben einen Mund und reden nicht, Augen und sehen nicht; sie haben Ohren und hören nicht, eine Nase und riechen nicht." (v.4-6). Wenn Israel in Verbannung muß, ist es ausgeliefert an die Götterwelt. „Sie können nicht sehen und nicht hören, nicht essen und nicht riechen." (Dtn 4,28). Ihre Verehrer werden durch ihre Wesenlosigkeit und wahnhafte Existenz todbringend infiziert: „Sie liefen nichtigen Göttern nach und wurden selbst nichtig" (2 Kön 17,15 und Jer 2,5). Der Abfall von Jahwe und die Wahl eigener Götter besteht genau darin, daß damit die spezifische Rettungserfahrung und das aus dem Exodus resultierende Humanisierungspotential verloren geht.

8. Der prophetische Kampf um Humanität und Menschenwürde

Im kanontheologischen Großzusammenhang kann der Einsatz der Propheten für den bedrohten Menschen und ihre machtvolle Kritik an Unrechtsstrukturen in Israel sehr gut verstanden werden, wenn man sagt: die prophetische Sozialkritik übersetzt und aktualisiert das Exo-

---

[9] Neben diesem wunderbaren Zitat bietet E. Zenger in: Die Nacht wird leuchten wie der Tag. Psalmenauslegungen. Freiburg 1997, eine kompetente und einfühlsame, auch für uns heute und im Horizont des jüdischen Schicksals aktuelle Psalmeninterpretation.

duswissen und sein Gottesverständnis in die alltägliche Lebenswelt. Die Logik der prophetischen Intervention besteht doch darin, daß sie Israel mit folgendem Sachverhalt aus ihrer Religion konfrontieren: Wenn wir an den Gott der Sklavenbefreiung glauben und uns auf sein Mit-Sein berufen (vgl. Mi 3,11; Am 5,14; Jer 7,3ff u. 14,9), dann müssen wir wie der Exodusgott auf der Seite der Bedrohten und Rechtlosen stehen, wir müssen uns solidarisieren mit seinem Kampf um deren Lebenschancen und ihre Menschenwürde! Das Auftreten der Propheten ist genau die Aktivierung und Konkretisierung dieser Grundhaltung, wenn sie nun ihren Protest im Namen Jahwes gleich mehrdimensional vortragen: als eigentliche Sozialkritik des Alltags, als Kritik der falschen Frömmigkeit, als Kritik an der Pervertierung der Ordnungsstrukturen und Institutionen (König, Hofpropheten, Beamte, Richter, Priester), als Kritik der Fremdgötterverehrung.[10]

Hosea formuliert prägnant: „Ohne Wissen von Gott machen Fluch und Betrug, Mord, Diebstahl und Ehebruch sich breit, Bluttat reiht sich an Bluttat." (Hos 4,1f mit ältester Dekalogzitation!) Exodusgemäße Lebensorientierung geschieht für Amos keineswegs durch Frömmigkeitspraxis und Wallfahrt zu den Heiligtümern: „Sucht nicht Betel auf, geht nicht nach Gilgal, zieht nicht nach Beerscheba! ... Sucht Jahwe, und *ihr werdet leben*!" (Am 5,5). In der großen Tempelrede deckt Jeremia den Widerspruch auf zwischen dem Wissen um die Präsenz des Bundesgottes und gottferne Inhumanität (Jer 7,9f). „Wenn ihr gerecht entscheidet im Rechtsstreit, wenn ihr die Fremden, die Waisen und Witwen nicht unterdrückt, unschuldiges Blut an diesem Ort nicht vergießt ..., dann wohne ich bei euch an diesem Ort!" (v.6f). Bei Micha bringt Gott in seiner Gerichtsverhandlung mit Israel ausdrücklich die Exodustat in die Auseinandersetzung ein (Mi 6,3-8), sodaß wahrer Gottesdienst darin besteht: „Tun des Rechts, liebevolle Güte, sorgsames Gehen mit deinem Gott!" (v.8) Bisweilen wird auch die scharfe Parteilichkeit des Bundesgottes für die Wehr- und Rechtlosen angesprochen, wenn der Prophet von „mein Volk" spricht: „Sie fressen mein Volk auf" (Mi 3,3). Vielleicht am dichtesten formuliert Jesaja die Anklage : „Eure Häuser sind voll von dem, was ihr den Armen geraubt habt. Wie kommt ihr dazu, mein Volk zu zerschlagen?

---

[10] Zur inhaltlichen Entfaltung dieses weiträumigen Befundes vgl. R. Oberforcher, „Alttestamentliche Ethik", in: Neues Lexikon der Moraltheologie. Hg. v. H. Rotter u. G. Virt, Innsbruck -Wien 1990, 24-37.

Ihr zermalmt das Gesicht der Armen!" (Jes 3,14f). Massivste Kritik bietet Ezechiel zur Pervertierung der Führungsautorität unter Aufnahme der großen Lebensmetapher des „Hirten": „Weh den Hirten Israels, die nur sich selber weiden! ... Die schwachen Tiere stärkt ihr nicht, die kranken Tiere heilt ihr nicht, die verletzten verbindet ihr nicht, die versprengten holt ihr nicht zurück..." (Ez 34,2-4). Als rettende Alternative springt Gott selbst in seiner Hirtenrolle ein, um das gefährdete Leben zu bewahren (v.11-17).

Auch die Prophetie arbeitet in ihrer Unheilsbotschaft mit Bildern der Gewalt und Destruktion, was wiederum aus dem dominanten Kontext des kämpferischen Einsatzes für das bedrohte Leben verstanden werden muß. Die Funktion von Gewalt- und Vernichtungsdrohung ist 1. die Diagnose des Bösen; 2. Aufdeckung der (selbst-) destruktiven Tendenzen und des tödlichen Gefälles eines gewalttätigen Lebensstils; 3. die Dimensionierung der Realität des Bösen und seiner Größenordnung; 4. Entmachtung des Bösen als Hoffnung für die Opfer.

9. Gottes Heilsutopie und Tagträume vom vollendeten Leben

Die bisher skizzierten bibeltheologischen Themenfelder vom Engagement Gottes für das Leben in all seinen Entfaltungsmöglichkeiten und Gefährdungen: Schöpfung, Befreiung, solidarisches Mit-Sein, Tora als Lebenswissen[11], Kampf um Humanität und Menschenwürde weisen auf den dominanten biophilen Grundzug der Offenbarung: Gott ist der „Liebhaber des Lebens" (Weish 11,26)! Ein letzter, alles Bisherige machtvoll integrierender Themenbereich ist die Eschatologie, in der sich der Gott der Heilszukunft als ein *Gott der universalen Lebenskompetenz* erweist. Im Anschluß an die Unheilsprophetie muß hier zunächst der Gedanke des Gerichts, des „Tages Jahwes" (Jes 2,12-21; Zef 1,14-18) genannt werden, der trotz seiner drohenden und dunklen Rückseite des möglichen Scheitern menschli-

---

[11] Ausgeblendet wurde aus Raumgründen der Bereich der „Weisheit", welche ihre Einsichten zur *Meisterung des Daseins und der Lebensoptimierung* aus der Analyse der Alltagswelt gewinnt. Auch hier dominiert eine biophile Perspektive: „Wer die Weisheit liebt, *liebt das Leben*" (Sir 4,12).

cher Lebensentwürfe wiederum primär unter denselben Kriterien steht wie die eben genannten. Die Menschheit kann sich - letzte Hoffnung für die Opfer! - ihrer Verantwortung nicht entziehen. Im Gericht wird sie mit jenem Gott konfrontiert, der entschlossen auf der Seite des bedrohten Lebens steht und alles einsetzt, um dessen zertretene Würde wieder herzustellen. Die Aufrichtung universaler Gerechtigkeit ist ein messianischer Topos (Jes 42,1-4). Das apokalyptische Szenario entfaltet die Kollision der Weltgeschichte mit dem Weltenrichter in zahlreichen Bildern. Doch gilt theologisch: „Dein Gericht ist ein Licht für die Welt, die Erdenbewohner lernen deine Gerechtigkeit kennen." (Jes 26,9). „Gott beseitigt den Tod für immer...er wischt die Tränen ab von jedem Gesicht." (25,8 u. Offb 21,4). Auch vom Kommen des Parusierichters, des Menschensohns, gilt: „Richtet euch auf, denn eure Erlösung naht!" (Lk 21,28)

All die Gerichtsbilder stehen jedoch eingebettet innerhalb der Heilsutopie der messianischen Zukunft, die in ihren Entwürfen *Bilder vom explodierenden Leben* und Daseinsglück gestaltet. Nicht zufällig werden ausgerechnet all die Lebenssymbole und Lebensmetaphern der ganzen bisherigen Heilsgeschichte zusammengetragen und auf die absolute Zukunft umgepolt: Es entsteht die Verheißung einer Neuen Schöpfung, eines Neuen Exodus, eines Neuen Bundes, eines Neuen Jerusalems. Diese Gottesstadt der Heilszukunft (Jes 60; 62; Offb 21f) sprengt alle defizitäre und fragmentarische Alltagsrealität auf, Gott selbst wird zum Licht und zur Orientierung dieser wunderbaren Metropolis einer neuen Menschheit, endgültig wird sein Mit-Sein in unzerstörbarer Solidarität und Gemeinsamkeit. „Seht das Zelt Gottes bei den Menschen, er nimmt Wohnung unter ihnen" (Offb 21,3) - wie dies antizipierend die Inkarnation des Wortes Joh 1,14 bereits im Blick hat.[12] Von daher läßt sich eine letzte bibeltheologische Einsicht gewinnen. In dieser eschatologischen Perspektivierung aller Themenbereiche werden auch die Vergangenheitsbilder der Heilsgeschichte auf die absolute Zukunft hin dynamisiert. Von diesem äußersten Großhorizont der biblischen Offenbarung her gewinnen dann all die

---

[12] Ausgerechnet das hochspirituelle, „adlergleiche" Evangelium von Johannes erarbeitet die Sendung und Botschaft Jesu mithilfe eines semantischen Universums, das ganz von der Kategorie „Leben" her konzipiert ist. Jesus ist „das Leben" (1,4; 11,25; 14,6; 1 Joh 1,2) und er erschließt „ewiges Leben" (3,16; 5,24; 17,2).

Entwürfe der heilsgeschichtlichen Vergangenheit den Charakter *idealer und innovativer Lebensentwürfe*, die dem Menschen immer schon voraus sind. An ihrer Realisierung zu arbeiten bedeutet, in der Orientierungskraft der Bibel unermüdlich am besseren, reicheren, authentischen Leben zu arbeiten. So geschieht biblische Daseinsgestaltung aus einer wahren Spiritualität des Lebens. Hier kann sich ein suchender und nach Leben dürstender Mensch wohl beheimaten.

JOSEF OESCH
BIBLISCHE PROPHETIE IN DER DEUTSCHSPRACHIGEN LYRIK DES 20. JAHRHUNDERTS

Spiritualität ist keine Privatsache, sondern reicht unvermeidlich und tief in das öffentliche Leben hinein. Wie sonst als aus den geistigen Haltungen und Einstellungen der vielen Einzelnen bildet sich 'öffentliche Meinung', die für das gesellschaftliche Tun den geistigen Hintergrund stiftet und somit ein tragendes Element für das zwischenmenschliche Zusammenleben bildet.

In diesen Koordinaten von Öffentlichkeit und gesellschaftlichem Tun sind auch Prophetie und Literatur angesiedelt. Beide haben es mit Sprache zu tun, dem wichtigsten geistigen Medium der Öffentlichkeit, und so wie Propheten verfolgen oft auch Schriftsteller als Multiplikatoren mit ihren Werken ein gesellschaftliches Engagement. Wenn auch deshalb die modernen Literaten nicht schon als heutige Propheten angesehen werden können, sodaß Vergleiche angestellt werden könnten, ist es doch lohnend, den Berührungsstellen zwischen der Prophetie, die in der gesellschaftlichen Rezeption vor allem ein biblisches Phänomen ist, und der deutschsprachigen Literatur dieses Jahrhunderts nachzugehen. Am dichtesten und kürzesten geschieht diese Auseinandersetzung in der Lyrik. Auf sie konzentriert sich deshalb der vorliegende Beitrag, wenn auch - schon aus Platzgründen - hier keine Vollständigkeit geboten werden kann.[1]

Propheten und Öffentlichkeit

ProphetInnen sind keine WahrsagerInnen, die es unternehmen, individuellen Kundschaften die Zukunft vorauszusagen. Ansprechpartner von ProphetInnen ist die Öffentlichkeit oder deren staatliche bzw. religiöse Vertreter. Wie aber verhält sich diese Öffentlichkeit zu solchen Gestalten? Zwei Gedichte von **Erich Fried** (1921-1988) schildern dazu sehr unterschiedliche und typische Standpunkte.

---

[1] Eine ausführliche Darstellung findet sich in: Die Bibel in der deutschsprachigen Literatur des 20. Jahrhunderts. Hg. v. Heinrich Schmidinger u.a., Bd. 1-2. Salzburg 1998.

EIN PROPHET	DER PROPHET
„Dieser Narr	*„Ersteige die Jakobsleiter*
erinnert sich	*du wirst keinen Engel treffen*
an die Zukunft	
	und dich nicht in den Himmel verlieren
Mit seinem Auge	*dich hält eine Glaswand*
das verfinstert ist	
vor der Nacht	*Aber die Aussicht ist göttlich*
	Himmel und Erde
Mit seinem Ohr	
das nicht mehr hört	*Und wenn du aufhörst zu jammern*
vor dem Schweigen	*hörst du den Jubel quaken*
Mit seinem Hirn	*Er hockt ganz oben:*
das verbrennt	*Das Wetter wird endlich schön."* [2]
vor dem Feuer	
Mit seinem Schrei." [3]	

In **„Ein Prophet"**, geschrieben 1980, wird die Hauptgestalt des Gedichts gleich vorweg abqualifiziert, wobei gleichsam mit Fingern auf sie gezeigt wird („dieser Narr"). Ihre Verrücktheit besteht offenbar darin, daß sie sich daran erinnert, daß es außer der einzig gültigen Gegenwart auch „die Zukunft" gibt und daß sie darüber nicht in erleuchteten Worten oder in einer wohlklingenden Botschaft, sondern nur in einem verzweifelten Aufschrei sprechen kann.

Typisch ist in diesem Gedicht die Reaktion der prophetischen AdressatInnen deshalb, weil alles, was nicht in den Rahmen der Alltagsrationalität paßt, von der Gesellschaft leicht als Hirngespinst abgetan wird. Wer sollte sich denn schon an seine *„Zukunft"* oder gar an *„die"* Zukunft aller „erinnern" können? Fried selbst scheint Verständnis für diese Reaktion anzudeuten, wenn er die vom Propheten angewendeten Mittel - Auge, Ohr, Hirn - in Anspielung an den an Jesaja ergangenen „Verstockungsbefehl" (Jes 6,9-13) beschreibt. Denn seine prophetische Gestalt hat keinen solchen Auftrag auszurichten, sondern ist selbst dessen Folgen unterworfen, ist sozusagen der strukturellen Blind-, Taub- und Dummheit der Menschheit gegenüber der gemeinsamen Zukunft als Verhängnis unterworfen. Was bleibt da mehr als ein Aufschrei vor dem drohenden Untergang?

---

[2] Erich Fried: Der Prophet, in: Von Bis nach Seit. Gedichte aus den Jahren 1945-1958 (FTB 1290). Frankfurt a.M. 1993, 63.

[3] Erich Fried: Ein Prophet, in: Warngedichte (FTB 2225). Frankfurt a.M. 1985, 34.

Dennoch will das Gedicht anzeigen, daß möglicherweise in so einer Gestalt wirkliche Prophetie angetroffen werden kann. Denn ein „Narr" ist kein Dummkopf oder Spinner, sondern immer auch ein möglicher Künder der Wahrheit. Es sei dazu an die Rolle des Hofnarren an den Fürstenhöfen und an den Ausdruck des Volksmundes erinnert: „Kinder und Narren sagen die Wahrheit".

Wo Prophetie nicht anzutreffen ist, beschreibt in provokantem Spott das zweite Gedicht **„Der Prophet"**: bei jenen, die es eigentlich wissen müßten, weil sie ganz oben sitzen. In „Der Prophet" aus dem Jahr 1985 wird eine Gestalt gezeichnet, die sich von irgendjemandem auffordern läßt, hinauf zu steigen, dazu noch auf einer 'biblischen' Leiter (die „Jakobsleiter" spielt auf die biblische Erzählung Gen 28,10-22 an), die ganz bis hin zum Himmel reicht, obwohl der Sprecher genau weiß, daß es dort keine Engel anzutreffen und keinen Eingang in den Himmel gibt. Denn dieses Oben ist abgeschlossen durch eine Glaswand, und das einzige, was diese prophetische Gestalt dort erwarten kann, ist ein souveräner Blick über „Himmel und Erde" und den - wohl den eigenen - quakenden Jubel, daß „das Wetter ... endlich schön" (wird).

Das Gedicht spottet über solche Gestalten, die die Welt nur von oben betrachten und beurteilen, ohne im Kontakt mit der Basis zu bleiben und ein Engagement zu bekunden. Ihre Vorhersagen sind nicht von höherer Qualität als das Verhalten eines Wetterfrosches im Glas. Solche Gestalten sind in den Augen von Fried nur Karikaturen von ProphetInnen.

Ein Rezept zur zuverlässigen Unterscheidung von wahrer und falscher Prophetie liefert der Autor mit diesen Gedichten aber nicht. Nicht jede Narretei ist schon Prophetie, und nicht alles, was von Oben kommt, ist deshalb schon geistlos. Ein solches Rezept hat noch niemand entwickeln können, auch die Bibel nicht, denn Prophetie ereignet sich wesenhaft als immer neues Geschehen. Die Gedichte wollen dafür sensibilisieren, daß Wahrheit bzw. ihr Gegenteil oft auch von der unerwarteten Seite herkommen kann.

Prophet und Wort

Kein deutschsprachiger Dichter des 20. Jh. hat sich dem Phänomen der biblischen Prophetie auf einem höheren künstlerischen Niveau genähert als **Rainer M. Rilke** (1875-1926). Seine Prophetengedichte gehören zur sogenannten Pariser Lyrik und finden sich alle im Band „Der Neuen Gedichte anderer Teil", wo sie auf eine Reihe von Gedichten folgen, die sich Gestalten der antiken Sagen widmen. Rilkes Haltung zu den biblischen Themen ist ähnlich wie zu den klassischen: „Er beachtet die Inhalte, erfaßt sie aber in einem neuen Blickwinkel und fügt sie zu in sich vollständigen, kompositorischen Zusammenhängen".[4] Sein Ziel ist die Kondensierung des Stoffes in eine aufs äußerste durchgestaltete Form.

Die erwähnte Gedichtsammlung Rilkes stammt aus einer Zeit, als der Dichter unter dem ästhetischen Einfluß des französischen Bildhauers A. Rodin gestanden war, seine Trennung von ihm aber bereits vollzogen hatte. Von der Ästhetik Rodins übernahm er die formalen Prinzipien: „Jedes Wort, jeder Wortzwischenraum in jenen Gedichten ist mit äußerster Notwendigkeit entstanden, unter dem Bewußtsein jener endgültigen Verantwortlichkeit, unter deren innerem Gericht meine Arbeit sich vollzieht", hatte Rilke 1909 zu den Gedichten bemerkt.[5] Aber vom ideellen Kunstverständnis Rodins hatte er sich abgewandt und sich mehr der „Sachlichkeit" der Werke P. Cézannes zugewandt.

In diesen Gedichten geht Rilke zumeist auf konkrete biblische Prophetengestalten ein. Eines von ihnen ist aber wie bei Fried allgemein mit **„Ein Prophet"** überschrieben, handelt aber nicht von der Stellung des Propheten in der Gesellschaft, sondern von seinem Verhältnis zu dem von ihm verkündigten Wort. Dieses Thema wird von Rilke auch in **„Eine Sibylle"**, dem Abschlußgedicht unter den Prophetengedichten besprochen, und bildet eine Art Kontrastgedicht, sodaß es hier zusammen mit „Ein Prophet" vorgestellt werden soll.

---

[4] B.L.Bradley: Rainer Maria Rilkes Der Neuen Gedichte anderer Teil. Entwicklungsstufen seiner Pariser Lyrik. Bern 1976, 50.
[5] R.M.Rilke: Briefe 1907-14, S.73-74; zitiert nach B.L.Bradley (wie Anm. 4), 14.

Ein Prophet

AUSGEDEHNT von riesigen Gesichten,
hell vom Feuerschein aus dem Verlauf
der Gerichte, die ihn nie vernichten, -
sind die Augen, schauend unter dichten
Brauen. Und in seinem Innern richten
sich schon wieder Worte auf,

nicht die seinen (denn was wären seine
und wie schonend wären sie vertan)
andre, harte: Eisenstücke, Steine,
die er schmelzen muß wie ein Vulkan,

um sie in dem Ausbruch seines Mundes
auszuwerfen, welcher flucht und flucht;
während seine Stirne, wie des Hundes
Stirne, das zu tragen sucht,

was der Herr von seiner Stirne nimmt:
Dieser, Dieser, den sie alle fänden,
folgten sie den großen Zeigehänden,
die Ihn weisen wie Er ist: ergrimmt.[7]

Eine Sibylle

EINST, vor Zeiten, nannte man sie alt.
Doch sie blieb und kam dieselbe Straße
täglich. Und man änderte die Maße,
und man zählte sie wie einen Wald

nach Jahrhunderten. Sie aber stand
jeden Abend auf derselben Stelle,
schwarz wie eine alte Citadelle
hoch und hohl und ausgebrannt;

von den Worten, die sich unbewacht
wider ihren Willen in ihr mehrten,
immerfort umschrieen und umflogen,
während die schon wieder heimgekehrten
dunkel unter ihren Augenbogen
saßen, fertig für die Nacht.[6]

Der Aufbau des Gedichts „**Ein Prophet**" folgt einer Bewegung der Sicht auf den Propheten von außen nach innen und vom Propheten auf die Adressaten seiner Botschaft und auf den HERRN. Die Außensicht lenkt den Blick zuerst auf die von den „Gesichten" entsetzt geweiteten und vom Feuer der Gerichte hell erleuchten Augen des Propheten. Dann hebt sie ihn, über die Brauen aufsteigend, zur Stirn empor, wechselt aber - ohne über die Stirn etwas zu sagen - sogleich zur Innensicht. Dort sieht sie Worte sich aufrichten, die nicht die des Propheten sind, sondern harte, eiserne, steinerne, die dieser - um sie gebrauchen zu können - zuerst umschmelzen muß, damit sie als Flüche aus seinem Mund ausbrechen können. Dann wendet sich der Blick wieder auf die Stirn, allerdings nicht um die Außensicht wieder aufzunehmen, sondern um sie als Metapher für das Bemühen des Propheten einzusetzen, das zu tragen, was ihm vom HERRN aufgelastet wird: seinen Zorn. Die dreimalige Erwähnung der „Stirn" (ein viertes Mal steht für „Stirn „ - als pars pro toto - „Brauen") und der Verlauf des Gedichtes beziehen sich auf Ez 3,4-9, wo von der Stirn des Pro-

---

[6] RainerMaria Rilke, Sämtliche Werke. Erster Band. Frankfurt a.M. 1955, 568.
[7] Rilke (wie Anm. 6) 566-567.

pheten die Rede ist, die der HERR hart macht, so wie seine Adressaten eine harte Stirn und ein trotziges Herz haben. Die Vorstellung vom „Grimm" Gottes findet sich z.B. in Ez 5,13, entspricht aber auch der allgemein verbreiteten christlichen Vorstellung vom Gott der Rache als dem Gott des Alten Testamentes.

Ohne biblischen Prätext stehen aber in den letzten Aussagen der Strophen drei und vier der Vergleich der Stirn des Propheten mit der eines Hundes, die als Metapher für die Dienstfertigkeit dem Herrn gegenüber eingeführt wird. Soll damit dem Propheten hündisches, d.h. zu unterwürfiges, devotes Verhalten seinem Auftraggeber gegenüber vorgeworfen werden?

Als nächstes kommen die Adressaten („alle") und der HERR in den Blick, und in diesem Zusammenhang spricht das Gedicht vom Propheten als „Zeigehände", womit - auch von der Bibel her - treffend seine gesellschaftliche Funktion umschrieben wird. Über die Bibel hinaus geht einerseits die Ausweitung des prophetischen AdressatInnenkreises auf eine unbestimmte Allgemeinheit („alle") und die Reduktion dessen, worauf prophetische Botschaft hinweise, auf einen Gott, der wesenhaft „ergrimmt" ist. Die prophetischen Botschaften der Bibel dagegen richten sich primär immer an ein konkretes Gegenüber und in der verschriftlichten Form an ein bestimmtes Volk oder eine religiöse Gemeinde. Dann besteht ihre Botschaft nicht nur in einem Recht schaffenden Vorgehen Gottes gegen das Unrecht, sondern ebenso in den Gerechtigkeit stiftenden Heilsansagen.

Rilkes „Prophet" beschreibt eine gespaltene Existenz. Denn er darf nicht seine eigenen Worte sprechen, sondern muß jene, die in ihm ungestaltet hochsteigen, mit vulkanischer Energie in eine Form gießen, um sie als Fluchworte auszurichten. Der Irrealis in den Aussagen über das Verhalten der Adressaten zeigt an, daß seiner Botschaft kaum Folgschaft geleistet wird. Wenn dies angesichts ihres Inhalts die LeserInnen fast mit Erleichterung zur Kenntnis nehmen sollten, wäre eine solche Reaktion wohl kaum jenseits der Aussageabsicht des Gedichtes.

Das ebenfalls bis ins feinste formal durchgestaltete Gedicht **„Eine Sibylle"** entwirft im Gegensatz zu dieser biblischen Prophetengestalt ein Bild der antiken Seherinnen, die vollkommen unberührt bleiben von den von ihnen ausgehenden Worten. Die Parallelität zum Prophetengedicht ergibt sich nicht nur aus der gleichen Entstehungszeit und der kompositionellen Abschlußstellung in der Sammlung der Prophetengedichte, sondern auch aus den gleich formulierten Überschriften, aus formalen Gemeinsamkeiten (z.B. Versmaß und Reimstruktur) und aus den inhaltlich kontrastiven Aussagen zum Thema „KünderIn - Wort".

Es lohnt sich, die Auslegung dieses Gedichtes mit einem kurzen Blick auf die Ausdrucksebene zu beginnen. Die 77 Wörter sind auf drei Strophen verteilt, von denen die ersten beiden je vier, die dritte sechs Zeilen zählt. Der Schwerpunkt der Aussagen ist demnach auf die letzte Strophe gelegt, in der von den „Worten" der Sibylle die Rede ist. Noch einmal hervorgehoben werden diese „Worte" durch die Verteilung der betonten Selbstlaute im Gedicht. Von der ersten bis zur letzten Strophe ist ein Übergang von den vorerst dominierenden, getragenen a/ä-Lauten zu den dunkeln o/u-Lauten in den ersten beiden Strophen zu beobachten (jeweils 10 a/ä-Laute im Gegensatz zu je drei o/u bzw. au-Lauten). In der dritten Strophe ist die Häufigkeit vertauscht: je vier a/ä-Lauten stehen 10 o/u/ü-Laute und ein au-Laut gegenüber. Die 'Waage' bilden in allen Strophen die e/i bzw. ei-Laute, die in den ersten beiden Strophen je sieben, in der dritten 14 Mal vorkommen. Dabei ist in der dritten Strophe die Häufung der spitzen i-Laute in den Zeilen zwei bis vier auffallend. Sie werden im Zusammenhang mit den Tätigkeiten der 'Worte' eingesetzt, die die Sibylle damit 'förmlich' 'piesacken', stichelnd aufreizen.

Die inhaltlichen Aussagen über das Verhältnis der Sibylle zu ihren Worten entwerfen dann ein ganz anderes Bild. Während der „Prophet" - wenn auch wider seinen Willen - mit all seiner Kraft an der Formung seiner Botschaft beteiligt ist, bleibt die Gestalt der Sibylle an ihrer Gestaltung unbeteiligt. Mehr als Ausgangs- und Zielpunkt der Worte, die von ihr wie Vögel ausfliegen und zurückkehren, ist sie nicht, und wenn diese Worte sich in ihr mehren, so geschieht es wider ihren Willen. So hat sie auch keine Zeichenfunktion zu erfüllen wie der Prophet mit seinen „Zeigehänden". Denn sie sagt mit ihren alten und neuen Worten offenbar zu niemandem irgend etwas von Belang, ihre Worte sind nur leere Hülsen.

Rilkes Beschreibung dieser Seherinnenexistenz ist derart entmenschlicht, daß man kaum umhin kommt, sie nicht als Person, sondern als Bild für Institutionen zu verstehen. Der Dichter macht keine Angaben darüber, welche er im Auge hat. Es liegt nahe, an Staaten mit ihren ewig gleichen Parolen zu denken. Aber wenn die Wirkungszeit der Sibylle so ausdrücklich am Abend, dem Bild für die ausgehende Lebensphase, angesiedelt wird, ist wohl eher an sinnstiftende Institutionen gedacht, wie es im kulturellen Umfeld des Dichters die christlichen Kirchen darstellten. Jedenfalls stellt das Gedicht an alle Institutionen die Frage nach der Kraft ihrer geistigen Inhalte und deren Grundlagen.

Von konkreten Propheten handeln die beiden Gedichte **„Jeremia"** und **„Tröstung des Elia"**. Im ersten spielt wieder das prophetische Wort eine zentrale Rolle, doch wird außerdem darin das Verhältnis des Propheten als Menschen zu diesem Wort besprochen. Noch radikaler behandelt Rilke in „Tröstung des Elia" die Frage nach der Herkunft und Legitimation der prophetischen Botschaft.

JEREMIA

EINMAL war ich weich wie früher Weizen,
doch, du Rasender, du hast vermocht,
mir das hingehaltne Herz zu reizen,
daß es jetzt wie eines Löwen kocht.

Welchen Mund hast du mir zugemutet,
damals, da ich fast ein Knabe war:
eine Wunde wurde er: nun blutet
aus ihm Unglücksjahr um Unglücksjahr.

Täglich tönte ich von neuen Nöten,
die du, Unersättlicher, ersannst,
und sie konnten mir den Mund nicht töten;
sieh du zu, wie du ihn stillen kannst,

wenn, die wir zerstoßen und zerstören,
erst verloren sind und fernverlaufen
und vergangen sind in der Gefahr:
denn dann will ich in den Trümmerhaufen
endlich meine Stimme wiederhören,
die von Anfang an ein Heulen war.[8]

TRÖSTUNG DES ELIA

ER hatte das getan und dies, den Bund
wie jenen Altar wieder aufzubauen,
zu dem sein weitgeschleudertes Vertrauen
zurück als Feuer fiel von ferne, und
hatte er dann nicht hunderte zerhauen,
weil sie ihm stanken mit dem Baal im Mund,
am Bache schlachtend bis ans Abendgrauen,

das mit dem Regengrau sich groß verband.
Doch als ihn von der Königin der Bote
nach solchem Werktag antrat und bedrohte,
da lief er wie ein Irrer in das Land,

so lange bis er unterm Ginsterstrauche
wie weggeworfen aufbrach in Geschrei
das in der Wüste brüllte: Gott, gebrauche
mich länger nicht. Ich bin entzwei.

Doch grade da kam ihn der Engel ätzen
mit einer Speise, die er tief empfing,
so daß er lange dann an Weideplätzen
und Wassern immer zum Gebirge ging,

zu dem der Herr um seinetwillen kam:
Im Sturme nicht und nicht im Sich-Zerspalten
der Erde, der entlang in schweren Falten
ein leeres Feuer ging, fast wie aus Scham
über des Ungeheuren ausgeruhtes
Hinstürzen zu dem angekommnen Alten,
der ihn im sanften Sausen seines Blutes
erschreckt und zugedeckt vernahm.[9]

---

[8] Rilke (wie Anm. 6) 567-568.
[9] Rilke (wie Anm. 6) 563-564.

Sprecher im spannungsvollen Gedicht „**Jeremia**" ist der Prophet, der von einem Standpunkt gegen Ende seiner Tätigkeit in drei Viererstrophen Rückblick auf das „Einst" hält und in einer Sechserstrophe auf die Zeit nach der Erfüllung seines Auftrags, auf das „dann", vorausschaut. Sein Gegenüber ist sein Auftraggeber, den er mit „du Rasender" und „Unersättlicher" anspricht, womit eine weitere Spannung aufgebaut wird. Die Monologform schließt an jene biblischen Texte an, in denen sich Jeremia klagend, bittend und verzweifelt an Gott wendet und die von der neueren Forschung unter dem Begriff „Konfessionen" zusammengefaßt werden.[10] Rilke verwendet daraus zwar Elemente der Klage und Anklage, aber keine Bitten. Statt dessen läßt er seinen „Jeremia" in der Schlußstrophe, auf der - wie die überhängende Zeilenanzahl zu erkennen gibt - die Hauptaussage ruht, eine Aufforderung an sein Gegenüber und eine Selbstbehauptung formulieren, worin eine weitere Spannung zum Vorschein kommt. Sein „Jeremia" endet so nicht in der Verzweiflung einer Selbstverfluchung, wie dies in der letzten der „Konfessionen" der Fall ist (Jer 20,14-18), dafür aber in einer Konfrontation mit seinem Auftraggeber. Die inhaltlichen Aussagen über den Gegensatz zwischen dem früheren Zustand des Propheten, da er noch „weich wie früher Weizen war" und dem Auftrag des „Rasenden", der ihm das Herz mit Grimm gefüllt und den Mund zur Wunde geschlagen hat, machen dies verständlich.

Drängt Rilke hier zu Recht darauf, daß dem Propheten auch ein Raum fürs 'Mensch-Sein' freigelassen werden muß, daß die menschliche Persönlichkeit, auch wenn sie von der höchsten Instanz in den wichtigsten Dienst genommen wird, nicht ausgelöscht werden darf? Oder muß der Prophet so etwas wie eine reine „Pro-Existenz", ein reines „Für-andere" leben? Wenn man die dichterische Gestaltungskraft an der prophetischen Botschaft so hoch ansetzt wie es Rilke tut, ist die Antwort schon klar: ohne Mensch-Sein gibt es keine Prophetenexistenz. Erschreckend ist in diesem Gedicht das Gottesbild des Autors, das auch in den anderen Prophetengedichten immer wieder durchscheint. Wenn in diesem HERRN nur ein rasender, unersättlicher Zerstörer gesehen werden kann, ist der Wille zur Befreiung nicht nur verständlich, sondern geboten.

---

[10] Jer 11,18-12,6; 15,10-21; 17,14-18; 18,18-23; 20,7-18.

Nach der Unterschrift des Inhaltsverzeichnisses bezieht sich das Gedicht „**Tröstung des Elia**" (1908) auf die Bibelstelle 1 Kön 19, die von der Verfolgung des Propheten durch die Königin Isebel, seiner Flucht in die Wüste, seiner Speisung durch einen Engel, seinem Gang zum Horeb und der dortigen Gotteserscheinung erzählt. Es greift aber auch auf Kap. 18 mit den Berichten von der Hungersnot im Lande, vom Opfer auf dem Karmel, von der Abschlachtung der Baalpropheten und der abschließenden Regenspende zurück.

Erstmals behandelt Rilke darin das Thema der Verzweiflung eines Propheten, doch nicht darum, um von Anfechtung und Einsamkeit des Propheten sprechen zu können, sondern um den Punkt zu fixieren, wo der Prophet definitiv in die Krise gerät. Es ist der Moment, wo ihm bewußt wird, was er getan hat, daß er gemordet hat, und zwar nicht auf den ausdrücklichen Befehl des HERRN hin, sondern aus eigenem Antrieb, aus menschlicher Verachtung der Gegner. Aus der Einsicht in die Problematik seiner Aktion bittet darum der verzweifelte Elia in der einzigen direkten Rede des Gedichtes, für die es in der Bibel keine Vorlage gibt, Gott nicht um Hilfe vor der Verfolgerin, sondern um Entlastung von seinem Auftrag: „Gott gebrauche / mich länger nicht - ich bin entzwei". Als umgehend erfolgte Antwort empfängt Elia ätzende Speise von einem Engel, „die er tief empfing", als wären es Worte, die in ein steinernes Herz eingefräst werden könnten. Gewandelt durch die damit eingeleitete Tröstung geht er an „Weideplätzen" und „Wassern" vorbei zum Ort seiner Offenbarung, zum Berg, „zu dem der Herr um seinetwillen" kommt. Nach der biblischen Vorlage ist es der Horeb, wo der HERR Mose das Gesetz geoffenbart hatte, worin auch der Dekalog mit dem Verbot zu töten steht, an dessen Übertretung Elia verzweifelt ist. Wenn Rilke also seinen Elia diesen Ort als „Alter" aufsuchen läßt, so deshalb, weil er ihn die unbedingte Geltung dieser Grundnormen der Sittlichkeit anerkennen läßt. Dann erfährt sein Elia dort aber auch seine eigene Form der Gottesoffenbarung: nicht durch Sturm und Erdbeben, auch nicht durch das Feuer, das ihn anfänglich als „Antwort" auf sein großzügig der Gottheit entgegengebrachtes Vertrauen verführt hatte und das ihm angesichts des Ungeheuren, das er jetzt erlebt, nur leer vorkommt, sondern im plötzlichen Bewußtwerden des „sanften Sausens seines Blutes" wird er seiner Gewahr. Dieses 'ausgeruhte Hinstürzen' ist seine persönliche Offenbarung, die er zwar „erschreckt", aber auch „zugedeckt", d.h. beschützt und behütet, wahrnehmen kann.

So geht es Rilke in seinen Prophetengedichten nicht um die gesellschaftliche Problematik von wahrer und falscher Prophetie und den Inhalt ihrer jeweiligen Botschaft, sondern um die existentielle Wahrhaftigkeit prophetischer Existenz. Einerseits kann sie sich nur im unbedingten Einsatz für die Gestaltung der prophetische Botschaft erfüllen, andererseits ist sie auch dem 'Auftraggeber' verbunden, der für den Dichter nicht ein grimmiger oder rasender Gott sein kann, sondern nur die überwältigende Erfahrung des eigenen Lebens.

Prophetische Existenz

In der Situation der Verfolgung vor dem Nazi-Terror verfaßten zwei verfolgte evangelische Theologen und Schriftsteller Prophetengedichte, in denen sie ihr Leben in der tödlichen Bedrohung als prophetische Existenz zu verstehen versuchten. Der erste ist der 1942 „freiwillig" mit seiner Familie in den Tod gegangene **Jochen Klepper** (1903-1942), von dem zwei Prophetengedichte stammen.

DER PROPHET 1

Weil sein Antlitz helle Angst entstellte,
er vergehe ganz vor Gottes Leben,
ward er Träger eines Angesichts,
das von nun an einer Menschheit gelte.

Weil sein Mund, wie jenseits der Gebärde
und an keinen Laut mehr hingegeben,
ohne Worte sagte: ›Wir sind nichts‹,
hieß er Stimme unserer armen Erde.[11]

DER PROPHET 2

Kein Prophet sprach: »Mich Geweihten sende!«
Eingebrannt als Mal war es in allen:
Furchtbar ist dem Menschen, in die Hände
Gottes des Lebendigen zu fallen.

Kein Prophet sprach: »Mich Bereiten wähle!«
Jeder war von Gottes Zorn befehdet.
Gott stand dennoch jedem vor der Seele,
wie ein Mann mit seinem Freunde redet.

Kein Prophet sprach: »Gott, ich brenne!«
Jeder war von Gott verbrannt.
Kein Prophet sprach: »Ich erkenne!«
Jeder war von Gott erkannt.[12]

„Der Prophet 1", geht von Jes 6,5 aus und beschreibt in zwei fast parallelen Strophen das Paradox des nicht durch sein Wort, sondern

---

[11] Jochen Klepper: „Ziel der Zeit". Die gesammelten Gedichte, Witten 1962, 18.
[12] Klepper (wie Anm.12) 18.

nur durch sein Angesicht bzw. seinen schweigenden Mund wirkenden Propheten. Dieses prophetische Schweigen ist dort nicht bedingt durch menschliche Anfeindungen, sondern durch die Gottesschau, die dem Propheten das Antlitz - für die ganze Menschheit sichtbar - so entstellt, daß sein Mund nur noch „ohne Worte" spricht. Dabei verkündet er aber nicht, wie es in Anspielung auf Ps 19,4 vom Firmament heißt, „ohne Worte und ohne Reden" die Herrlichkeit Gottes, sondern die Nichtigkeit des Menschen. Aus dem Bewußtwerden der eigenen Verlorenheit in der Gotteserfahrung wird hier eine radikale Existenzaussage gemacht, die in der paradoxen Wesensbestimmung des Propheten als „Stimme unserer armen Erde" gipfelt. Darin und in der Universalisierung des prophetischen Auftrages geht das Gedicht über den biblischen Prätext hinaus, um damit die Grundlagen evangelischen Selbstverständisses aussagen zu können: die Größe Gottes und die Nichtigkeit des Menschen, und um darin, und nicht in der aktuellen Verfolgungssituation, den tiefsten Grund der Todverfallenheit zu sehen.

Das zweite, Gedicht **„Prophet 2"** geht von der alleinigen göttlichen Initiative in der prophetischen Berufung aus, um dann vom Beistand zu reden, den Gott seinen Erwählten gewährt: er redet mit ihm, „wie ein Mann mit seinem Freunde redet", so wie der Herr nach Ex 33,11 mit Mose redete, ja er steht zu ihm in einer Beziehung der Liebe wie zu Jeremia, den er schon vor seiner Geburt „erkannt" (Jer 1,5) hat. Diese enge Beziehung zu Gott entspricht dem Kunstverständnis des Autors. Denn wie Rilke sieht auch Klepper die schriftstellerische Tätigkeit als prophetische Aufgabe an, die nur in enger Beziehung zur Urquelle des Wortes wahrgenommen werden kann. Nach dem Kunstverständis Kleppers ist dies die göttliche Gnade, nicht 'nur' das Erleben des rauschenden Blutes. Im „Vorspruch zu einem Buch" steht deshalb das Gebet: „Alle Grenzen meiner Tage / biege, Gott, in Deinen Kreis, / daß ich nur noch Worte sage, / die ich von dir kommen weiß!"[13] Deshalb schließt für ihn wie selbstverständlich diese dichterisch/prophetische Existenz auch Verfolgung und Tod mit ein.

Kurz vor der Hinrichtung unter der Nazi-Herrschaft schrieb **Dietrich Bonhoeffer** (1906-1945) ein Gedicht über „Jona", worin er sein Schicksal mit dem des biblischen Propheten verglich.

---

[13] Klepper (wie Anm.12) 8.

JONA

Sie schrien vor dem Tod und ihre Leiber krallten
sich an den nassen, sturmgespeitschten Tauen
und ihre Blicke schauten voller Grauen
das Meer im Aufruhr jäh entfessselter Gewalten.

„Ihr ewigen, ihr guten, ihr erzürnten Götter,
helft oder gebt ein Zeichen, das uns künde
den, der euch kränkte mit geheimer Sünde,
den Mörder oder Eidvergessnen oder Spötter,

der uns zum Unheil seine Missetat verbirgt
um seines Stolzes ärmlichen Gewinnes!"
So flehten sie. Und Jona sprach: „Ich bin es!
Ich sündigte vor Gott. Mein Leben ist verwirkt.

Tut mich von euch! Mein ist die Schuld. Gott
  zürnt mir sehr.
Der Fromme soll nicht mit dem Sünder enden!"
Sie zitterten. Doch dann mit starken Händen
verstießen sie den Schuldigen. Da stand das
  Meer.[14].

    Bonhoeffer schildert in diesem Gedicht - der Erzählung in Jona Kapitel 1 folgend - die Angst von Leuten vor den entfesselten Gewalten des Meeres (als Bild des Chaos), ihr Gebet an die Götter, das Sündenbekenntnis Jonas, das seine Verstoßung ins Meer zur Folge hat, und das Aufhören des Sturms aufgrund dieser gerechten Strafe. Ebenso versteht der Autor seinen bevorstehenden Tod als Folge einer Schuld „vor Gott", den er unter der Devise „Der Fromme soll nicht mit dem Sünder enden!" zu akzeptieren hat und an den er die Hoffnung knüpft, daß damit Ruhe für die anderen Betroffenen einkehrt. Wenn in der biblische Vorlage Jonas Schuld darin bestand, daß er dem prophetischen Auftrag Gottes nicht gefolgt war und Bonhoeffer ausgerechnet diese Prophetengestalt mit seinem Schicksal verglich, scheint auch er seine Sünde in einem Ungehorsam gegenüber Gott gesehen zu haben. Da er keine Hinweise macht, worum es sich konkret handeln könnte, und er gerade wegen des Eintretens für seine Überzeugung hingerichtet werden soll, hat er dabei vielleicht allgemein die in der evangelischen Rechtfertigungslehre so betonte Sündhaftigkeit und Todesverfallenheit des Menschenvor Augen. So wäre dieses Prophetenschicksal bei ihm ein Bild für die allgemeinmenschliche Existenz.

Prophetische Berufung

Mehr im religiös/biblischen Raum bewegen sich Gedichte der beiden jüdischen Schriftsteller **Uriel Birnbaum** (1894-1956), und **Franz**

---

[14] Dietrich Bonhoeffer, Jona. Widerstand und Ergebung. Briefe und Aufzeichnungen aus der Haft. In: Hg. v. Eberhard Bethge. München 1970, 434.

Werfel (1890 - 1945) [15]. Sie widmen sich mit Vorliebe der Schilderung des göttlichen Einbruchs in das menschliche Leben, wie sie sich etwa in der prophetischen Berufung ereignet, und dürften vor allem zur Glaubensunterweisung oder Glaubensbestärkung geschrieben sein. Als Beispiel sei das Gedicht „**Amos**" des jüdischen Dichters und Graphikers Uriel Birnbaum zitiert:

AMOS

Im Schatten breitgeästeter Sykomoren
Lag er im Halbschlaf, matt die Augen zu,
In Schläfrigkeit und Mittagsruh verloren.
Da fuhr ein Sturmstoss durch die Mittagsruh -

Ein Sturm, der schrie, wie Donner schreien: „Du!"
Der Hirt sprang auf... Und Wolkenwelten standen

An allen Horizonten, die im Nu
Sich im Zenith zu Wetterwolken fanden!

Im Wolkenschatten alle Dinge schwanden -
Bis blau ein Blitz die tiefe Nacht durchbrach,
Der wie ein Flammenschwert in
Engelshanden
In Amos' Brust stiess und sein Herz
durchstach.

Laut auf schrie Amos (Donner rollten nach),
Zermalmt zu Gottes Mund - schrie auf
und sprach:[16]

Eine Reflexion auf die Frage, wie Gotteserfahrung bzw. Berufung in moderne Bilder gekleidet werden kann, findet sich bei Eva Zeller (1923 -) in einem Gedicht über Jes 45,9.[17]

JESAJA 45,9

Spricht auch der Ton
zu seinem Töpfer:
Was machst Du?

Spricht auch der Erdenkloß
rotierend um sich selbst

und sehr bestrebt
die Schwerkraft mattzusetzten:

Da war der Achsenruck das
Schlingern einer Töpferscheibe der
schwindelnde Gedanke es
bediene wer sich meiner Fliehkraft?[18]

Der Ton, der auf der Töpferscheibe um sich selbst rotiert, wird bei der Dichterin als Bild für den (nur) um sich selber drehenden Menschen gesehen. Er will damit die Schwerkraft, d.h. seine Erdverbun-

---

[15] Siehe Franz Werfel, Das lyrische Werk. Hrsg. von A.D.Klarmann. Frankfurt a.M. 1967, 458-461; Gedichte. Gesammelte Werke in Einzelbänden (FTB 9466), Frankfurt a.M. 1996, 105-107.

[16] Uriel Birnbaum, Gedichte. Amsterdam 1957, 591.

[17] Jes 45,9: „Weh dem, der mit seinem Schöpfer hadert, eine Scherbe unter irdenen Scherben! Spricht denn der Ton zu seinem Töpfer: Was machst du? und sein Werk: Du hast keine Hände!" (nach Luther revidiert).

[18] Eva Zeller, Auf dem Wasser gehn. Ausgewählte Gedichte. Stuttgart 1979, 49.

denheit, überwinden, und zwar durch die Fliehkraft, die dieses Drehen erzeugt. Doch bei aller Unrast wird er vielleicht eine ganz kleine Bewegung wahrnehmen können, die nicht von ihm stammen kann: ein Schlingern im Kreisen, ausgelöst durch einen Achsenruck, der von Jenseits seines Rotierens herkommen muß.

Das prophetische Aufgebot fürs 20. Jahrhundert

„WENN DIE PROPHETEN EINBRÄCHEN ...

durch Türen der Nacht,
den Tierkreis der Dämonengötter
wie einen schauerlichen Blumenkranz
ums Haupt gewunden -
die Geheimnisse der stürzenden und sich hebenden
Himmel mit den Schultern wiegend -

für die längst vom Schauer Fortgezogenen -

Wenn die Propheten einbrächen
durch Türen der Nacht,
die Sternenstraßen gezogen in ihren Handflächen
golden aufleuchten lassend

für die längst im Schlaf Versunkenen

Wenn die Propheten einbrächen
durch Türen der Nacht
mit ihren Worten Wunden reißend
in die Felder der Gewohnheit,
ein weit Entlegenes hereinholend
für den Tagelöhner

der längst nicht mehr wartet am Abend -

Wenn die Propheten einbrächen
durch Türen der Nacht
und ein Ohr wie eine Heimat suchten -

Ohr der Menschheit
du nesselverwachsenes,
würdest du hören?
Wenn die Stimme der Propheten
auf dem Flötengebein der ermordeten
Kinder
blasen würde,
die vom Märtyrerschrei verbrannten Lüfte
ausatmete -
wenn sie eine Brücke aus verendeten
Greisenseufzern
baute -

Ohr der Menschheit
du mit dem kleinen Lauschen
würdet du hören?

Wenn die Propheten
mit den Sturmschwingen der Ewigkeit
hineinführen
wenn sie aufbrächen deinen Gehörgang
mit den Worten:

Wer von euch will Krieg führen gegen ein
Geheimnis
wer will den Sterntod erfinden?

Wenn die Propheten aufständen
in der Nacht der Menschheit
wie Liebende, die das Herz des Geliebten
suchen,
Nacht der Menschheit
würdest du ein Herz zu vergeben haben?[19]

---

[19] Nelly Sachs, Sternverdunkelung. Die Muschel saust: In: Fahrt ins Staublose. Die Gedichte der Nelly Sachs, Frankfurt a.M. 1991, 92-94.

In den Gedichten von **N. Sachs** (1891- 1970) werden einzelne prophetische Gestalten oder Motive immer wieder zur Bildung von Metaphern eingesetzt, so vor allem Elijas wunderbarer Aufstieg zum Himmel und der Leidensmann Jeremia. In „**WENN DIE PROPHETEN einbrächen ...**" (1949) aber, das in der Form einer irrealen Anfrage an die AdressatInnen geschrieben ist, treten sie alle gemeinsam in einer mehr als gespenstigen Szene sozusagen als Gottes letztes Aufgebot an die Menschheit auf. Das Gedicht wendet sich zunächst an das „Ohr der Menschheit" und stellt ihm die irreale Frage, ob es, wenn die Propheten nächtens einbrächen in die „Nacht der Menschheit", bekränzt mit den Insignien des Sternenhimmels und seine Geheimnisse auf den Schultern wiegend, ob es hören würde. Und als zweites an die „Nacht der Menschheit", ob sie würde „ein Herz zu vergeben haben", wenn die Propheten aufständen „in der Nacht der Menschheit / wie Liebende, die das Herz des Geliebten suchen". Der Inhalt dessen, was die Propheten sagen würden, überrascht, bedenkt man den zeitgenössischen Hintergrund des Gedichts und den Umstand, daß ihre „Stimme ... auf dem Flötengebein der ermordeten Kinder / blasen würde, / die vom Märtyrerschrei verbrannten Lüfte / ausatmete - / wenn sie eine Brücke aus verendeten Greisenseufzern / baute -"; denn er ist weder eine strafende Gerichtsankündigung noch ein endgültiges Drohwort an die Menschheit, sondern eine einfache Frage, die gleichsam als ein beschwörender Aufruf zur Vernunft gestellt wird: „Wer von euch will Krieg führen gegen ein Geheimnis / wer will den Sterntod erfinden?" Diese Frage rückt das verwegene und gewalttätige menschliche Handeln in die Dimension des Geheimnisses, in der sich alles abspielt. Niemand wird Krieg führen wollen gegen einen unberechenbaren, geheimnisvollen Feind, da dessen Reaktionen und die Folgen eines solchen Krieges unabsehbar sind, da der „Sterntod" auf dem Spiel steht. Damit ist nicht nur an den - heute schon möglich gewordenen - Untergang des Planeten Erde gedacht. Mit „Stern" spielt die Dichterin auch auf alles Hohe und Erhabene, auf alle menschlichen und kulturellen Werte, auf Liebe und Erbarmen, auf die Gottesbeziehung an. Alles steht auf dem Spiel! Diese Anfrage wird auch für das 21. Jahrhundert aktuell bleiben.

Abschluß

ProphetInnen als Narren und Wetterfrösche, Wortvulkane, Zeigehände, Stimme der armen Erde, Sensoren der feinsten Erschütterungen in den Weltkräften, aber auch der menschlichen Greueltaten, als Einbrecher in der Nacht, die nichts stehlen, sondern nur Fragen stellen - es ist ein vielfältig, buntes, aber auch beklemmendes Bild, das die besprochenen Lyriker und Lyrikerinnen des 20. Jahrhunders von den prophetischen Gestalten zeichnen. Ungerufen und unermächtigt von der Gesellschaft treten sie auf; bleiben sie aber in ihr ungehört, erlöschen die Sterne.

NICOLAS PERNES SJ
THEOLOGIE UND SPIRITUALITÄT IN IGNATIANISCHER PERSPEKTIVE

0. Einleitung

Wer in unserer Zeit mit dem Studium der Theologie beginnt, wird auf irgendeine Weise mit der - mehr oder weniger deutlich ausgesprochenen - Frage „Was bringt es Dir?" konfrontiert. Diese Frage wird nicht in jedem Fall als Anfrage an den finanziellen Nutzen bzw. an die mit diesem Studium verbundenen Aufstiegschancen zu verstehen sein. Oft ist dabei nur gemeint: „Hast Du auch Spaß dabei?"

Eine mögliche Antwort bzw. Reaktion auf diese Frage besteht darin zu sagen: "Was kümmert es mich, was andere denken, solange ich weiß, was ich will" - um mir dann vielleicht noch Gedanken über bestimmte Freunde oder Bekannte zu machen.

So sehr die beiden salopp formulierten Fragen nur einen oberflächlichen Zugang hinsichtlich der Motivation zu einem Theologiestudium darstellen, so sehr sind sie doch ein Reflex gesellschaftlicher Realität und geben insofern auch Aufschluß über die Akzeptanz des Theologiestudiums in weiten Kreisen unserer Gesellschaft.

„Was bringt es Dir?"- Thema der folgenden Überlegungen soll der Zusammenhang von „Theologiestudium und Spiritualität" sein. Mit der pointiert gestellten Eingangsfrage ist nicht beabsichtigt, eine gängige Unterscheidung von idealistisch-brotlosen und (materiell) erfolgsorientierten Fächern aufzugreifen (so sehr sich das auch nahezulegen scheint), um an deren Ende für eine Unverzichtbarkeit brotloser, aber notwendiger Fächer wie der Theologie zu werben; andererseits ist die Eingangsfrage auch nicht nur billiger „Aufhänger", denn auch die junge Theologin/ der junge Theologe kann der Frage „Was bringt es mir?" in ihrer ganz praktischen Dimension nicht völlig ausweichen, jedenfalls solange er neben der Frage einer inneren „Berufung" zu diesem Studium auch die Frage des damit verbundenen Berufes beantworten muß.

Mit Blick auf einige Aspekte der vielgeschilderten Krise der Kirche in unserer Zeit, sollen im folgenden einige Gedanken über den Zusammenhang zwischen Studium und Spiritualität vorgelegt werden. Ausgangspunkt soll dabei die Spannung zwischen Spiritualität und Studium sein, so wie sie sich für Ignatius von Loyola stellte und wie er sie in seinem Leben ausgetragen hat und wie sie für die Gesellschaft Jesu fruchtbar geworden ist. Vor diesem Hintergrund sollen dann auf eher (narrativ) assoziative Weise einige persönliche Wahrnehmungen zur Situation des Theologiestudiums unter den Bedingungen der Gegenwart vorgetragen werden. Abschließend soll gezeigt werden, inwieweit die innere Verwiesenheit der Elemente Spiritualität und Studium in ihrer spezifisch ignatianischen Perspektive bzw. Gestalt (konkret in den Grundlinien der Ausbildung der Jesuiten) auch heute von großem orientierenden Nutzen sein kann. Diese Orientierung ist wichtig, da die Verwiesenheit von Spiritualität und Studium durch die Spezialisierung in der Theologie heute zugleich gefährdeter als auch notwendiger denn je ist.

1. Spiritualität und Studium bei Ignatius

1.1. Ignatius und das Studium

Der Jesuitenorden gilt weithin als Teil der „intellektuellen Abteilung" im großen Ganzen der katholischen Kirche. Auch wenn man in Frage stellen kann, inwieweit das zutrifft (wobei die Erwartungshaltung vieler Menschen an die Mitglieder des Ordens ja auch förderlich sein mag, dieser Erwartung zu entsprechen) - Tatsache ist, daß die Wissenschaft, das Studium für den Gründer des Ordens eine eminent hohe Bedeutung hatte und auch jetzt in der Gesellschaft Jesu noch hat. Gründliche Studien, eine solide intellektuelle Ausbildung waren bzw. wurden für Ignatius sehr wichtig, nicht weil er selbst ein Intellektueller, ein großer Theologe gewesen wäre, sondern im Gegenteil, weil er es *nicht* war. Ignatius war kein Intellektueller, aber aufgrund seiner eigenen Erfahrung, d.h. aufgrund seiner Schwierigkeiten mit der Inquisition, die ihm mangelnde theologische Kenntnisse vorwarf und ihm untersagte, ohne eigentliche Ausbildung seelsorgerlich zu wirken, geistliche Gespräche zu führen und Katechismusunterricht zu erteilen, lag ihm auch - wenngleich nicht nur - aus pragmatischen Gründen außerordentlich viel an einer soliden Ausbildung für die Mitglieder des Ordens.

Ignatius zeichnete sich bekanntlich in seinen Jugendjahren mehr als Soldat und in anderen Dingen der „Welt" als durch seine Frömmigkeit aus. Erst nach seiner Verwundung bei der Verteidigung der Festung von Pamplona im Jahre 1521 und seiner auf dem Krankenbett begonnenen Bekehrung begann er bewußt und konsequent einem Heiligenideal nachzueifern: „Wie wäre es, wenn ich all das täte, was der heilige Franziskus getan hat, oder das, was der heilige Dominikus tat?"[1] so erinnert er sich in seinem Pilgerbericht mit Blick auf die Zeit seines Krankenlagers.

Der vormalige Soldat unterzieht sich nach seiner auf dem Krankenlager im elterlichen Haus zu Loyola begonnenen Bekehrung über einen bestimmten Zeitraum strengen Bußübungen; er macht einen inneren Wandlungsprozeß durch, im Verlauf dessen er Gott dienen und den „Seelen helfen" will – ohne sich zunächst einem Orden anschließen oder in ein Seminar eintreten zu wollen, um Theologie zu studieren. Nach seiner Verletzung und den darauf folgenden Operationen hält er sich zunächst einige Zeit in einem Kloster auf dem Montserrat (einem Berg in der Nähe von Barcelona) auf. Im nicht weit entfernten Manresa, wo er etwa ein Jahr verbringt, pflegt er Kontakt mit „religiös interessierten Leuten, die ihn sehr schätzten und mit ihm zu verkehren wünschten."(57) Ignatius will als Pilger ins Heilige Land, und es gelingt ihm, von Valencia auf dem Schiffsweg nach Italien und von dort im weiteren dann auch nach Jerusalem zu gelangen. Als aber der Wunsch, in Jerusalem zu bleiben, aufgrund des zu geringen Schutzes für die dort lebenden Christen scheitert, erkennt er, „daß es nicht der Wille Gottes sei, auf Dauer in Jerusalem zu bleiben."(82)

Soweit ein sehr gedrängter Bericht des spirituellen und konkreten „Aufbruchs" von Ignatius nach den Angaben seines „Pilgerberichts". Unmittelbar im Anschluß an diese Stelle im „Bericht" ist dann das erste Mal von einem Studium die Rede, wobei die hier erstmals von Ignatius bekundete Absicht zu studieren freilich noch eher nach einer Verlegenheitslösung aussieht, wenn es heißt: „Schließlich kam er immer mehr zu der Überzeugung, er solle *eine Zeitlang* studieren, um den Seelen helfen zu können."(82)

In dieser Absicht, seine „pastorale" Aktivitäten durch ein Studium noch nutzbringender werden zu lassen, nimmt Ignatius nach dem

---
[1] Ignatius von Loyola, Der Bericht des Pilgers. Übersetzt und erläutert von Burkhart Schneider. Herder Verlag, Freiburg im Breisgau 1977. Die Seitenangaben zu den Zitaten aus dem „Bericht des Pilgers" erfolgen im weiteren im Text (in Klammern in Anschluß an das jeweilige Zitat).

Fehlschlagen seiner Pilgerexistenz im Jahr 1524 in Barcelona die Mühen eines Studiums auf sich. Er beginnt – als 33-jähriger – mit dem Studium der „Grammatik", auf das zwei Jahre später in Alcala ein Kurs in Philosophie folgt, wobei er sich in dieser Zeit freilich „auch damit beschäftigte, die Geistlichen Übungen (...) und Katechismusunterricht zu geben." (88) Dies ruft die Inquisition auf den Plan. Die Inquisitoren können ihm zwar „keinerlei Irrtum in (...) Lehre und nichts Falsches in [seiner] Lebensweise"(89) nachweisen. Dennoch gerät Ignatius nach neuerlichen Anschuldigungen ins Gefängnis. Er wird nach insgesamt 22 Tagen unter der Bedingung wieder freigelassen, er und seine Gefährten sollten „vier Jahre lang nicht über Glaubensfragen reden, bis sie mehr studiert hätten." (93)[2]

Ignatius studiert also ingesamt vier Jahre in Spanien. 1527/28 geht er nach Paris, um dort zunächst noch weiter klassische Sprachen zu studieren und anschließend mit der Theologie zu beginnen. Ende 1537 schließt er – inzwischen haben sich schon die ersten dauerhaften Gefährten um ihn gesammelt - sein Studium ab; zusammen mit seinen Gefährten begibt er sich nach Rom, um sich „dem Stellvertreter Christi zur Verfügung zu stellen, damit dieser sie dann dort einsetze, wo nach seinem Urteil mehr für Gottes Ehre und das Seelenheil zu erreichen sei."(113)

1540 wird der Orden schließlich von Papst Paul III. anerkannt und Ignatius der erste Generalobere der Gesellschaft Jesu.

Studium ist für Ignatius, so viel ist hier schon deutlich geworden, nicht eine zu erwerbende Qualifikation, die ein Amt, sicheres Einkommen und dgl. im Gefolge hat, sondern ein Mittel zu dem Zweck, den Seelen zu helfen.

1.2. Ignatius in einem Brief an die Studenten von Coimbra

Im Jahre 1547 schreibt Ignatius einen langen Brief an die Jesuiten im portugiesischen Coimbra. In diesem Brief geht er sehr detailliert auf den Zusammenhang von Studium und Spiritualität ein. Anlaß dazu war eine Auseinandersetzung portugiesischer Jesuiten bezüglich der

---

[2] Ignatius kommt nach neuerlichen Anschuldigungen in Salamanca noch ein zweites Mal ins Gefängnis. Und „während seiner Haftzeit in Salamanca (verließ ihn) das gleiche starke Verlangen nicht, er habe den Seelen zu helfen und zu diesem Zweck müsse er noch weiterstudieren" (102).

Notwendigkeit besonderer Bußübungen (auch im Hinblick auf eine größere Studienleistung) für die Studenten. Ignatius wird gebeten, Stellung zu nehmen, und er tut dies in sehr deutlicher Form. Er fordert auf der einen Seite brennenden Fleiß von den Studenten seines Ordens: „Denn gewiß kann ich Euch sagen, daß ihr Euch bis zum Äußersten in Wissenschaft und Tugenden sehr bemühen müßt."[3] Ja er erwartet von den Studenten der Gesellschaft mehr als von anderen: „Was bei anderen nicht wenig wäre, würde es bei Euch sein"(140).

Der Fleiß freilich, den die Studierenden an den Tag legen sollen, ist im Hinblick darauf zu sehen, wofür sie Gott geschaffen hat : „nämlich für seine Ehre und seinen Ruhm und Eure [der Studenten]Rettung und die Hilfe für Eure Nächsten."(140) Dies ist gewissermaßen eine auf die Studenten seines Ordens gemünzte Kurzfassung der allgemeinen Bestimmung des Menschen, so wie sie Ignatius etwa am Anfang seines Exerzitienbuches formuliert.[4]

Das Studium nun zählt zu „den sonstigen äußeren Mitteln, die seine göttliche Vorsehung angeordnet hat, damit wir einander helfen."(140)

Gebetsleben und Studien sollen nicht gegeneinander ausgespielt werden; vielmehr können ernsthafte Studien als eine besondere Form des Gebetes angesehen werden. Zwar gibt das Studium, so Ignatius, den Studenten, oft nicht die Zeit, „sehr lange Gebete zu halten, (doch) kann die Zeit bei demjenigen durch Verlangen aufgewogen werden, der aus allen seinen Übungen [und so eben auch aus den Studien, Anmerkung des Verf.] ein fortdauerndes Gebet macht, indem er sie um des alleinigen Dienstes für Gott willen übernimmt."(149)

Aber was Ignatius im Sinne der Ermahnung zu eifrigem Studium schreibt, „darf nicht dazu führen, daß man Anlaß nimmt, in das entgegengesetzte Extrem des unklugen Eifers zu verfallen."(145) Ignatius zeigt große Umsicht und Realitätssinn bezüglich der Gefahren „unklugen Eifers" und jeder Art von Übertreibung, durch die „dem Leib

---

[3] Ignatius von Loyola, Briefe und Unterweisungen (Übersetzt von Peter Knauer), Würzburg 1993,S.139. Die Seitenangaben zu den zitierten Stellen des Briefes erfolgen im weiteren im Text (in Klammern im Anschluß an das jeweilige Zitat).

[4] Ignatius von Loyola, Geistliche Übungen, in der Übertragung von Hans Urs von Balthasar, Freiburg 1993, S.17: " Der Mensch ist geschaffen dazu hin, Gott Unseren Herrn zu loben, Ihn zu verehren und ihm zu dienen, und so seine Seele zu retten. Die anderen Dinge auf Erden sind zum Menschen hin geschaffen, und um ihm bei der Verfolgung seines Zieles zu helfen, zu dem hin er geschaffen ist."

die Wirkung (...) genommen wird."(146) Wer das „Nichts zu sehr" nicht einzuhalten vermag, kann „Gott nicht auf die Dauer dienen, wie ein in den ersten Tagesreisen sehr ermüdetes Pferd den Weg nicht zu beenden pflegt".(145) An die Studienanfänger gerichtet, warnt Ignatius, daß „nicht erhalten zu werden" pflegt, „was man mit zu großer Eile gewinnt."(145)

Denjenigen, die fürchten, während der Zeit des Studiums dem Nächsten unnütz zu sein (eine Erfahrung, mit der auch heute Studierende der Theologie im Laufe ihres Studiums konfrontiert werden, v.a. wenn sie schon über festere spirituelle Fundamente verfügen und Theologie weniger aus Gründen der weltanschaulichen Orientierung studieren) rät Ignatius mit einem militärischen Bild: „Denn während die Soldaten sich damit abgeben, sich mit Waffen und Munition für das erwartete Unternehmen zu versehen, kann man nicht sagen, daß ihre Mühe nicht zum Dienst für ihre Fürsten sei." (148)

Zusammenfassend läßt sich sagen, daß Wissenschaft und Studium für Ignatius etwas sind, was er für seine Person zunächst mehr aufgrund äußerer Umstände und Widrigkeiten in Kauf nimmt, als daß er diese von sich aus anstrebt, während ihm im weiteren dann bzw. nach der Gründung des Ordens die Ausbildung der Mitglieder des Ordens außerordentlich wichtig ist. Ignatius´ Priorität ist der gelebte Glaube, die Weitergabe des Glaubens, das Glaubenszeugnis. Durch ein gutes Leben wird „nicht ein weniger, sondern eher ein mehr geeignetes Werkzeug (bereitet), um ihnen Gnaden zu verleihen, als durch die Lehre." (148) Es ist vielleicht zu viel gesagt, Ignatius´ Wertschätzung des Studiums nur als Reaktion auf seine Schwierigkeiten mit der Inquisition anzusehen. Bei aller Betonung der Studien und der wissenschaftsorientierten Ausrichtung des Ordens aber (wie sie Ignatius selbst auch in den Satzungen festlegte), ist diese Gewichtung von gelebtem Glauben (Gebetsleben und Weitergabe des Glaubens) und Theologie als Wissenschaft aber im Auge zu behalten.

Im folgenden soll mit Blick auf die Bedingungen der Gegenwart gezeigt werden, daß gelebte Spiritualität, so wie sie Ignatius gelebt bzw. gefordert hat, in einer Zeit der Spezialisierung und Aufsplitterung der Theologie und einer allgemeinen Orientierungsnot zugleich schwieriger und notwendiger denn je ist. Zur Beschreibung einiger Charakteristika der gegenwärtigen Situation orientieren wir uns an Überlegungen von Medard Kehl.

2. Studium und Spiritualität heute

Wenngleich ich vom Studium der Theologie sicher keine unmittelbaren Antworten auf die mich persönlich betreffenden Fragen und die Probleme der Gesellschaft erwarten darf, so werde ich doch immer wieder nach dem Erfahrungsbezug des Studiums fragen (und fragen müssen): Hat das, und inwiefern hat das, was ich lerne, mit meinem Leben (und auch mit meinem Gebetsleben) zu tun? Bei allem Verständnis für den unterschiedlichen Grad an praktischer Relevanz der verschiedenen Fächer im großen Konzert der theologischen Disziplinen und bei der Bereitschaft, nicht alles Aufzunehmende im vorhinein an die enge Leine meiner persönlichen Erfahrung anbinden zu wollen, ist der Wunsch bzw. die Forderung nach einer Rückbindung der Inhalte des Studiums an meine Lebenswirklichkeit nicht nur legitim, sondern notwendig.

Es soll hier nicht der Frage nachgegangen werden, wie dieser Erfahrungsbezug in den einzelnen theologischen Fächern aussehen kann. Vielmehr soll versucht werden, diese Lebenswirklichkeit, zu der die Theologie in Beziehung zu stehen hat , etwas näher zu beschreiben.

Mit Medard Kehl läßt sich sagen, daß die „augenblickliche Lebens- und Überlebensfrage der Kirche (...) im engsten Zusammenhang mit unserer gesamten „modernen" bzw. postmodernen Kultur und ihrer Lebens-und Überlebensfrage"[5] steht.

Das Stichwort Pluralismus an erster Stelle der für die Beschreibung der Gegenwart dienlichen Kategorien anzuführen, scheint legitim. Bei allen uniformierenden Tendenzen, wie sie sich etwa in den Medien zeigen, zeichnet sich unsere Gesellschaft durch ein hohes Maß an Toleranz aus – jedenfalls solange, wie der von Unterhaltung und Markt gesteuerte Betrieb nicht gestört wird und der einzelne in seinem „Lebensprogramm" keine Ansprüche an die Gesellschaft stellt. „Du kannst machen was Du willst, aber Du mußt schon selbst sehen, wie Du damit durchkommst," dürfte eine ziemlich weit verbreitete Haltung treffend wiedergeben.

---

[5] Medard Kehl, Kirche in der Fremde. Zum Umgang mit der gegenwärtigen Situation der Kirche, in: Stimmen der Zeit, 1993 (Bd. 211), S. 507-520.

Als Student der Theologie muß ich mir über die Tatsache im klaren sein, daß die Pluralität der Lebenswelten auch durch mich „hindurchgeht". Jede noch so christliche (und auch katholische) Identität ist in irgendeiner Weise imprägniert vom Geist der Zeit. Und je mehr ich mich willensmäßig und ohne die Mühe einer kritischen Auseinandersetzung davor abzuschotten versuche, desto mehr Macht dürfte ich in der Regel dem einräumen, was ich „überwinden" will. Wobei dies natürlich nicht heißt, daß alles blind zu übernehmen wäre, was die schnellebige Moderne diktiert. Pluralität begegnet mir gesamtgesellschaftlich wie auch in der Kirche – und nichts scheint weniger gefährlich, als davor die Augen zu verschließen oder sie zu bedauern, nichts aber auch zugleich verwirrender und komplizierter.

So muß ich mich als Theologiestudent in der pluralen Welt der katholischen Kirche zurechtfinden, zu der das Opus Dei genauso gehört wie „linke" Basisgemeinden. Ich werde die Erfahrung machen, daß ich mit so manchem, was mir von verschiedenen kirchlichen Lagern und Gruppierungen her begegnet, meine Schwierigkeiten habe. Diese können Fragen aufwerfen wie: „Was habe ich bei so viel Borniertheit, Engstirnigkeit mit solchen „Hardlinern" zu tun? (Ist das wirklich *eine* Kirche, der wir angehören?) Wie bringe ich mein Unverständnis und meinen Ärger über das, was mich in der Kirche ärgert, mit den Erfahrungen mit Menschen zusammen, die der Amtskirche fernstehen, mir aber aufgrund ihrer menschlichen Ausstrahlung, ihrer engagierten Art u.a.m. emotional näherstehen.

Was kann ich (umgekehrt) von dem unterstützen, wofür sich „kirchliche Basisdemokraten" stark machen?" - Fragen, die sich nicht immer so intensiv stellen werden, die mich aber, wenn sie völlig ausbleiben, eher nachdenklich stimmen sollten, als wenn ich Erfahrung dieser Art mache.

Und dann (oder davor) die Frage: Wie stehe ich zum „Amt"? Unabhängig zunächst von aktuellen Fragen im Zusammenhang von Bischofsernennungen, der „Laieninstructio" u.a. muß ich mich fragen, ob ich, wenn das Stichwort „Amt" fällt, damit zunächst oder ausschließlich negative Assoziationen verbinde oder ob es mir möglich ist, bei aller Notwendigkeit, mir ein kritisches Urteil zu bilden, dem Amt auch mit einem grundsätzlichen Vertrauensvorschuß zu begegnen. (In diesem Zusammenhang kann ich z.B. prüfen, wie ich reagiere, wenn ich von der Kirche Fernstehenden gefragt werde, wie ich mich für eine Institution einsetzen kann, deren höchste Vertreter, in den Augen vieler, wie absolutistische Fürsten anmuten?) Und diese grundsätzliche Loyalität einmal vorausgesetzt, muß ich mich nicht eben auch nach meiner „Frustrationstoleranz" bezüglich der konkreten kirchenpolitisch heißen Eisen fragen: Wie gehe ich mit konkret auch mich betreffenden kirchenpolitischen Entscheidungen um? Kann ich meine eigenen Zweifel und Vorbehalte eingestehen, ohne deshalb alles schlecht zu machen. Bin ich bereit zuzugeben, daß ich manches zwar nicht (oder noch nicht)verstehen kann, zugleich aber auch hoffe, manches noch besser verstehen zu wollen, ehe ich in bestimmte Redensarten miteinstimme.- Wenn mir, um mit Karl Rahner zu sprechen, „die Theologie erst dort interessant wird, wo sie in Konflikte mit der Kirche und ihrem ganz konkreten Lehramt in Rom kommt" studiere ich meine Theologie schlecht."[6]

Wir haben das Stichwort Pluralismus genannt und im Anschluß daran eine Reihe verschiedener (praktisch-existentieller) Fragen, so wie sie im Rahmen des Theologiestudiums (aber auch für jeden engagierten Christen) auftreten können, auf assoziative Weise behandelt.

In der pluralen „postmodern-modernen" Gesellschaft kommen Eigenschaften wie „Offenheit, Flexibilität, Mobilität" (509) hohe Bedeutung zu. Diese Kategorien sind unverzichtbar bei der Beschreibung wichtiger Anforderungen in der modernen Arbeitswelt. Aber es ist offensichtlich, daß sie über diese spezielle Verwendung hinaus auch etwas über das Selbstverständnis des Menschen aussagen, über das moderne Identitätskonzept, von dem ich mich auch als Christ nicht vorschnell ausnehmen sollte.

Während Kirche wesentlich – in Leben, Tod und Auferstehung Jesu Christi und der Tradition der Kirche – mit etwas Vorgegebenem zu tun hat und der Mensch nach christlichem Verständnis bei allen Veränderungen, die er durch die Zeit hin erfährt, als Person dieselbe bleibt, geht der Geist der Moderne auf das Jetzt, den Augenblick und seine je augenblickliche Erfüllung. „Die Moderne in ihrer gegenwärtigen Phase [sieht] den unaufhörlichen Wandel zum jeweils Neuen hin bereits als eigentlichen Wert in sich an."[7] Für das moderne Identi-

---

[6] Karl Rahner, Eine Theologie, mit der wir leben können, in: Karl Rahner: Schriften zur Theologie, Bd.15. Zürich 1983.
[7] Medard Kehl, a.a.O. S. 509.

tätsverständnis des Menschen heißt das: ich will das Verständnis meiner selbst, der Welt (und der Kirche) in der ich lebe (wenn ich denn bewußt danach frage) *nicht nur* je neu anhand *meiner* Erfahrungen prüfen (um damit vielleicht auch – in einem irgendwie (noch) klassischen Sinne – meine Persönlichkeit zu entfalten, wobei sich meine Identität als Person nicht verändert). Die oberflächlich betrachtet vielleicht harmlos anmutende Pluralität in der modernen Unterhaltungs- und Freizeitgesellschaft ist Ausdruck einer Tendenz zur „Auflösung" der Identität des Menschen als Person. „Ich verdiene meine Brötchen im Büro oder in der Firma – am Abend beginnt das (mein)eigentliche(s) Leben in der (jeweiligen) Szene" – so oder ähnlich dürfte das Lebensgefühl eines großen Teils der jungen und mittleren Generation in deutschen Großstädten lauten. Der portugiesische Dichter Fernando Pessoa hat diese Mentalität schon vor Jahrzehnten auf den Punkt gebracht, wenn er schreibt: „Ich erschuf in mir verschiedene Persönlichkeiten. Ich erschaffe ständig Personen (...) so sehr habe ich mich in mir selbst veräußerlicht, daß ich in mir nicht anders als äußerlich existiere. Ich bin die lebendige Bühne, auf der verschiedene Schauspieler auftreten, die verschiedene Stücke aufführen."[8]

Dies ist sicher nicht die Beschreibung der „Befindlichkeit" *der* Theologiestudierenden von heute. Dennoch werde ich auch als Theologe mit verschiedenen, z.T. sehr disparaten Lebenswelten, konfrontiert. Ich werde mein „Anpassungspotential" an die verschiedenen Welten entdecken – bis dahin, daß der Eindruck entstehen kann, daß es *mich* in bzw. hinter den verschiedenen Rollen, die ich spiele, selbst nicht mehr gibt, sondern daß ich die jeweilige Rolle, die ich spielen möchte (oder mir wohl aufzwingen lasse) *bin*.

Christliche Spiritualität heute hat sich dieser – hier nur sehr oberflächlich angedeuteten Problematik – zu stellen, wobei es hier(wohlgemerkt) nicht darum geht, die postmoderne Moderne (bzw. die moderne Postmoderne) zu dämonisieren:

„Es hat nur wenig Sinn, in dieser Situation in das heute in vielen katholischen Kreisen wieder sehr beliebte antimodernistische Klagelied einzustimmen, als ob die moderne Kultur schlechthin vom Bösen

---

[8] In: Wolfgang Welsch, Ästhetisches Denken, Stuttgart 1990, S.198.

wäre und es in ihr keine Brücken, keine Anknüpfungspunkte für die christliche Botschaft mehr gäbe."[9]

Eine Dämonisierung ist um so weniger angebracht, als die Moderne in ihrer hohen Toleranz gegenüber anderen Grundüberzeugungen, in ihrer „Betonung des eigenen Gewissens als Letztentscheidungsinstanz in allen ethischen Fragen" und der hohen Wertschätzung von Kommunikation und Partizipation durchaus eine Anfrage an die Kirche darstellt.[10]

Das Sich-Einlassen auf Jesus Christus (und seine Nachfolge) darf nicht den Rückzug in eine irgendwie geartete Sonderwelt bedeuten, sondern stellt, so sehr es sein Ziel auch in sich selbst hat, eine besondere Möglichkeit dar, diese (postmoderne) Moderne zu „transformieren". In welchen Formen dies – gerade auch im Rahmen des Studiums - konkret geschehen kann, dazu sollen im folgenden Abschnitt einige „Richtmarken" zu geben versucht werden. In jedem Fall aber gilt: nicht hektische Betriebsamkeit und der Versuch, „auf jeden Fall aktuell und erfolgreich sein zu wollen, immer auf dem modernsten Bedürfnisstand der Leute sein zu wollen, hilft uns weiter, sondern die treue, selbstverständliche Pflege unserer zentralen Glaubensvollzüge (...) die durchgetragene christliche Motivation im Alltag und in der beruflichen Arbeit"[11]

3. Ignatianische Ausbildungsordnung als Orientierung

„Die ganze Ausbildung der Unsrigen soll als ein Prozeß fortschreitender Integration des geistlichen und gemeinschaftlichen Lebens, des Apostolats und der Studien angelegt und entwickelt werden, so daß die Fülle des geistlichen Lebens zur Quelle des Apostolats und umgekehrt das Apostolat zum Antrieb für die Studien und für ein tieferes geistliches Leben wird."[12]

---

[9] Medard Kehl, a.a.O., S.504.
[10] Vgl. ders., a.a.O., 510.
[11] A.a.O., S.516/517.
[12] Satzungen der Gesellschaft Jesu und ergänzende Normen. Deutsche Übersetzung der im Auftrag der 34. Generalkongregation herausgegebenen lateinischen Ausgabe, München 1997, S.312.

Die Gesellschaft Jesu gilt weithin – jedenfalls seit der Zeit nach dem zweiten Vatikanischen Konzil – als aufgeschlossener und für die jeweiligen Fragen der Zeit offener Orden. Wenn im folgenden Grundzüge der Ausbildungskonzeption des Ordens skizziert werden sollen, geschieht das nicht mit dem Anspruch, ein Patentrezept für die Probleme der Kirche in der pluralen Gesellschaft zu geben. Angezielt ist lediglich die Konturierung eines christlichen Selbstverständnisses, das m.E. insofern von allgemein orientierendem Nutzen ist, als es sich auch durch einen hohen Grad an Problembewußtsein bezüglich der Fragen der gegenwärtigen Gesellschaft auszeichnet.

Die Ausbildungskonzeption in den deutschsprachigen Provinzen der Gesellschaft Jesu betrachtet die „geistliche, intellektuelle und apostolische Ausbildung als Einheit."[13] Sie ist in einem guten Sinne modern, insofern sie den einzelnen in seiner Individualität besonders berücksichtigt und sich einer ganzheitlichen Betrachtungsweise des Menschen verpflichtet weiß.

Diese Wertschätzung des einzelnen und das ganzheitliche Verständnis des Menschen kommt in den allgemeinen Satzungen der Gesellschaft Jesu zum Ausdruck, wenn es im vierten Abschnitt dort etwa heißt: „Auf jeder Stufe der Ausbildung soll die persönliche Reife, besonders in affektiver Hinsicht, gefördert werden (...) so daß sich das geistliche, das intellektuelle und das affektive Leben in gleicher Weise entwickeln und daraus eine gesunde Ausgeglichenheit und wahre Reife der gesamten Persönlichkeit erwachsen."[14] Ausbildung (und so auch Studium) ist nach jesuitischem Verständnis nicht nur Wissensaneignung, sondern hat mit einer den ganzen Menschen betreffenden Entwicklung der Persönlichkeit zu tun, die freilich nicht um ihrer selbst willen erstrebt wird, sondern ganz wesentlich Dienstcharakter hat.

Die derzeitige Ausbildungsordnung steht so ganz in der Tradition des „den Seelen helfen" des Ignatius. Die Bestimmung des Menschen nach Ignatius besteht ja, wie wir oben festgehalten haben, darin, Gott und dem Nächsten zu dienen. Dieses grundlegende (und oben schon zitierte) Prinzip liegt auch den Ausführungen des Ignatius über die

---

[13] Grundlinien der Ausbildung in den deutschsprachigen Provinzen der Gesellschaft Jesu, Herausgegeben im Auftrag der Provinzialkonferenz der Deutschen Assistenz, München 1996.
[14] Satzungen, S.316.

von den Jesuiten zu studierenden Fächer zugrunde: „Da das Ziel der Lehre, die man in dieser Gesellschaft erlernt, darin besteht, mit der göttlichen Gunst den eigenen Seelen und denen seiner Nächsten zu helfen, sind nach diesem Maß (...) die Fächer zu bestimmen, welche die Unseren erlernen sollen."[15]

Für die Ordensstudenten des 16. Jahrhunderts (und noch lange Zeit später) gingen den philosophischen und theologischen Studien die vorbereitenden humanistischen Disziplinen Rhetorik und Grammatik (aber auch Poesie und Geschichte) voraus.[16]

Und auch heute ist der Gesellschaft Jesu eine gründliche philosophische Ausbildung seiner Mitglieder sehr wichtig, der Erwerb von Grundkenntnissen der Philosophie und Philosophiegeschichte z.B. auch für dem Orden beitretende Priester ohne philosophische Grundkenntnisse obligatorisch. (Der Hinweis auf die Bedeutung einer gründlichen Auseinandersetzung mit Philosophie mag trivial erscheinen. Aber es soll in Priesterseminaren vorkommen, daß Studenten deswegen von anderen ausgegrenzt oder für Sonderlinge angesehen werden, weil sie über das unbedingt Verpflichtende hinaus sich in philosophische oder andere Fragen vertiefen und dabei die Ruhe und Behaglichkeit des normalen Betriebes, in dem vielleicht liturgische Fragen bzw. Abweichungen von liturgischen Normen die größten Emotionen auslösen, stören.)

Der Ausbildungsgang des Ordens folgt nicht einer für jeden im einzelnen in gleicher Weise festgelegten Ordnung. Vielmehr wird die Ausbildung nach einem System von „Bausteinen" organisiert, deren „Abfolge und Gestaltung (...) sich nach den Voraussetzungen und Erfordernissen des einzelnen" richten soll.[17] Die Studien sollen „das fördern und anregen, was von der heutigen Lebensart und Denkweise vielfach erstickt wird: den Geist der Reflexion und das Bewußtsein tieferer und transzendenter Werte."[18] In diesem Sinne soll deswegen auch „die Ausbildung in der Literatur, den Künsten, den Wissenschaften [..] sowie in den modernen Medien"[19]. gefördert werden. "Gene-

---

[15] Satzungen, 5. Kapitel („Was die Studenten der Gesellschaft studieren sollen").
[16] Satzungen, S. 166: "Unter den humanistischen Fächern" ist neben der Grammatik zu verstehen, wa sich auf Rhetorik, Poesie und Geschichte bezieht."
[17] Grundlinien, S.29.
[18] Satzungen, 319.
[19] Satzungen, 322.

rell soll die Ausdrucksfähigkeit in Wort und Schrift, die öffentliche Rede, die Kenntnis moderner Sprachen und der Umgang mit den Kommunikationsmitteln (Printmedien und elektronische Medien) eingeübt werden."[20]

Die Aneignung von Kenntnissen in Literatur und Kunst und insbesondere die Auseinandersetzung mit den modernen Medien haben einerseits ihren Wert in sich. Zugleich gilt auch für sie, was für alle Ausbildung gilt: auch sie sind nach ignatianischem Verständnis ein Mittel den „Seelen (in einem weiten Sinne)zu helfen".

Kann man den unmittelbar apostolischen Nutzen der Beschäftigung mit den genannten Fächern noch anzweifeln (wie immer dieser zu umschreiben wäre), so begegnet die enge Verbindung von intellektuell wissensmäßiger Ausbildung mit der – auch im Studium nicht ganz wegfallenden – apostolischen Arbeit allen Vorbehalten des einseitig Schöngeistigen und unverbindlich Ästhetischen. Denn jeder Jesuit „soll während seiner Ausbildung im Rahmen von Praktika Erfahrungen in der Arbeit mit sozialen Randgruppen (etwa Gastarbeiter, Obdachlose, Strafgefangene, Drogenabhängige)machen. Weitere Bereiche, in denen Erfahrungen gemacht werden sollen, sind: *Krankenhaus, Niedriglohnarbeit, Jugend, Medien, Gesellschaftspolitik* (etwa Mitarbeit bei sozialen Arbeitskreisen, Beschäftigung mit der Dritten Welt), *Spiritualität* (etwa Mithilfe bei Einkehrtagen und Exerzitien, Gruppenbegleitung).[21]

Zweck der angeführten möglichen „apostolischen Arbeitsbereiche" ist nicht ein Appell zu blindem Aktionismus. Das „den Seelenhelfen" des heiligen Ignatius ist nur vor dem Hintergrund einer wirklichen Christusbeziehung her zu verstehen. Ohne gelebte Spiritualität, ein regelmäßiges Gebetsleben, das auf eine „wachsende Vertrautheit mit Gott und eine personale Christusbeziehung" ausgerichtet ist, ist jedes (weltgestaltende) Tun in Gefahr, ins Leere zu gehen.

---

[20] Grundlinien, S.14
[21] Vgl. Grundlinien, S29. Vgl. hierzu a.a.O., S.31 auch:„Jeder junge Jesuit sollte sich im Verlauf der Ausbildung einen ethisch oder relevanten Bereich der modernen Gesellschaft erarbeiten, in dem er im öffentlichen Gespräch qualifiziert mitreden und/oder publizistisch tätig werden kann (z.B. Menschenrechte, Nord-Süd-Konflikt, Ökumene, Kulturleben). Überdies soll jeder im Sinn einer umfassenden menschlichen Bildung einen Bereich der Kultur pflegen (z.B. Literatur, Musik, bildende Kunst, Theater, Medien)."

Wir sind hier nicht auf konkrete Formen gelebter Spiritualität (Ignatianische Betrachtung, Meditation, Besinnungstage u.a.) eingegangen. Vielmehr haben wir diese im Blick auf einige Aspekte des Theologiestudiums in der Gegenwart schon vorausgesetzt. Klar geworden sollte jedoch ein Doppeltes sein: 1. Die Orientierung an einem Verständnis des Studiums als eines Mittels (im Hinblick auf das „den Seelen helfen" des Ignatius). 2. Zu einem zeitgemäßen Verständnis dieser Grundoption, wie sie in den Ausführungen über die ignatianische Ausbildungskonzeption konkretisiert wurde, gehört die Auseinandersetzung mit dem Geist der Zeit.

Beschließen wir diese Überlegungen mit einem Gedanken, der dem Gesagten im Ganzen unausgesprochen zugrunde lag, nämlich dem einer Relativierung der Kirche (als Institution mit allen ihren Schwierigkeiten) auf das Reich Gottes hin: „Die Kirche ist nur eine „Zu-Gabe" zum Reich Gottes! Wo auch immer wir uns für das Ankommen des Friedens-, Gerechtigkeits- und Lebenswillens Gottes gerade unter den Armen einsetzen (...) ,da beginnt Kirche im guten Sinne zu wachsen.(...) Je mehr es uns gelingt, die Kirche auf das Reich Gottes hin zu relativieren, um so mehr werden wir befreit von einer engen Fixierung auf innerkirchliche Zu-und Mißstände."[22]

---

[22] Medard Kehl, a.a.O., S.517.

WILLIBALD SANDLER
„... DA HAB´ ICH DICH GETRAGEN"
AUF GÖTTLICHER SPURENSUCHE
IM EIGENEN LEBEN

Eines Nachts hatte ich einen Traum: Ich ging am Meer entlang mit meinem Herrn. Vor dem dunklen Nachthimmel erstrahlten, Streiflichtern gleich, Bilder aus meinem Leben. Und jedesmal sah ich zwei Fußspuren im Sand, meine eigene und die meines Herrn.

Als das letzte Bild an meinen Augen vorübergezogen war, blickte ich zurück. Ich erschrak, als ich entdeckte, daß an vielen Stellen meines Lebensweges nur eine Spur zu sehen war. Und das waren gerade die schwersten Zeiten meines Lebens.

Besorgt fragte ich den Herrn: „Herr, als ich anfing, dir nachzufolgen, da hast du mir versprochen, auf allen Wegen bei mir zu sein. Aber jetzt entdecke ich, daß in den schwersten Zeiten meines Lebens nur eine Spur im Sand zu sehen ist. Warum hast du mich allein gelassen, als ich dich am meisten brauchte?"

Da antwortete er: „Mein liebes Kind, ich liebe dich und werde dich nie allein lassen, erst recht nicht in Nöten und Schwierigkeiten. Dort wo du nur eine Spur gesehen hast, da habe ich dich getragen."[1]

Immer wieder habe ich erlebt, daß Gläubige diese Geschichte in einer ihrer vielen Versionen erzählen oder sich in ihr wiederfinden. Das Gleichnis der Spuren im Sand zielt auf die Gegenwart eines lebendigen Gottes im eigenen Leben: Er interessiert sich für mein eigenes Schicksal, und er greift helfend ein. Doch ist dieses Eingreifen verborgen. Die Pointe der Geschichte ist die Aufdeckung dieser Verborgenheit: im Modus der Abwesenheit, gleichsam zwischen den sichtbaren Spuren, erschließt sich dem Zurückblickenden überraschend seine wirksame Anwesenheit.

Der Blick zurück auf die Lebensspuren erfolgt gemäß der Geschichte vom Ende oder von außerhalb des Lebens her (im Traum). Ist eine solche Rückschau und Rückfrage nach verborgenen Spuren Gottes auch unterwegs, während des Lebens möglich? Die spontane Zu-

---

[1] Diese mittlerweile vielfach weitererzählte Geschichte geht zurück auf Margaret Fishback Powers. Es wurde von ihr im Jahr 1964 verfaßt, in einer für sie sehr schweren Zeit. Vgl. ihr Buch „Spuren im Sand" (Brunnen-Verlag Gießen).

stimmung, welche die Geschichte bei vielen findet, läßt Erfahrungen mit solchen Zwischen-Rückblicken vermuten.

Jeder hat bereits Konstellationen im eigenen Leben erfahren, die hochbedeutsam waren und doch von niemandem mit Absicht angezielt wurden, - glückliche Begegnungen zum Beispiel. „Das kann kein bloßer Zufall gewesen sein..." sagt man, und für manchen ist eine solche Beteuerungen begleitet von einem Gefühl tiefer Dankbarkeit. Solcher Ereignisse im Gebet zu gedenken, sie darin dankbar dem Gnadenwirken Gottes zuzuschreiben, - das wird kein Christ für unangebracht halten.

Und doch liegen auch Vorbehalte nahe. Das wird uns spätestens bewußt, wenn wir auf Gläubige stoßen, deren Leben laut eigenem Bekenntnis aus einer endlosen Folge von Fügungen Gottes besteht. Da gibt es dann vieles, wo der Verdacht der Selbsttäuschung aufsteigt. Sprunghaftigkeit des Verhaltens, geringe Verläßlichkeit in Alltagsdingen, mangelnder Widerstand gegen Herausforderungen, bei denen man sich eigentlich wehren müßte, - all das kann zu den Schwächen von Menschen zählen, die gewohnt sind, in jeder Durchkreuzung ihrer Pläne sofort eine „Fügung Gottes" zu sehen. Doch gibt es auch das andere Extrem: Menschen, die angesichts der Vielzahl möglicher Deutungen und Bedeutungen geschichtlicher Ereignisse sowie aus der Erfahrung von deren späteren Widerlegungen und Enttäuschungen skeptisch geworden sind gegenüber allen Sinnzuschreibungen. Für das religiöse Leben heißt das Resignation: Gott scheint weit weggerückt vom alltäglichen Leben, entweder ganz an den Anfang - der deistische Uhrmachergott, der das (fehlerhafte) Räderwerk der Schöpfung installiert und dann sich selber überlassen hat - oder ganz ans Ende: Gott kommt erst nach dem Tod vor, in einer anderen, besseren Welt.

Unsere Frage zielt also auf einen Mittelweg: Wie kann man zwischen den Straßengräben von skeptischer Resignation und naivem Aberglauben einen gangbaren Weg finden, um Gottes Handeln in der eigenen Lebensgeschichte auszumachen?

1. Ein erster Spielraum für religiöse Deutungen

Aber halt! Ist die Suche nach helfenden Wegmarken und Orientierungshilfen nicht von vornherein sinnlos, weil es besagten Weg gar nicht mehr gibt? Ist uns heutigen Menschen die Zurückführung innerweltlicher Ereignisse auf einen wirkenden Gott nicht grundsätzlich versperrt? Wo Menschen sich früher Mythen von Göttern erzählten, die auf Erden wandelten und handelten, werden heute Meßmethoden und Techniken ausgetauscht - in den Naturwissenschaften ebenso wie im Bereich menschlicher Psyche und sozialer Verbände. Der Gegeneinwand, daß alle Säkularisierung den Menschen die Religion dennoch nicht austreiben konnte, stimmt zwar nachdenklich; für sich allein stellt er aber auch nicht zufrieden. Man müßte zeigen, daß es wichtige Bereiche unseres Handelns gibt, die grundsätzlich nicht auf wissenschaftlich-technische Mittel zurückgeführt werden können, und daß wir in solchen Bereichen unvermeidlich auch mit Methoden arbeiten, die nicht grundsätzlich verschieden sind von religiösen Sinndeutungen. Für unser Thema: Es wäre lächerlich und völlig uneffektiv, wenn jemand mit wissenschaftlichen Methoden seine Alltagsgeschichte auswerten würde, um damit seine täglichen Entscheidungen verantwortlich zu treffen. Wir geben Einzelereignissen unseres Lebens schnelle und hochriskante Deutungen, wir ziehen Folgerungen, für die unsere Erfahrungsgrundlage meist völlig unzureichend ist. Und dennoch können wir auf dieses Hasardspiel nicht verzichten, weil wir sonst handlungsunfähig würden. Wir können nicht *nicht* deuten!

Von der spontanen Bewertung eines Ereignisses (ob etwa ein unerwarteter Vorfall als Störung oder als willkommene Unterbrechung gewertet wird) bis zum bewußt vollzogenen Tages- und Lebensrückblick besteht ein großer Spielraum an Deutungsmöglichkeiten. Dieser kann durchaus unterschiedlich genutzt werden, je nach Temperament, und die gewohnte Weise dieser Nutzung ist auch beeinflußbar. Hier öffnet sich ein weites Feld für die angewandte Psychologie, das zum Beispiel von Ratgebern zum positiven Denken wahrgenommen wird, aber auch ein Spielraum, der für religiöse Deutungen wichtig ist. Gegenüber Zweiflern an der Zeitgemäßheit von Religion kann (unter anderem) auf diesen Spielraum hingewiesen werden.

Auch Deutungen von Ereignissen sind Handlungen

Im Alltagsleben ist also jeder Mensch konfrontiert mit einer Unzahl von Ereignissen, denen er Deutungen gibt und geben muß. Diese Deutungen sind meist nicht gedeckt durch die verfügbaren Fakten; für sie besteht ein großer Deutungsspielraum. Dieser Spielraum wird nun dadurch nochmals erweitert, daß unsere Deutungen von Einzelereignissen einen beträchtlichen Einfluß auf spätere Ereignisse ausüben. Der Eindruck, daß eine mir begegnende Person sympathisch ist, führt mich zu einem liebenswürdigen Umgang mit ihr und kann so bewirken, daß auch sie sich zu mir in einer freundlicheren Weise verhält. So wird sich meine Deutung der Person als sympathisch eher bestätigen, und zwar infolge ebendieser Deutung. Hier ist das maßgeblich, was Sprachwissenschaftler die Handlungsdimension von Sprache nennen. Mit der Sprache geben wir nicht nur die nachträgliche und folgenlose Darstellung einer vorgegebenen Wirklichkeit, sondern wir *schaffen* damit auch Wirklichkeit. Wenn ich ein unerwartetes Ereignis nicht mehr als Mißgeschick verfluche, sondern als eine Unterbrechung begrüße, auf deren kreative Möglichkeiten ich neugierig bin, dann habe ich damit das Ereignis selber verändert. Und diese Veränderung kann sich längerfristig so auswirken, daß das, was ursprünglich als Störung erschien, sich als vorteilhaft erweist, auch nach „objektiven" Bewertungskriterien, die von anderen geteilt werden.

Allerdings ist auch festzuhalten: der Deutungsspielraum für Ereignisse ist zwar beträchtlich, - meist weiter, als wir tatsächlich geneigt sind, anzunehmen - aber keineswegs beliebig. Eine Kündigung kann nicht einfach dadurch zum Glücksfall gemacht werden, daß man sie als Glücksfall versteht.

Religiöse Deutung als Komposition von Geschichten

Bis jetzt haben wir die Deutung eines Einzelereignisses für sich betrachtet. Aber auch dabei zeigte sich bereits, daß eine Deutung die Einordnung eines Ereignisses in einen weiteren Zusammenhang ist, - und zwar in einen Kontext sowohl von bereits geschehenen als auch von erhofften oder erwarteten Ereignissen. Ein Ereignis wird innerhalb einer weiteren Geschichte untergebracht und gewinnt dadurch eine neue, ursprünglich nicht wahrgenommene Qualität. Der Blumenstrauß, den die Ehefrau dem Mann nach Hause mitbringt, kann dem vertrauenden Gemahl ein Zeichen der Wertschätzung und Liebe sein, dem Eifersüchtigen aber Indiz für das schlechte Gewissen seiner Frau. Im ersten Fall bildet das Geschenk ein Mosaiksteinchen in der Geschichte einer glücklichen Ehe, im zweiten eine weitere Episode ehelicher Enttäuschungen.

Es ist wie mit den ineinandergeschachtelten russischen Puppen: Lebensgeschichtliche Ereignisse sind Teile von Geschichten, die selbst Teile umfassenderer Geschichten sind. Am vorigen Beispiel: Ob der Ehemann aus den vielen und widersprüchlichen Einzelereignissen seiner Beziehungsgeschichte eine glückliche Geschichte mit einigen Schatten komponiert oder aber eine Geschichte des Scheiterns mit trügerischen Aufhellungen, das hängt nicht nur von den Einzelereignissen ab, sondern von weiteren und umfassenderen Geschichten, die deren Komposition beeinflussen: z.B. von der bisherigen Lebensgeschichte, mit vielleicht enttäuschenden Erfahrungen aus der Kindheit; aber auch von Geschichten anderer schicksalsverbundener Menschen (z.B.: „das typische Los eines einfachen Beamten, dessen Frau Künstlerin ist"), einer Familiengeschichte oder einer Volksgeschichte. *Christen versuchen ihre Geschichten im Umfeld einer umfassenden Heilsgeschichte zu entwerfen.* So kann etwa das Sakrament der Ehe verstanden werden als glücklicher Vorentwurf für eine gemeinsame Lebensgeschichte, - und zwar im Gesamtzusammenhang der Heilsgeschichte, in denen ein fürsorgender Gott sein Volk begleitet.

„Große Erzählungen" wie die Vision einer christlichen Heilsgeschichte, die von der Gesamtmenschheit bis zum Einzelschicksal reicht, müssen nicht ausdrücklich bewußt sein, um im einzelnen geschichtsbildend zu wirken. Es ist unschwer einzusehen, daß bei Menschen, die eine solche Heilsgeschichte immer wieder mit anderen zusammen feiernd vollziehen (z.B. in der Eucharistiefeier), sich das bis in die Eigenart ihrer spontanen Interpretation von lebensgeschichtlichen Ereignissen auswirken kann.

Eine in diesem Sinn christliche Deutung *beeinflußt* nicht nur werdende Lebensgeschichten, sondern trägt auch dazu bei, daß solche Geschichtsbildungen überhaupt erst *möglich* sind. In einer Zeit, für die Geschwindigkeit und Komplexität charakteristisch sind, in der immer mehr Menschen in einem Stroboskoplicht von ständig wechselnden Erfahrungssplittern zerrissen werden, und wo bergende Ursprungszusammenhänge („Heimat", „Tradition") verblassen, ist es keineswegs mehr selbstverständlich, daß man Geschichten erzählen kann. Die oben beschriebene Bereitschaft, ein Einzelereignis hoffend in einen weiteren Sinnzusammenhang einzubetten, anstelle es als absurd stehenzulassen, ist eine wichtige Voraussetzung dafür, daß zusammenhängende Geschichten überhaupt entstehen können. Von daher zeigt sich, daß das gelebte Christentum, sowie wahrscheinlich Religion überhaupt, eine wichtige Voraussetzung für die Bildung der geschichtlichen Identität von Menschen darstellt. Umgekehrt wäre die Behauptung wohl eine Prüfung wert, ob sich nicht Geschichte - sowohl als identitätsbildende Individualgeschichte als auch als kulturenverbindende Menschheitsgeschichte - ohne Religion zwangsläufig in konkurrierende und letztendlich beliebige Teilgeschichten auflöst.

2. Unterscheidungskriterien für religiöse Deutungen

Religiöse Deutung als Akt der Hoffnung

Ein wichtiges Unterscheidungskriterium für christlich-religiöse Deutungen ist die *Hoffnung*. Für ein Ereignis (ob nun unerwartet glücklich oder erschütternd, ob lebensverändernd oder alltäglich) vertraue ich, daß es eine sinn- und heilvolle Bedeutung haben oder bekommen *kann*. Und von daher – in dem Maße, als mir das gelingt – kann ich dieses Ereignis in Beziehung auf einen geschichtsmächtigen, liebevollen Gott bringen. Ausgeschlossen sind damit zwei Extreme: einerseits die totale Sinnverweigerung, die Verfluchung eines Ereignisses; anderseits eine vorschnelle inhaltliche Festlegung, die Überzeugung, gleich schon zu wissen, *was* Gott mir mit einem gewissen Ereignis sagen oder schenken wollte. In Richtung beider Extreme kann die *Zukunftsoffenheit*, welche für Hoffnung charakteristisch ist, blockiert werden.

Ich will das noch etwas genauer ausführen: Ereignisse gewinnen ihre Qualität nicht nur aus sich, sondern aus dem Kontext, in dem sie stehen. Der gebrochene Fuß mit anschließendem Krankenstand kann ein Unglücksfall sein, aber auch eine heilsame Unterbrechung, die mich aus einer allzu hektischen Betriebsamkeit zur Besinnung auf Wesentlicheres zwingt. Die Bedeutung eines Ereignisses hängt davon ab, innerhalb welcher Geschichte es steht.

Da Geschichten aber immer nach vorne offen sind in Richtung auf eine Weitererzählung oder Neuinterpretation, kann die endgültige, *wahre* Bedeutung von Einzelereignissen erst von der letzten und umfassendsten Geschichte her – und das heißt: vom Ende der Weltgeschichte her – wahrgenommen werden. Religiöse Deutung zielt auf eine solche endgültige, umfassendste und damit wahre Bedeutung. Diese wahre Bedeutung, die sich vom Ende aller Geschichte her ergibt, ist uns natürlich noch nicht verläßlich zugänglich. Eine religiöse Sicht umfaßt aber bestimmte allgemeine Annahmen über diese letztgültige Wirklichkeit. So vertrauen Christen in hoffender Vorwegnahme des Endes der Geschichte, daß sich in diesem der universale Heilswille Gottes in Jesus Christus durchsetzen wird. Religiöse Deutung von lebensgeschichtlichen Ereignissen besagt damit, daß ich diese Ereignisse vor dem Horizont eines abschließenden glücklichen Sinns zu interpretieren versuche. Religiöse Deutung heißt damit aber zugleich, daß ich mir der Vorläufigkeit meiner Deutungsversuche bewußt bin. Innerhalb dieser Einschränkungen kann ich sehr wohl annehmen: „Gott wollte mir mit diesem Erlebnis sagen, daß ...". Aber ich weiß um die Vorläufigkeit solcher Annahmen und um die Möglichkeit, daß ich sie später revidieren muß.

Der Wert einer lebensgeschichtlichen Rückschau

Das erste Kriterium für religiöse Deutung war das der Hoffnung zwischen den Extremen von Sinnverweigerung und vorlauter Bedeutungsgewißheit. Dieses Kriterium betrifft die Zukunft; das folgende bezieht sich auf die Vergangenheit. Es geht um den Wert der lebensgeschichtlichen Rückschau und Erinnerung.

Christen blicken auf die Etappen ihrer Lebensgeschichte zurück in einer Haltung der Aufmerksamkeit, die grundsätzlich für jedes Ereignis bereit ist, in ihm Spuren einer göttlichen Zuwendung (in Tat oder Wort) zu entdecken. Das heißt nun keineswegs, daß in diesem Rückblick auch jedem Ereignis eine religiöse Bedeutung zugeschrieben werden *könnte*. Vieles wird als religiös unerheblich der Aufmerksamkeit entfallen; es können aber auch scheinbar nebensächliche Ereignisse zu Zeichen göttlicher Zuwendung werden: nicht nur die Blume am Straßenrand oder das Lächeln eines Menschen, auch so banale Ereignisse wie die grüne Ampel im Stadtverkehr. Anderseits wird manches Lebensbedeutende sich gegen eine religiöse Deutung sperren: vielleicht der Verlust einer geliebten Person, der im Hinblick auf die vertrauende Gottesbeziehung noch nicht verwunden wurde. Die Hoffnung, daß sich auch solche Brüche in einen Horizont umfassenden Sinns einfügen werden, kann auch dort wirken, wo sie nicht tröstlich fühlbar ist: im Vermögen, die Bedeutung des Schicksalsschlags für eine echte Verarbeitung offenzuhalten.

Längst nicht jede Erinnerung wird zur Episode einer ausgeformten Geschichte. Vielfach wachsen unterschwellig Zusammenhänge, aus denen irgendwann unvermutet eine überraschende Zusammenschau aufbrechen kann. Plötzlich erscheint in den verworrenen Fäden der Lebensgeschichte ein unerwartetes Muster, offenbart sich ein verborgener Sinn, zeigen sich bisher unsichtbare Spuren eines Meisters, der das Flickwerk meiner Taten und Erfahrungen in ein überraschendes Kunstwerks komponiert. Die lebensgeschichtliche Rückschau - etwa im betend vollzogenen Tagesrückblick - ist eine Arbeit, die den Blick schärft für solche Zusammenhänge. Was derart mit den „Augen des Glaubens" an eigener Lebensgestalt wahrgenommen wird, mag Skeptikern als überzogen erscheinen, es kann aber richtungsweisend für den weiteren Lebensweg wirken und dadurch erst nachträglich die ursprüngliche Intuition bestätigen. Im Bild: Wer an einem scheinbar chaotischen Webstück auch nur die Illusion sinnvoller Muster hat, kann unter Umständen durch die davon inspirierte Weiterarbeit seine Intuition als wirklichkeitsgerecht erweisen.

Die *regelmäßige* Übung lebensgeschichtlicher Sinndeutung steigert aber nicht nur die Phantasie religiöser Spurensuche, sondern ermöglicht auch Korrekturerfahrungen, die bei nur sporadischen Deutungsversuchen versäumt würden. Wofür ich letzte Woche Gott gedankt habe, stellt sich im längerfristigen Rückblick vielleicht als problematische Versuchung heraus, und was ich als unannehmbare Erfahrung zunächst unverdaut liegenlassen mußte, kann später Gegenstand von aufrichtigem Dank werden. Solche Erfahrungen vertiefen die Fähigkeit, unverständliche oder unakzeptable Ereignisse hoffend offenzuhalten, und sie machen vorsichtig gegenüber vorschnellen und allzu gewissen Sinndeutungen.

Die gemeinschaftliche Dimension religiöser Deutung

Bis jetzt habe ich lebensgeschichtliche Deutungen nur als individuelle Vollzüge untersucht. Jeder der dabei aufgewiesenen Gesichtspunkte steht aber innerhalb eines weiteren gemeinschaftlichen und gesellschaftlichen Zusammenhangs. Dieser soll nun ausdrücklich gemacht werden.

Zunächst habe ich betont, daß Deutung ein sprachliches Geschehen ist, das Wirklichkeit nicht bloß abbildet, sondern zugleich verändert, ja überhaupt erst formt. Deutung ist aber ein sprachlicher Vorgang, und Sprache ist ein kulturelles Gut: Begriffe und Aussagemuster sind mir durch eine erlernte Sprache ebenso gesellschaftlich vorgegeben wie Erzählungen, von denen ich auch noch abhängig bleibe, wenn ich mich von ihnen distanziere.

Das hat zunächst Folgen für den schöpferischen Anteil deutender Sprachhandlungen. Einerseits wird eine völlige Willkür meiner Weltdeutungen durch die Gemeinschaftlichkeit von Sprache verhindert. Deutungen brauchen wenigstens einen minimalen gemeinschaftlichen oder gesellschaftlichen Konsens, um sich durchsetzen zu können. Anderseits ist damit zu rechnen, daß meine Deutungsversuche durch Vorurteile beeinflußt sind, die nur schwer zu durchschauen sind.

Religiöse Deutungen sind deshalb fundamental auf Gemeinschaft bezogen, auch dort, wo ich sie privat für mich behalte. Sie leben von (Heils-)Geschichten, die ich von anderen übernommen habe und mit anderen teile. Und sie gewinnen an Wirkkraft und damit an Wirklichkeit, wenn ich sie anderen mitteile und mit anderen darüber Übereinstimmung erziele.

Der umfassende Raum, von dem her und auf den hin christlich-religiöse lebensgeschichtliche Deutungen leben, ist die Kirche. In kirchlichen Vollzügen, insbesondere in den Sakramenten wird sowohl das Gedächtnis vergangener Heilserfahrungen als auch die Hoffnung auf eine glückliche Endbedeutung von Ereignissen in einer welt- und geschichtsübergreifenden Perspektive begangen. Diese übergreifende Perspektive will aber im persönlichen Bekenntnis aktualisiert und konkretisiert werden. Wichtige Elemente dafür sind Bittgebet, Dankgebet und Gotteslob, – in der Eucharistie ebenso wie in anderen sakramentalen Feiern. Diese Aktualisierung und Konkretisierung reicht von einer Anwendung auf die heutige Weltlage, auf die aktuelle Situation in der Gemeinde bis hin zu individuellen lebensgeschichtlichen Deutungen. Auch wenn letztere im allgemeinen nicht ausdrücklich in sakramentalen Feiern vorkommen, gehören sie doch zu den verborgenen Konstitutiva einer christlichen Glaubensbezeugung.

Wo Christen miteinander beten und sich im Gespräch austauschen, werden religiöse lebensgeschichtliche Deutungen immer wieder spontan bezeugt. Häufig sind aber auch Hemmungen und Vorbehalte: von manchen aus einem gesunden Sinn für Diskretion und Rücksicht auf persönliche Intimbereiche; andere sind abgeschreckt von Übertreibungen, insbesondere von seiten fundamentalistischer Gruppen, bei denen das Bewußtsein für die Vorläufigkeit und Unsicherheit von Deutungsversuchen wenig ausgeprägt ist. Wieder andere scheuen das Risiko von Fehleinschätzungen.

Wenn Glaube nicht in unverbindlicher Allgemeinheit verbleiben soll, dann ist das Risiko von Fehleinschätzungen unvermeidlich. Glaube ist ein *Weg*, - mit Versuch und Irrtum, mit Fehlern und Fehlerkorrekturen. Wer das heilvolle Wirken Gottes im eigenen Leben vor anderen bezeugt, kann damit nicht nur den Glauben an einen geschichtsmächtigen Gott stärken. Er (oder sie) setzt seine Deutung auch der Kritik von anderen aus und gewinnt so erweiterte Möglichkeiten der Korrektur von Irrtümern. Eine Gemeinschaft, die immer wieder Prozesse gemeinsamer Unterscheidung des Wirkens Gottes durchlaufen hat, wird erfahrener: sowohl was die Kraft aus einem konkret gewordenen Vertrauen auf den geschichtsmächtigen Gott betrifft als auch bezüglich der Notwendigkeit, Deutungen vorläufig und nach vorne offen zu halten.

3. Gottes Wirken im Handeln der Menschen

Erfahrung der Gnade im unerwartet geglückten christlichen Handeln

Wenn Gottes Wirken im Zusammenspiel von Erfahrung und Deutung, von Handeln und „Leiden" gesehen wird, dann gewinnen eigene Handlungen, die rückblickend gläub gedeutet werden, ein besonderes Interesse. Hier findet sich ein leicht übersehenes, aber für die christliche Lebenspraxis in der Bedeutung kaum zu überschätzendes Feld für Erfahrungen der Gnade. Die Erfahrung eines liebend wirksamen Gottes liegt zunächst dort nahe, wo mich ein glückliches Ereignis von außen oder von anderen her erreicht. Wenn ich mir das Verhältnis von eigener Leistung und göttlichem Wirken nicht als konkurrierend vorstelle, dann kann ich darüber hinaus Gott auch für das danken, was mir aus eigenem Wollen und aus eigenen Kräften gelungen ist. Hier gibt es noch einen besonderen Bereich: wo mir etwas im christlichen Sinn Wertvolles geglückt ist, was ich gar nicht beabsichtigt und unter durchschnittlichen Bedingungen auch gar nicht fertiggebracht hätte.

Ein Beispiel: Ich komme in Streit mit einem unangenehmen Verhandlungspartner. Es geht nicht um Kleinigkeiten; vom glücklichen Ausgang der Auseinandersetzung hängt Bedeutsames ab. Ich nehme mich zusammen, denn immerhin gilt es, taktisch vorzugehen und die eigenen Interessen zu wahren. Mein einlenkendes Bemühen beginnt Erfolg zu zeigen, der Gegner zeigt ein menschliches Gesicht. Auf einmal spüre ich sogar einen Anflug von Sympathie. Die streckenweise zum herzlichen Gespräch gewordene Auseinandersetzung endet, und am Schluß erweist sich dennoch, daß ich das mir so wichtige Verhandlungsziel nicht erreicht habe. Völlig überraschend überfällt mich aber nicht das zu erwartende „Katergefühl" - der Ärger, zu gut gewesen und über den Tisch gezogen worden zu sein - sondern eine scheinbar grundlose Freude. Der spätere Rückblick offenbart einen Grund für dieses Friedensgefühl: die Erfahrung einer überraschenden Verständigung, die nicht im Zwielicht eines geglückten strategischen Handelns steht. In der Rückschau auf dieses Ereignis lebt die Freude wieder auf und vertieft sich sogar noch: ich beginne zu begreifen, daß hier etwas geglückt ist, was ich aus eigener Kraft niemals hätte fertigbringen können. Ich erfahre mich als beschenkt, als getragen von der göttlichen Gnade. Obwohl mein Kontrahent weiterhin seine schwierigen Seiten behält, bleibt ein Gefühl tieferer Sympathie für ihn.

In diesem Beispiel hat eine spätere Einsicht den ursprünglich negativen Charakter der Erfahrung umgewandelt. Doch schon bevor die glückliche Erklärung möglich war, hat ein unvermutetes Friedensgefühl auf eine gnadenhafte Dimension verwiesen. Aber selbst ohne dieses beglückende Gefühl wäre das Geschehnis eines gewesen, wo ich - für mich selber überraschend - über den Schatten meiner charakterlichen Grenzen springen konnte, - wo Gott mich also „getragen" hat, wie es in der eingangs erzählten Geschichte heißt. Genau solche Erfahrungen, wo ich gemäß einer letzten Hoffnung und Liebe dort lebe, wo mir kein erhebendes Gefühl das erleichtert, sind für Karl Rahner die stärksten „Erfahrungen der Gnade":

„Haben wir schon einmal geschwiegen, obwohl wir uns verteidigen wollten, obwohl wir ungerecht behandelt wurden? Haben wir schon einmal verziehen, obwohl wir keinen Lohn dafür erhielten und man das schweigende Verzeihen als selbstverständlich annahm? Haben wir schon einmal gehorcht, nicht weil wir mußten und sonst Unannehmlichkeiten gehabt hätten, sondern bloß wegen jenes Geheimnisvollen, Schweigenden, Unfaßbaren, das wir Gott und seinen Willen nennen? Haben wir schon einmal geopfert, ohne Dank, Anerkennung, selbst ohne das Gefühl einer inneren Befriedigung? Waren wir schon einmal restlos einsam? Haben wir uns schon einmal zu etwas entschieden, rein aus dem innersten Spruch unseres Gewissens heraus, dort, wo man es niemand mehr sagen, niemand mehr klarmachen kann, wo man ganz einsam ist und weiß, daß man eine Entscheidung fällt, die niemand einem abnimmt, die man für immer und ewig zu verantworten hat? Haben wir schon einmal versucht, Gott zu lieben, dort, wo keine Welle einer gefühlvollen Begeisterung einen mehr trägt, wo man sich und seinen Lebensdrang nicht mehr mit Gott verwechseln kann, dort, wo man meint zu sterben an solcher Liebe, wo sie erscheint wie der Tod und die absolute Verneinung, dort, wo man scheinbar ins Leere und gänzlich Unerhörte zu rufen scheint, dort, wo es wie ein entsetzlicher Sprung ins Bodenlose aussieht, dort, wo alles ungreifbar und scheinbar sinnlos zu werden scheint? Haben wir einmal eine Pflicht getan, wo man sie scheinbar nur tun kann mit dem verbrennenden Gefühl, sich wirklich selbst zu verleugnen und auszustreichen, wo man sie scheinbar nur tun kann, indem man eine entsetzliche Dummheit tut, die einem niemand dankt? Waren wir einmal gut zu einem Menschen, von dem kein Echo der Dankbarkeit und des Verständnisses zurückkommt, und wir auch nicht durch das Gefühl belohnt wurden, selbstlos, anständig usw. gewesen zu sein?"[2]

Man könnte sich daran stoßen, bei solchen Vollzügen von Erfahrung der Gnade zu sprechen, - wo doch die heilvolle Gegenwart Gottes nicht fühlbar und erlebbar ist. Was hier gemeint ist, ist aber vielmehr, daß sich in solchen treu bestandenen Lebenssituationen das gnadenhafte Wirken Gottes in besonders reiner, unvermischter Weise manifestiert. Jene Kraft, die dieses selbstlose Handeln ermöglicht, läßt sich nicht mehr leicht verwechseln mit dem eigenen Glücksbedürfnis. Solche Erfahrungen sind aber erst dort vollständig, wo sie

---

[2] Karl Rahner, Über die Erfahrung der Gnade, Schriften zur Theologie Band III, 105-109, hier: 106f. Vgl. auch ders., Erfahrung des Heiligen Geistes, Schriften zur Theologie Band XIII, 226-251, besonders: 239f.

auch bewußt als Gnadenerfahrung wahrgenommen werden. Dies ist für Christen dort möglich, wo bestandene Leiderfahrungen im Kontext der umfassenden Heilsgeschichte Jesu Christi begriffen werden - im Blick auf sein „bestandenes" Kreuz aus der Perspektive der Auferstehung - und wo somit die heilvolle, friedensstiftende Dimension solchen unverschuldet geglückten Handelns bewußt wird.

Wüstenerfahrungen einer blind durchgehaltenen Treue, wie Rahner sie beschreibt, sind nicht ausschließlich für Christen charakteristisch. Wir finden sie in beeindruckender Weise auch bei Anhängern anderer Religionen oder sogar bei nicht ausdrücklich religiösen Menschen. Die beglückende Eigenart christlicher Existenz besteht in der Möglichkeit, die Bedeutung solcher Ereignisse zu erkennen und zu begreifen, indem sie im weiteren Kontext der Heilsgeschichte des gekreuzigten und auferstandenen Jesus Christus auch als sinnvoll begriffen werden können. Eigene bestandene Kreuzerfahrung und die Erinnerung an den gekreuzigten und auferstandenen Christus erhellen sich hier gegenseitig.

Evangelisches Handeln aus der Kraft erinnerter Gnadenerfahrungen

Von solchen Gnadenerfahrungen her ergibt sich ein Schlüssel für den Umgang mit der anspruchsvollen Ethik des Evangeliums, wie sie besonders in der Bergpredigt aufscheint. Dem, der dich schlägt, die andere Backe hinzuhalten; den, der dich zwingt, mit ihm eine Meile zu gehen, über zwei Meilen zu begleiten; dem, der dir das Hemd nehmen will, auch den Mantel zu lassen; der radikale Verzicht auf Fluch und Begierde bereits in Gedanken. All das sind Leistungen, die ganz offensichtlich niemandem - auch nicht „Elitechristen" - aus eigener Kraft zugemutet werden können. Wer es dennoch versucht, dem geht es leicht wie dem Mann, den ein unreiner Geist verlassen hat, um dann mit sieben anderen zurückzukehren (vgl. Mt 12,43-45): Die moralische Selbstüberforderung rächt sich durch unkontrollierbare Rückschläge in unvermuteten Bereichen.

Heißt das, daß die Anweisungen der Bergpredigt nur der zugespitzte Stachel des unerfüllbaren Gesetzes sind, sodaß niemand, wirklich *niemand* angesichts dieser Forderungen noch auf seine Gerechtigkeit pochen kann, und so jeder auf die Gnade Christi angewiesen ist? Eine

Lösung, die die handlungsleitende Qualität der Ethik der Bergpredigt ernster nimmt, bietet sich erst durch einen Perspektivenwechsel: Die Forderungen der Bergpredigt sind aus eigener Kraft unerfüllbar, aber manchmal merken wir im Vollzug oder im Nachhinein, daß es in bestimmten Situationen eben doch ging, - ungeplant und überraschend.

Für den Lebensrückblick kann die Bergpredigt so etwas wie einen Filter bilden: Innerhalb der Vielfalt von Erfahrungen lenkt sie die Aufmerksamkeit auf Ereignisse, wo Handlungsmaximen aus der Bergpredigt näherungsweise verwirklicht wurden. Die Bergpredigt sagt mir also weniger: „So mußt du dich verhalten", sondern eher: „Wo Du und andere sich so und so verhalten, da ist das Reich Gottes nahe". Die Bergpredigt dient hier nicht direkt als Ethik, sondern als hermeneutischer Schlüssel zur Unterscheidung des Wirkens Gottes in meinem Leben.

Das heißt aber nicht, daß die Bergpredigt damit ihren ethischen Impuls völlig verloren hat, sie übt ihn nur nicht direkt aus. Durch die dankbare Erinnerung an Gnadenerfahrungen, wo ich von Gott getragen wurde, wächst das Vertrauen in diese begleitende Macht Gottes und damit die Fähigkeit, mich öfter und noch radikaler davon tragen zu lassen. Meine Erfahrung mit dem Kontrahenten, der mir trotz (oder gerade im) strategischen Mißerfolg liebenswert wurde, weckt meine Kraft, auch anderen vordergründig schwierigen Menschen in einer aufrichtigen Offenheit zu begegnen. Die Bergpredigt wird so auf eine indirekte Weise zum Lebensgesetz.

„Gott in allen Dingen finden"

„Gott in allen Dingen finden" - das ist ein Leitsatz christlicher Spiritualität, der gleichermaßen fasziniert wie provoziert. Er fasziniert, weil er ganz im Gegensatz zu einer weltflüchtigen Frömmigkeit einen Glauben anvisiert, der die Erde liebt, der Menschen und Dinge bejaht und *in ihnen* die Spuren Gottes findet. Wer so lebt, ist als Glaubender der Welt nahe und findet *in* der Weltbejahung Gott. Angezielt ist die Vision, daß jede - auch die alltäglichste und lästigste - Erfahrung oder Verrichtung aus der Kraft des den Menschen begeisternden Gottes geschehen kann, - was möglich ist, weil Gott in ebendiesen Erfahrungen oder Verrichtungen als anwesend erfahren wird. Aber genau hier liegt auch die Provokation dieses Leitsatzes: Wie kann Gott - und gemeint ist selbstverständlich der Gott Jesu Christi: liebend und allmächtig - auch in Erfahrungen des Leides und des Bösen gefunden werden?

Hier weisen die Überlegungen des vorigen Abschnitts einen Ausweg. Wir machen immer wieder - oft unvermutet - Erfahrungen glücklich bestandener Not. Und die dankbare Erinnerung an solche Ereignisse kann die Fähigkeit zu liebevoller Leidbewältigung für die Zukunft vertiefen. Auch wo eine glückliche Auflösung leidvoller Erfahrungen noch nicht im Blick ist, kann die Erinnerung an frühere gelungene Leidüberwindungen die Hoffnung auf einen letzten Sinn wachhalten.

Das ist natürlich noch keine volle Einlösung des Leitsatzes „Gott in *allen* Dingen finden". Gott wird noch nicht in *allen*, wohl aber in *etwas mehr* Dingen erfahren, als es mir „von Natur aus" naheliegen würde. Aber die Erfahrung, daß Gott auch in Leid und Schmerz erfahren werden *kann*, nährt das Vertrauen, daß Er tatsächlich mein ganzes Leben durchdringen kann, daß ich wirklich ganz heil werden kann. „Gott in allen Dingen finden" ist somit eine Zielvorstellung, ein Horizont, dem ich mich im Laufe meines Lebens immer nur annähern, auf den hin ich leben, den ich in diesem Leben aber nie ganz erreichen kann.

Wer aus der Kraft erinnerter Gnadenerfahrungen lebt, für den ist das „Gott in allen Dingen finden" kein Programm, das aus eigener Anstrengung gelebt wird. Man läßt sich das Finden vielmehr schenken und bemüht sich nur, diese geglückten Erfahrungen in Erinnerung zu bewahren. Eine überfordernde oder den Widerstand lähmende Leidensspiritualität liegt hier fern. Und dennoch wächst hier die Gabe, auch in den widrigen „Dingen" des Lebens die Spuren eines liebenden Gottes zu finden, so daß ich auch dort von ihm bekennen kann: „Da hast Du mich getragen".

Dies ist der gekürzte Text eines umfangreicheren Entwurfes zu Unterscheidungskriterien für ein christliches Leben. *Er enthält nicht nur Literaturhinweise, sondern auch weitere Unterscheidungskriterien, etwa bezüglich des Leitsatzes „Gott in allen Dingen finden", und in bezug auf Fragen über Schuld und Versöhnung. Diesen Entwurf diskutierte ich mit mehreren Freundinnen und Freunden, denen ich für ihre Anregungen herzlich danke. Ich beabsichtige den Gesprächsprozeß weiterzuführen, in der Hoffnung, daß aus den diskutierten Entwürfen einmal ein kleines Buch wachsen wird. Falls Sie zum Text sowie zum weiteren Thema Anregungen, Fragen oder Kritiken haben, schreiben Sie mir bitte! Ich werde Ihren Beitrag nach Möglichkeit für die Weiterarbeit berücksichtigen. Meine Adresse: Dr. Willibald Sandler, Institut für Dogmatik und Ökumenische Theologie der Universität Innsbruck, Universitätsstraße 4, 6020 Innsbruck.*

CLEMENS SEDMAK
IGNATIANISCHE SPIRITUALITÄT UND THEOLOGISCHER WERKZEUGKASTEN

1. Spiritualität

Karl Rahner hatte in seiner *Rede an einen Jesuiten von heute* die Mahnung eingebaut, daß die Hauptaufgabe von Jesuiten das Geben der Exerzitien sei[1], denn die Suche nach Gotteserfahrung steht im Zentrum eines geistlichen Weges. Dazu kann die Theologie beitragen, wenn sie sich des rechten Werkzeugs bedient und entsprechend „praktisch" ist. Daß die Theologie praktisch ist, heißt nicht, daß die Theologinnen und Theologen in einem umgangssprachlichen Sinn praktisch sind und etwa kaputte Staubsauger oder Radiogeräte reparieren könnten. Daß diese Tätigkeiten („Gott suchen in allen Dingen"!) mit geistlichem Leben viel zu tun haben können, steht dabei außer Streit. Auch wenn der Zusammenhang zwischen Staubsaugern und Spiritualität, Radiogeräten und Religion, vielleicht interessanter wäre, soll doch davon nicht die Rede sein. Wir wollen uns vielmehr über den theologischen Werkzeugkasten unterhalten. Wenn man einmal davon ausgeht, daß die Theologie praktisch ist, dann darf man wohl auch nachfragen, welche Werkzeuge die Theologie für die Lebensbewältigung anzubieten hat. Und das ist nicht wenig. Da finden sich Geräte, um Löcher in den Boden des Glaubens zu bohren, da finden sich Instrumente, um die Zahl der Engel auf einer Nadelspitze zu bestimmen, da finden sich Werkzeuge, um das spirituelle Leben der Gläubigen anzuleiten und vieles mehr. Ich möchte im Folgenden zwei Werkzeuge vorstellen, die aus dem theologischen Werkzeugkasten entnommen und für geistliche Zwecke verwendet werden können: Sprachanalyse und Handlungstheorie. Es handelt sich dabei ganz offensichtlich um Instrumente, die aus der Philosophie stammen, näherhin aus der sogenannten „analytischen Philosophie", die durch ihren „linguistic turn" und ihre „pragmatische Wende" bekannt geworden ist und im Hinblick auf Argumentationskultur, Klarheit und Ge-

---

[1] K. Rahner, Das Alte neu sagen. Rede des Ignatius von Loyola an einen Jesuiten von heute. Freiburg/Br. 1982, 21f.

brauch der Logik die Nachfolge der mittelalterlichen Scholastik angetreten hat. So könnten diese Gedanken auch unter dem Titel „Die Idee der analytischen Philosophie und ihr Verhältnis zur ignatianischen Spiritualität" stehen.

Ignatius von Loyola hat in seinem Exerzitienbuch „Geistliche Übungen" (GÜ)[2] Hinweise für die geistliche Begleitung gegeben und dabei ausgiebig von diesen Werkzeugen, Sprachanalyse und Handlungstheorie, Gebrauch gemacht - was nicht unbedingt heißen soll, daß Ignatius analytischer Philosoph war. Man kann ja auch einen Hammer gebrauchen, ohne ein Tischler zu sein. Ebenso leicht wie Hammer und Zange sind übrigens auch Sprachanalyse und Handlungstheorie handhabbar, die schon lange vor der analytischen Philosophie unserer Zeit eingesetzt wurden. Diese beiden Instrumente schaffen Zugänge zum geistlichen Leben des Menschen über das sprachliche und außersprachliche Handeln. Hier wird in einem tiefen Sinn das Wort „An ihren Früchten werdet ihr sie erkennen" (Mt 7,16) ernstgenommen. Spiritualität ist eine Einstellung zur Welt als ganzer, eine Einstellung zum Leben insgesamt; diese Einstellung drückt sich in der Lebensweise der Menschen aus. In der Art und Weise, wie wir reden und handeln, kommen unsere lebenstragenden Grundüberzeugungen zum Ausdruck. Kleider machen Leute und Taten machen Heilige. In diesem Sinn ist Spiritualität nicht etwas „Privates", sondern Teil unserer sozialen Welt und innerhalb der sozialen Welt zu begreifen. Wir sind also nicht nur auf geheimnisvolle Instrumente wie Wünschelruten oder Aura-Soma-Fläschchen angewiesen, um einen Zugang zu unserer geistlichen Lebenswelt zu finden, sondern können mit den einfachen Schaufeln der Sprachanalyse und Handlungstheorie in unseren Seelen graben, bis wir an den harten Felsen des erfahrbaren Daseins Gottes gelangen und sich jeder theologische Spaten zurückbiegt.[3]

---

[2] I.v. Loyola, Geistliche Übungen. Übertragung und Erklärung von A. Haas. Freiburg/Br. 1967; zitiert nach Nummern.

[3] Das ist natürlich eine Anspielung auf Ludwig Wittgenstein, Philosophische Untersuchungen (Oxford 1967), § 217: „Habe ich die Begründungen erschöpft, so bin ich nun auf dem harten Felsen angelangt, und mein Spaten biegt sich zurück. Ich bin dann geneigt, zu sagen: ´So handle ich eben.´"

2. Sprachanalyse

Die Art, wie wir miteinander sprechen, hängt mit unserer Lebensweise zusammen.

Unsere Sprache ist ein Teil unserer Kultur. Das gilt für den Makrokontext der Kultur, in der wir leben, und für den Mikrokontext unserer eigenen Lebenskultur. Daß wir in unserer Sprache über bestimmte Wörter verfügen, ist bemerkenswert. Es ist etwa bemerkenswert, daß unsere Sprache geeignet ist, die Anliegen von Ignatius auszudrücken, auch wenn manche spanische Ausdrücke („mas", „historia", „disposición") schwer zu übersetzen sind. Immerhin ist es auffallend, daß sich über das geistliche Leben reden läßt und die Aufklärung und Säkularisierung das Vokabular des Spirituellen nicht ausgemerzt haben. Man soll den Umstand nicht geringschätzen, daß es in unserer Sprache noch die Wörter „Seele" oder „Trost" gibt! Wir benennen das, womit wir handelnd umgehen und wir gehen handelnd mit dem um, was in unserem Leben eine Rolle spielt. So läßt der Wortschatz einer bestimmten Sprache tief in die Kultur blicken, die diese Sprachgemeinschaft teilt. In einer gewissen sprachphilosophischen Tradition ist vom „sprachlichen Relativitätsprinzip" die Rede, das die Abhängigkeit der Sprache von der Kultur ausdrücken soll. Seit Franz Boas sind die verschiedenen Begriffe für das Wort „Schnee" in Eskimosprachen ein vielstrapaziertes Beispiel, aber auf verschiedene Bezeichnungen von „Schnee" stoßen wir etwa auch im Tiroler Dialekt. Schifahrer brauchen eben nicht nur Schi, sondern auch Wörter, um über das Schifahren sprechen zu können! Ähnlich geht es uns in unserem geistlichen Leben. Ignatius orientiert sich denn auch im Sinne einer „ordinary-language-philosophy" an der gewöhnlichen Sprache, um zentrale Termini des geistlichen Lebens zu erklären (vgl. GÜ 346). Die Sprachanalyse ist ein Instrument, den Gebrauch der Sprache zu reflektieren. Diese Reflexion ist auch in geistlicher Absicht wertvoll. Es ist, wie gesagt, bezeichnend, welche Begriffe uns zur Verfügung stehen; und ebenso bezeichnend ist es, welche Konnotationen zentrale Begriffe des Christentums für uns haben, welche semantischen Felder biblische Worte bilden. Paul Imhof hat diese Brücke zwischen sprachphilosophischer Bedeutungstheorie und geistlichem Leben sehr schön dargestellt:

„In einem gewissen Sinn ist die Auffassung von Ludwig Wittgenstein, die Bedeutung der Sprache sei ihr Gebrauch, auch für den Umgang mit der Heiligen Schrift während geistlicher Prozesse erwägenswert ... Denn in dem Maße, in dem es gelingt, die Heilige Schrift so im Prozeß zu verwenden, daß wie von sich her das Wort der Schrift für die Exerzitanden bedeutsam wird, ist ein Raum eröffnet, in dem der Sinn der Schrift sich lebenspraktisch und lebensdeutend auszuwirken vermag. Voraussetzung dabei ist, daß das Wort der Schrift in seiner Qualität als inspiriertes Wort Gottes zur Sprachform des Gespräches zwischen Gott und Mensch wird."[4]

Die Kirche ist Hüterin eines semantischen Schatzes, den wir in unserem Leben zu bergen eingeladen sind. Unsere Lebenspraxis ist es, die Wörtern wie „Auferstehung", „Barmherzigkeit", „Erlösung" Bedeutung verleihen kann. Hier ist die Kirche aufgerufen, Erfahrungen zu ermöglichen, die diesen Sprachgebrauch rechtfertigen und die Semantik des Wortes Gottes pragmatisch einholen. Das Wort Gottes, die Heilige Schrift ist Bezugspunkt der ignatianischen Exerzitien. Der Exerzitienleiter gibt anhand der Heiligen Schrift „Punkte" zur Reflexion und versucht damit, zu einer katalysatorischen Wirkung des Wortes Gottes auf das Leben des Exerzitanden einzuladen. Der Exerzitand ist dazu aufgerufen, das Schriftwort in sein Leben aufzunehmen und als praxisverändernd zu integrieren. Zugleich weist Ignatius darauf hin, daß wir mit Worten handeln können, daß das Aussprechen eines Wortes geistliches Tun sein kann. In jedem einzelnen Wort steckt eine immense Kraft verborgen; auch dies ist eine Entdeckung, zu der die geistlichen Übungen einladen. So können wir Gebete einüben, die aus nur einem Wort bestehen (GÜ 252,254) oder Kraft daraus schöpfen, ein Wort des Vaterunsers auszusprechen (GÜ 258). Die inneren Zwiegespräche mit Christus und Maria, die Ignatius anempfiehlt (GÜ 53ff,63,71), vollziehen sich durch eigentliches Sprechen, wie ein Freund zum anderen spricht (GÜ 54). Bei solchen Zwiegesprächen sollen wir uns unterreden und bitten entsprechend der jeweiligen Situation (GÜ 199). Der Sprache und dem Sprechen kommen eine zentrale methodische Bedeutung zu. Reflexion auf Exerzitien ist damit untrennbar verknüpft mit Reflexion auf Sprache und Sprachgebrauch.

---

[4] P. Imhof, Christus erleben. Grundkurs Ignatianischer Spiritualität. Kevelaer 1990, 29.

Der eigene Sprachgebrauch gibt ein Zeugnis über die eigene geistliche Verfaßtheit, das Äußern müßiger Worte ist verwerflich (GÜ 40) und zeugt von unreifem Geist. Wir könnten das in Form einer Fichteschen Faustregel formulieren: Zeig mir, wie du sprichst, und ich sage dir, was für ein Mensch du bist! Geistliche Erziehung ist auch Erziehung zum maßvollen Sprachgebrauch. Müßige Worte sind solche, die keine angemessene Funktion im Alltagsleben ausfüllen. Wittgenstein hat über solche Begriffsverwendungen, die nicht in der Lebenspraxis verankert sind, einmal gesagt, daß die Sprache in diesen Fällen „feiert".[5] Ein müßiges Wort ist nach Ignatius ein solches, „das weder mir noch einem anderen nützt noch einer solchen Absicht sich einordnen läßt. So soll man auch nicht etwas sagen, was zum - müßigen - Lachen reizt (GÜ 80). Spricht daher jemand so, daß es nützlich ist, oder herrscht die Absicht, der eigenen oder fremden Seele oder dem Leib oder den zeitlichen Gütern zu nützen, so ist das niemals müßig" (GÜ 40). Wir könnten das auch so sagen: Worte haben eine Funktion in der sozialen Welt. Dadurch bekommen sie Bedeutung. Eine geistliche Bedeutung bekommen die Worte dann, wenn sie in der sozialen Welt unter geistlicher Rücksicht eine Rolle spielen können. Entscheidend dafür sind die Absichten, die hinter dem Wort liegen. So liegt „in allem, was gesprochen wird, ein Verdienst, wenn es auf das Gute hingeordnet ist" (GÜ 40). Aus der Art, wie miteinander gesprochen wird, kann man auch einiges für die eigene Seelenformung lernen. Ignatius empfiehlt, darauf zu achten, wie die Heilige Familie spricht (GÜ 115) und lädt dazu ein, genau zuzuhören, wie die göttlichen Personen oder die Menschen auf der Erdoberfläche miteinander reden (GÜ 107). Die Analyse des Wortes Gottes ist in der Exegese beheimatet, die Sprachanalyse geistlicher Vorbilder und Fürsprecher u.a. in den Exerzitien.

Dieser Zusammenhang von geistlichem Leben und Sprache drückt sich methodisch in der Technik der Verbalisierung aus, die Ignatius nahelegt (vgl. GÜ 31). Die „Exagoreusis", das Offenlegen der eigenen Gedanken, eine „Spiritualität der Bloßlegung des Herzens", ist uns bereits aus der frühchristlichen Wüstenaszese bekannt. Das examen generale soll dazu anleiten, die eigenen geistlichen Regungen und Neigungen in Worte zu fassen (GÜ 43) und damit einem äußeren

---

[5] Wittgenstein, a.a.O. § 38.

Urteil zugänglich zu machen. Ähnliches gilt für die Generalbeichte (GÜ 44). Die Versprachlichung des geistlichen Lebens schafft eine Tür zum Exerzitanden, durch die der Exerzitienleiter eintreten kann. Eine Funktion der Sprache für das geistliche Leben besteht gerade darin, das, was ein Mensch als geistlich relevant empfindet, sozial relevant zu machen. Das geistliche Leben kann erst dann beurteilt werden, wenn sich die Prozesse, die ein Mensch durchlebt, versprachlichen. Deswegen ist der sprachliche Ausdruck entscheidend in der geistlichen Begleitung und sagt auch sehr viel über das geistliche Leben eines Menschen aus. Entsprechend delikat ist denn auch das Sprechen über das geistliche Leben anderer (GÜ 41).

Die Art und Weise, wie wir miteinandersprechen, hat soziale Auswirkungen. Wir müssen aus diesem Grund sehr vorsichtig damit sein, etwa gewohnheitsmäßig viel über die Prädestination zu sprechen (GÜ 367). Dann gilt es wenigstens so zu sprechen, daß das gewöhnliche Volk nicht in Verwirrung gerät. Entscheidend sind daher sprachliche Unterscheidungen. Die sprachlichen Unterscheidungen, die wir treffen und im Rahmen der Sprachanalyse explizit machen, sagen etwas darüber aus, welche Unterschiede in unserem Leben eine besondere Rolle spielen und was wir daher sprachlich auszeichnen wollen. Nur eine Rede mit entsprechenden Unterscheidungen, wird der gott-geschaffenen Ordnung der Welt gerecht. Ein Reden ohne irgendwelche Unterschiede gibt dem Volk Anlaß, träge zu werden (GÜ 368) und hintergeht die Ordnung der Unterscheidungen. Bei der Rede von geistlichen Dingen ist besondere Vorsicht geboten. Von der Gnade etwa dürfen wir nicht so frei und freizügig sprechen (GÜ 369). Dies ist ein wertvoller Hinweis auf den Zusammenhang zwischen Theologie und Spiritualität. Der Theologe ist wohlberaten, Unterscheidungen mit Sorgfalt zu treffen und behutsam zu gebrauchen. Gerade auf dem Hintergrund einer instrumentalistischen Bedeutungstheorie, die semantische Fragen mit Fragen der Pragmatik verknüpft, ist der Umstand zu berücksichtigen, daß sich der Kontext theologischer Rede und der Kontext erbaulichen Predigens voneinander unterscheiden. Solche Unterschiede macht die Sprachanalyse klar. Der Zusammenhang zwischen Gebrauch und Bedeutung ist für die Theologie auch insofern relevant, als die theologischen Begriffe nur im Bezug auf bestimmte Formen menschlichen Handelns semantisch gesättigt werden können. Unter einer gewissen Rücksicht kann die Sprachanalyse klarmachen, daß die Rede von Gott eine Rede von den Menschen ist. Die Aussage, daß Gott „allmächtig" ist, sagt etwas über unser Leben aus. Das mag auch der tiefere Grund dafür sein, daß die Betrachtung der Taten Gottes im Rahmen von geistlichen Übungen das Leben von uns Menschen ändern soll. Sowohl die Theologie als Rede von Gott als auch die Exerzitien als Begegnung mit Gott können in diesem Sinn vom Werkzeug der Sprachanalyse profitieren, etwa um das Haus des Glaubens zu unterkellern.

3. Handlungstheorie

Das zweite Werkzeug, das ich ans Herz legen möchte, ist die Analyse menschlichen Handelns im Rahmen einer Handlungstheorie. Grundsätzlich ist klar, daß sich unser Glaube in unserem Leben bewahrheiten muß. So kann Ignatius sagen, daß die Liebe mehr in die Werke als in die Worte gelegt sein muß (GÜ 230).[6] Jede Religion ist darauf angewiesen, eine Lebensordnung aufzustellen und das Handeln der Menschen anzuleiten. Für einen Christen ist es von besonderer Wichtigkeit, das eigene Handeln christusgemäß auszurichten. Handlungsanleitungen im Sinne einer Lebensordnung finden sich denn auch im Evangelium, etwa in den Anweisungen der Bergpredigt über das Almosengeben oder das Fasten. Auch Ignatius gibt konkrete Anweisungen zum Almosengeben (GÜ 338-344) und leitet damit menschliches Handeln im Sinne einer christlichen Lebensordnung an. Solche Anleitung kann nur gelingen, wenn die Annahmen, die dabei über das menschliche Handeln gemacht werden, zutreffend sind. Ignatius folgt in seinem Exerzitienbuch daher einer wenigstens impliziten Handlungstheorie. Dies läßt sich auch gar nicht vermeiden, soll Orientierung für das menschliche Handeln angeboten werden. Die Exerzitien dienen, so könnte man in Anlehnung an scholastisches Denken sagen, dazu, „daß unser Leben recht sei", „ut boni fiamus". Glaube muß sich leibhaft ausdrücken, geistliches Leben muß inkarniert werden. Ignati-

---

[6] „Das ist wieder ganz der Mann der Tat, der bloßen Worten und Gefühlen mißtraut, in jedem Fall aber dem von der Liebe erfüllten Tun den Vorrang gibt. Dabei wird dieses Tun durch das vorbereitende Bittgebet näherhin als Dienen umschrieben" (J. Stierli, Gott suchen in allen Dingen. Ignatius von Loyola. [Texte christlicher Mystiker]. München 1987, 120).

us empfiehlt deswegen des öfteren *Ausdruckshandlungen* wie das Sich-auf-die-Brust-Schlagen, wenn man gesündigt hat (GÜ 27) oder das Knien beim Gebet (GÜ 76). Rituale sind das Ausführen von Handlungsschemata, die habituell abgesichert sein können. Für das Gelingen sakramentalen Handelns gelten spezifische Bedingungen (GÜ 354f); es handelt sich dabei um die Regeln, die diese Handlungsschemata strukturieren. Es ist nicht nur so, daß meine Einstellung mein Handeln prägt, sondern in umgekehrter Richtung können auch meine Handlungen meine Einstellung und meine Geisteshaltung prägen, weil ich mir auf diese Weise einen Habitus aneignen, Handlungsschemata einüben kann. So rät Ignatius dazu, sich selbst zu züchtigen (GÜ 83-85) und auf Essen, Schlaf und Fleischeslust zu verzichten. Auf diese Unterscheidung zwischen „Handlung" und „Handlungsdisposition" werden wir noch zurückkommen. Diese handfesten Anleitungen beruhen auf einer spezifischen Handlungstheorie, die Ignatius differenziert zu handhaben weiß.

Grundlegend für das ignatianische Verständnis des menschlichen Handelns ist die Unterscheidung zwischen „intellectus" und „voluntas" (GÜ 3), zwischen Verstandesakten und Willensakten, eine Unterscheidung, die uns vom mittelalterlichen Denken her vertraut ist. Diese Unterscheidung ist deswegen von Bedeutung, weil sie die Eigenart unserer Handlungsfreiheit klarmachen kann. Wir sind in unserem Handeln nicht festgelegt, der Mensch ist frei. Das mag zu anderen Zeiten noch aufregender geklungen haben: „Wahrscheinlich erlebte der Übende im 16. Jahrhundert eine Entdeckerfreude in dem Sinn, daß er erfuhr, wie er sich selbst beherrschen und kontrollieren konnte, daß er ´frei´ war auch in bezug auf sich selbst, daß er sein Handeln auswählen konnte und daß seine Haltung nicht eine Naturgegebenheit war."[7] Die Unterscheidung zwischen Intellekt und Wille, zwischen Einsicht und Entscheidung, ist grundlegend für das Verständnis der ignatianischen Spiritualität. Der Mensch ist frei. Die Freiheit des Menschen tastet Ignatius nicht an. Sie ist vielmehr das, was in Entscheidungsprozessen und im Vollzug einer Wahl gefordert ist und sie ist das, was der Mensch Gott schenken kann. Der tiefste Sinn der Frei-

---

[7] L. Bakker, Freiheit und Erfahrung. Redaktionsgeschichtliche Untersuchungen über die Unterscheidung der Geister bei Ignatius von Loyola. Würzburg 1970, 14f; vgl. Imhof, a.a.O. 34.

heit ist nach Ignatius die Befähigung zur Hingabe an das Gottesgeheimnis.

Wenn die Freiheit im Mittelpunkt steht, ist einem intellektualistischen Menschenbild vorgebeugt. Wir denken nach Ignatius mit dem Verstand und verlangen mit dem Willen (GÜ 50). Am deutlichsten wird die Unterscheidung zwischen Verstand und Wille dann, wenn es um Entscheidungen geht, um eine anstehende Wahl. Die Wahl gilt für viele Kommentatoren als das Wesen der Exerzitien. Im Sinne einer guten Wahl ist es nach Ignatius entscheidend, das Ziel klar vor Augen zu haben und die Mittel dem Ziel unterzuordnen und nicht umgekehrt (GÜ 169); das verlangt eine entsprechende Disposition des Willens, der auf das Gute hingerichtet sein muß und eine entsprechende Klarheit des Verstandes, denn erwogen wird etwas dadurch, daß ich Schlußfolgerungen ziehe (GÜ 181). Entscheidungen müssen also vernunftgeleitet sein, wie Ignatius sagt, nach einer Neigung der Vernunft geschehen (GÜ 182). Für eine heile und gute Wahl muß ich mir die Gegenstände vorlegen (GÜ 178). Dies ist eine Leistung des Intellekts, der die Dinge, so wie sie sind, analysiert und zur Entscheidung freigibt. Die Entscheidung liegt nun aber nicht beim Verstand, sondern beim Willen, der dem Verstand folgen kann oder auch nicht. In der Wahl müssen Verstand und Wille zusammenspielen, denn sonst gibt es eine „ungeordnete und verkehrte Wahl" (GÜ 172).[8]

Neben der Unterscheidung zwischen Intellekt und Willen steht die Unterscheidung zwischen Handlung und Handlungsdisposition im Zentrum der ignatianischen Handlungstheorie. Handlungen können vorbereitet und eingeübt werden (GÜ 1). Die geistlichen Übungen sind von Ignatius in Analogie zu körperlichen Übungen gedacht, eine bestimmte Handlungsanlage soll gestärkt und gewohnheitsmäßig ge-

---

[8] Damit kommt Ignatius nahe an eine voluntaristische Position heran, wie wir sie etwa bei Ioannes Duns Scotus finden, der im Prolog zu seinem Sentenzenkommentar (q. 3) das rechte Handeln als jenen Typ von Handeln charakterisierte, der auf einem Entschluß aufgrund von Beratung beruht (vgl. H. Kraml, Die Rede von Gott sprachkritisch rekonstruiert aus Sentenzenkommentaren, Innsbruck 1984, 128). Der Wille ist frei, die Mittel und auch das Ziel zu wählen, der Intellekt legt die Analyse der Situation vor, an die sich der Wille aber nicht halten muß. Der Mensch ist frei und Gott ist frei. Auf diese fundamentalen Einsichten baut Ignatius seine Exerzitientheologie, die eine menschliche Handlungstheorie (Erlösungstheologie) und eine göttliche Handlungstheorie (Gnadentheologie) vereinigt.

festigt werden. „Die Exerzitien stehen also wesentlich in der Offenheit der Disposition, des Bereitseins und des je neu Bereitmachens der Seele. Diese Übungen sind Einüben in diese Offenheit der Disposition des je neuen Bereitseins."[9] Die zentrale Bedeutung der Handlungsdisposition in den Exerzitien wird von manchen Kommentatoren mit der Bedeutung der geistlichen Übungen überhaupt gleichgesetzt. Nach Wim Peters kommt es in den Exerzitien gerade darauf an, eine Haltung, eine Disposition zum Handeln zu suchen, die Gottes Willen finden und das eigene Leben erneuern läßt.[10] Handlungen können aus einem Habitus, einer feststehenden Handlungsgewohnheit, wie Aristoteles das genannt hat, hervorgehen. Auftrag an eine christliche Spiritualität ist es, so könnten wir sagen, einen christlichen Habitus zu entwickeln, der uns in konkreten Situationen nach dem Beispiel Jesu handeln läßt. Dieser Habitus will eingeübt werden, so wie ein Handwerk oder auch eine Fertigkeit. Schlechte Gewohnheiten führen zu schlechten Vorsätzen und Ansichten (GÜ 336). Das geistliche Leben gipfelt nicht in einer technischen Fertigkeit, die Brücken konstruieren oder die eingangs erwähnten Radiogeräte reparieren lassen; das geistliche Leben drückt sich in Dispositionen aus; diese sind *glaubensrelevant*. Ignatius sieht es als schwere Sünde an, wenn ein schlechter Handlungsvorsatz gefaßt, also ein negativer Willensakt gesetzt wird (GÜ 36). Ignatius unterscheidet in seiner Handlungstheorie zwischen Absichten, Handlungen und Beschäftigungen (GÜ 46). Alle drei Kategorien sind relevant für das geistliche Leben.

Handlungen und Verhalten sind nach Ignatius nicht einfach gleichzusetzen; damit baut er eine aus der analytischen Handlungstheorie vertraute Unterscheidung ein und kennzeichnet als spirituelle Formen der vita activa die Handlungen. Das Handeln des Menschen unterliegt einer Logik, die sich in einer Handlungstheorie fassen läßt. Die Dinge auf der Erde „sind zum Menschen hin geschaffen, und zwar damit sie ihm bei der Verfolgung des Zieles helfen, zu dem hin er geschaffen ist."[11] Das menschliche Handeln kann - im Sinne des augustinischen Verständnisses von „uti" - die Dinge in der Welt als Mittel zum gottaufgetragenen Zweck gebrauchen. Dies ist die von Gott vorgesehene

---

[9] A. Haas, Erklärungen zu den zwanzig Anweisungen (GÜ), a.a.O., 126.
[10] Vgl. W. Peters, The Spiritual Exercises of St. Ignatius. Exposition and Interpretation. Jersey City, NY 1968.
[11] Stierli, a.a.O., 102.

Handlungsordnung. Diese Ordnung wird durch die Neigungen des menschlichen Herzens und die Reize der Welt bedroht. Der ignatianische Rat zur Einhaltung dieser Handlungsordnung ist konsequenterweise die Indifferenz, die unser Handeln nach den Maßen Gottes ausrichten läßt und den gottgewollten Rahmen unseres Handelns respektiert. Denn menschliches Handeln findet in einem *Rahmen* statt. Der (institutionelle und strukturelle) Rahmen von Handlungen gibt den Spielraum vor, der dem einzelnen zur Verfügung steht. Das gilt für alle Menschen, die ja soziale und natürliche Grenzen respektieren müssen. Die ignatianische Handlungstheorie spricht vom Rahmen unseres Handelns als von dem, was wir als gegeben annehmen (GÜ 42). Als gegeben nimmt Ignatius die zehn Gebote, die Gebote der Kirche und die Anweisungen der Vorgesetzten an (GÜ 42). Die Handlung, die diesen Rahmen übertritt und nicht achtet, ist eine Sünde. Für die Einschätzung unseres eigenen geistlichen Lebens ist es von großer Bedeutung, uns darüber klar zu werden, in welchen Rahmen wir unser Handeln stellen.[12] Ignatius verweist nachdrücklich darauf, den von ihm angegebenen Handlungsrahmen nicht in Frage zu stellen - jegliches Urteil in bezug auf die Kirche des Herrn, die wahre Braut Christi, ist nach Ignatius zurückzusetzen (GÜ 353). Mehr noch: Was meinen Augen weiß erscheint, halte ich für schwarz, wenn die Kirche das so sagt (GÜ 365). Der Rahmen unseres Handelns wird auch von der Ordnung der Welt bestimmt. Es gibt Dinge, die unter eine unabänderliche Wahl fallen (GÜ 171) und dann nicht mehr revidiert werden können. Der Rahmen meines Handelns gibt den Handlungsspielraum an, der mir zur Verfügung steht.

Der Gedanke des Rahmens von Handlungen führt zu einem verwandten Gedanken - zum Gedanken des *Kontexts*. Unser Handeln ist in einen Kontext eingebettet, der über das Gelingen oder Mißglücken von Handlungen entscheidet. Die *Umstände* des Handelns spielen in der analytischen Handlungstheorie eine wichtige Rolle. Die Geistlichen Übungen folgen einem Grundschema[13], das den Kontext geistli-

---

[12] Erving Goffman hat auf den Begriff des Rahmens eine eigene mikrosoziologische Analyse von Situationen aufgebaut: Situationen sind wie Bilder, die in einem bestimmten Rahmen stehen, der über den Status des Bildes entscheidet; vgl. E. Goffman, Rahmen-Analyse. Ein Versuch über die Organisation von Alltagserfahrungen. Frankfurt/Main 1977.

[13] Vgl. Imhof, a.a.O. 37.

cher Erfahrung (Einstimmung, Vorbereitungsgebet, Vorübungen, Betrachtung, Gespräch, Reflexion) vorgibt und damit etwas über die Kontextbedingungen gelingenden geistlichen Lebens aussagt. Ignatius respektiert das Kontextprinzip, das eine Beurteilung menschlichen Handelns von einer expliziten Berücksichtigung der Umstände und der Situation abhängig macht, nachdrücklich. Dies zeigt sich etwa, um noch einmal darauf zu sprechen zu kommen, in seinem Verständnis der menschlichen Wahl. Ignatius nennt als eine Bedingung, daß die Wahl gut ausfällt, den Umstand der Zeit - eine Wahl ist dann zu treffen, wenn die Zeit ruhig ist (GÜ 177). Die Option für die Berücksichtigung des Handlungskontexts drückt sich auch im individuellen Charakter der Exerzitien[14] aus, den Ignatius immer wieder betont hat. Der Kontext *geistlichen Handelns* deutet sich im Aufbau des Schauplatzes an (GÜ 47), den Ignatius zur geistlichen Betrachtung empfiehlt. Im Rahmen geistlicher Übungen sind Ort, Umgang, Beruf ins Gedächtnis zu rufen (GÜ 56); die für das geistliche Leben handlungsrelevanten Orte sind mit allen fünf Sinnen wahrzunehmen (GÜ 66-70). Es geht nach Ignatius darum, mit allen Sinnen klar wahrzunehmen (GÜ 123f).[15] Exerzitien sind ein Einüben in das geistliche Schmecken, Riechen, Sehen, Ertasten. Wenn es nicht eigenartig klingen würde, könnte man sagen, daß Ignatius für einen Holismus in der Handlungstheorie plädiert und menschliche Handlungen nur auf dem Hintergrund des gesamten Handlungszusammenhangs und der gesamten Situation („ganzheitlich") beurteilt.

Nur auf dem („holistischen") Hintergrund der Berücksichtigung des Kontexts kann menschliches Handeln als *sinnvolles Verhalten* begriffen werden.[16] Unter sinnvollem Handeln wollen wir einen Typ des Handelns verstehen, der als eine Form des Regelfolgens aufgefaßt werden kann. In GÜ 185 bringt Ignatius ein Beispiel für sinnvolles Verhalten: Er lädt dazu ein, sich einen unbekannten Menschen vorzu-

---

[14] „Ignatius war nie ein Freund von Reglementen für das geistliche Leben. Ihm entsprach gerade auf diesem Feld das Prinzip der Freiheit und der Anpassung an die Personen, ihre Situationen und Bedürfnisse, noch mehr aber an die jedem eigene Gnade" (Stierli, a.a.O., 148).

[15] Vgl. A.T. de Nicolas, Powers of imagining. Ignatius de Loyola. A philosophical hermeneutic through imagining through the collected works of Ignatius of Loyola. Albany 1986.

[16] Der Begriff findet sich bei Peter Winch (Die Idee der Sozialwissenschaft und ihr Verhältnis zur Philosophie. Frankfurt/Main 1974, 58ff).

stellen, Regeln aufzustellen und sich dann an die Regeln, die man ihm aufstelle, zu halten. Soziales Leben und Verständnis ist ohne die Idee des sinnvollen Verhaltens gar nicht möglich. Dieser Bezug auf den Regelcharakter menschlichen Handelns wird noch öfters wiederholt (GÜ 187, 188). Die Idee sinnvollen Verhaltens wurde in der Geschichte der Theologie nicht nur auf menschliches Handeln hin verwendet, sondern auch konsequent auf Gott übertragen.[17] Gott handelt vernünftig. Gott handelt in einer Weise, die Ordnung und nicht Chaos schafft. „Das Wirken des Schöpfers in seinem Geschöpf geschieht in gewisser Gesetzmäßigkeit"[18], die Strukturen der geistlichen Übungen zeigen dies aufs Deutlichste. Die ignatianischen Exerzitien gehen von der Voraussetzung aus, daß Gott den einzelnen während der geistlichen Übungen anrufen will. Nur so läßt sich von einer „Logik der existentiellen Erkenntnis" sprechen, wie dies Karl Rahner getan hat.[19] Der einzelne ist aufgerufen, vor Gott das Wagnis der Freiheit und Entscheidung auf sich zu nehmen. Ignatius lädt dazu ein, das Handeln Gottes zu betrachten und sich Gedanken über das Handeln Gottes zu machen. Er lädt dazu ein, Gottes Anwesenheit in den Geschöpfen zu betrachten (GÜ 235) und zu erwägen, wie Gott um meinetwillen in allen geschaffenen Dingen auf dem Angesicht der Erde arbeitet und sich müht, das heißt, er verhält sich wie einer, der mühsame Arbeit verrichtet, so zum Beispiel an den Himmelskörpern, den Elementen, den Pflanzen, Früchten, Tieren usw., indem er all diesem Dasein gibt und erhält (GÜ 236). Gott ruft Bewegungen in meiner Seele hervor (GÜ 330), er handelt an mir und in mir und mit mir. An Schwester Rejadella schrieb Ignatius, daß es eine große Gnade sei, wenn „der Herr selbst unsere Seele bewegt ... indem er sie weit offen macht".[20] Das ist das Zentrum der ignatianischen Handlungstheorie, die den Exerzitien zugrundeliegt: Gott selbst handelt. Und es ist genuines Gott-Handeln, das den Menschen ein gottgemäßes Leben führen und gottgemäße Entscheidungen treffen läßt. Gottes Handeln ist in menschlichem Handeln und in menschlichen Bewegungen wirksam.

---

[17] Zur Idee des Gott-Handelns vgl. H. Kessler, Sucht den Lebenden nicht bei den Toten. Die Auferstehung Jesu Christi. Düsseldorf 1985, 283-311.
[18] Bakker, a.a.O. 273.
[19] K. Rahner, Die Logik der existentiellen Erkenntnis bei Ignatius von Loyola. In: Ders., Das Dynamische in der Kirche [QD 4]. Freiburg/Br. ²1960, 74-148.
[20] Zitiert nach Bakker, a.a.O., 272.

Ignatius ist überzeugt, „daß der Schöpfer und Herr selber sich seiner Ihm hingegebenen Seele mitteile, sie zu Seiner Liebe entflamme und sie zu dem Weg bereit mache" (GÜ 15). Die vielreflektierte „Tröstung ohne vorhergehende Ursache" (GÜ 330) ist denn gerade die Tröstung, die allein und ausschließlich Gott wirken kann. Man könnte auch sagen, er hält es für einen Kern christlicher Spiritualität, über eine Handlungstheorie in bezug auf Gott zu verfügen. Auf diesem Hintergrund ist die Einladung, Gott in allen Dingen zu suchen, verständlich. Gott handelt „in der Welt", und deswegen ist es naheliegend, ihn „in den Dingen der Welt" zu suchen. Danach richte ich mein Handeln aus. Man kann denn auch sagen, daß am Grund der Geistlichen Übungen das Bemühen liegt, Gottes Handeln und menschliches Handeln zusammenzubringen.[21] In den Exerzitien wirken Gottes geschichtliche Offenbarung und die persönliche Erfahrung des Menschen zusammen. Damit verbindet sich in der Handlungstheorie des Ignatius eine Theorie des Handelns des Menschen mit einer Theorie des Handelns Gottes. Das Werkzeug der Handlungstheorie ist dann nicht intellektueller Luxus, sondern ein Gebot der Stunde, will man den eigenen Standort bestimmen und dem Handeln Gottes nachspüren. Ohne eine wenigstens implizite Handlungstheorie ist das gar nicht möglich.

4. Theologie und Spiritualität

Das geistliche Leben ist ein dunkler Winkel, vor dem sich nur theologische Kinder fürchten. Mit den beiden Werkzeugen, Sprachanalyse und Handlungstheorie, in der Hand, läßt sich der Winkel nicht nur theologisch beleuchten, sondern auch geistlich wärmen. A propos „wärmen": Bischof Stecher hatte einmal in einer Predigt mit einem schönen Bild darauf hingewiesen, daß der Kühlschrank der Rationalität gebraucht wird, damit die süße Milch der Frömmigkeit nicht sauer wird. Dieses hübsche Bild hat den kleinen Nachteil, daß es uns nicht plausibel macht, warum nicht nur die Milch den Kühlschrank, son-

---

[21] Vgl. E. Kunz, „Bewegt von Gottes Liebe". Theologische Aspekte der ignatianischen Exerzitien und Merkmale jesuitischer Vorgehensweise. In: M. Sievernich/ G. Switek (Hg), Ignatianisch. Eigenart und Methode der Gesellschaft Jesu. Freiburg/Br 1990, 75-95, hier 76-81.

dern auch der Kühlschrank die Milch braucht. Machen wir uns das in zwei Schritten klar.

Spiritualität braucht Theologie: Theologie erhebt sich, wie Gustavo Gutiérrez einmal geschrieben hat, „in der Dämmerung".[22] Zunächst „tagt" die religiöse Praxis, erst wenn sie in der Dämmerung die Orientierung verliert und es zu Zusammenstößen kommt, ist die Theologie aufgerufen, kritisch, kreativ und korrigierend einzugreifen. Theologie ist kritische Reflexion auf die Praxis; Reflexion auf den Glauben. Religiöses Leben, spirituelles Leben brauchen Orientierung. Diese Orientierung kann in der Nacht, in der alle Kühe schwarz und nur die Gespenster weiß sind, leicht verlorengehen. Da braucht es die kritische theologische Reflexion und einen Begriffsapparat mit entsprechenden Unterscheidungen. Gott-Rede und Gott-Handeln, Rede von Gott und Handeln auf Gott hin lassen sich mit den beiden genannten Instrumenten aufhellen.

Theologie braucht Spiritualität, Theologie braucht eine Einstellung zur Welt als ganzer, die das theologische Arbeiten orientiert. Spiritualität ohne Theologie ist blind, aber Theologie ohne Spiritualität ist leer. Theologie kann nur, wie im 13. Jahrhundert betont wurde, *praktisch* sein, wenn sie sich als Dienst an einer größeren Sache versteht. Damit kehren wir an den Ausgangspunkt zurück. Die Theologie soll die Herzen der Menschen reinigen, wie Heinrich von Gent sagte. Die Theologie ist nur ein Mittel zum Zweck, der Zweck ist ein auf Gott hin ausgerichtetes Leben, Sprachanalyse und Handlungstheorie sind nur Mittel, die diesem Zweck dienen. Die theologische Forschung steht in einem größeren, wir könnten sagen, in einem *praktischen* Zusammenhang. Wir betreiben Theologie, „ut boni fiamus", und wir machen Exerzitien, „damit das Leben recht sei".

---

[22] G. Gutiérrez, Theologie der Befreiung. München 1973, 17.

ROMAN SIEBENROCK
GEZEICHNET VOM GEHEIMNIS DER GNADE.
»WORTE INS SCHWEIGEN« ALS URSPRÜNGLICHE GOTTESREDE KARL RAHNERS

Wenn ein Theologe wie Karl Rahner ein auch für Spezialisten kaum übersehbares, in seiner Vernetzung mit Gegenwart und Tradition des Glaubens höchst verflochtenes und in seiner sprachlichen und denkerischen Vielgestalt erstaunliches Werk hinterlassen hat, dann werden die Leser vor erhebliche Schwierigkeiten gestellt. Sie zeigen sich in der Weise, mit der wir uns Komplexität handbar zu machen versuchen, in prägnanten Reduktionen. Solche Vereinfachungen sind unausweichlich, und können daher nicht grundsätzlich verworfen werden. Dennoch muß gefragt werden: Verstellen Vereinfachungen oder hören wir in ihnen den intensiven Pulsschlag, jenen Herzton des Autors, der allem Reden und Schreiben unterlegt ist? Kommen wir seiner Spiritualität nahe? Denn das sei hier unter dem Chamäleon »Spiritualität« verstanden: Es meint jene uneinholbare, aber unvermeidbar vorausgesetzte und mitausgesagte Grundhaltung, in dem Werk und Lebensentwurf in Zustimmung, Kritik und Opposition wurzeln, und die in den entscheidenden Erschließungserlebnissen einer Glaubensgeschichte ebenso geformt wird, wie sie diese bedingt.

1. Theologie aus der Gestimmtheit des Betens

»Spiritualität« als Nährboden der Theologie verweist den Leser in den Lebenszusammenhang eines Autors, auf seine Biographie. Aus diesem Grunde sind die bevorzugten Quellen, an denen wir die Grundhaltung eines Autors ablesen, persönliche Dokumente jeglicher Art: Briefe, Notizen, Tagebücher, Bekenntnisse, Lebensrückblicke, Autobiographien, Apologien oder freundschaftliche Erinnerungen. Wenn wir in solcher Absicht uns dem Lebenswerk Rahners nähern, erleben wir eine hilfreiche Enttäuschung. Zwar haben sich Studiennotizen und einige Exzerpte erhalten, doch sind hieraus keine Aufschlüsse für unsere Fragestellung in der Prägezeit zu gewinnen. Rahner entzieht sich einem autobiographischen Zugang beträchtlich. Sind wir also bloßer Willkür ausgeliefert?

Das scheint mir nicht der Fall zu sein. Für die frühe Zeit gibt es eine Sammlung, welche uns noch heute das Werk in seinem prinzipiellen Anfang erschließt: »Worte ins Schweigen«[1]. Wird dieses Büchlein als Rahners Form der ursprünglichen Gottesrede gelesen[2] und in seiner Verknüpfung mit dem Gesamtwerk ernst genommen, dann ist uns in diesen Texten ein Fenster in das Herz des Autors geöffnet. Weil dem persönlichen Gebet eine besondere Intimität zu eigen ist, kommen wir jener Urabsicht Rahners nahe, die als soteriologisches Grundinteresse für die Mitmenschen zu bestimmen ist. Denn sein Werk wollte nicht zuerst der Wissenschaft dienen, sondern er wollte etwas sagen, was dem Heil des Mensch dient[3]. Seine Theologie, die aus der Gestimmtheit des Betens erwächst[4], hat in diesem Büchlein ihren prinzipiellen Ausdruck gefunden.

---

[1] Karl Rahner – Hugo Rahner: Worte ins Schweigen. Gebete der Einkehr. Herder Taschenbuch 437. Freiburg i.Br. 1973 (im Haupttext wird ohne Abkürzung diese Ausgabe zitiert). »Worte ins Schweigen« ist eine der »erfolgreichsten« Schriften Rahners. Die 1. Auflage (Innsbruck 1938) erlebte 10 Auflagen; das hier zitierte Taschenbuch (erstmals 1973) insgesamt 5 Auflagen. Die zahlreichen Übersetzungen in die bekannten europäischen Sprachen werden durch außereuropäische ergänzt. Die jüngste Übersetzung wurde in Jakarta auf indonesisch publiziert (Ekawacana dalam Keheningan. Jakarta 1996). Die jüngere Zusammenstellung der Gebetstexte Rahners (Gebete des Lebens. Mit einem Vorwort von Karl Lehmann. Hrsg. Albert Raffelt. Freiburg i.Br. 1984; 9. Aufl. 1991; Taschenbuch 1993) reißen die Zusammenstellung der usprünglichen Ausgabe auseinander. Da ich hier den Vorschlag unterbreite, daß die neue Ordnung nicht zufällig ist, greife ich auf die ursprüngliche Abfolge zurück.

[2] Der Begriff ist inspiriert von der Bezeichung »einfache Gottesrede« bei Friedrich Mildenberger (Biblische Dogmatik. Bd. 1. Prolegomena: Verstehen und Geltung der Bibel. Stuttgart, 1991). Der hier verwendete Begriff »ursprüngliche Gottesrede« möchte gegenüber der Einschränkung auf die biblisch angehaltene Gottesrede bei Mildenberger jene primäre Form theologischer Rede reflektieren, die sich unterschiedlichen Erfahrungen und Lernprozessen einer Lebensgeschichte verdankt und daher auch unterschiedliche Sprach- und Redemuster verwendet. Er anerkennt ein unzensiertes Recht des Menschen zu dieser Rede gibt, die auch noch in der Kritik ihre Würde behält.

[3] Schriften zur Theologie. Bd. XII. Theologie aus Erfahrung des Geistes. Zürich-Einsiedeln-Köln 1975, 604.

[4] Siehe: Miggelbrink, R., Ekstatische Gottesliebe im tätigen Weltbezug. Der Beitrag Karl Rahners zur zeitgenössischen Gotteslehre. Münsteraner Theologische Abhandlungen 5. Altenberge 1989, 290.

2. »Worte ins Schweigen«: Karl Rahners ursprüngliche Gottesrede

Karl Heinz Neufeld hat die Entstehung dieser Texte aufgearbeitet und dabei auf die noch ausstehende theologische Würdigung dieser Sammlung als erfahrenem Gottesverständnis hingewiesen.[5] Ursprünglich wurden die Betrachtungen in der Zeitschrift des Priester-Gebetsvereins in Wien im Jahre 1937 veröffentlicht, und zwar anonym. Als Buch erschienen sie 1938 in neuer Ordnung. Die Datierung wird bedeutsam, wenn Rahners Gesamtsituation in den Blick kommt. Noch vor dem Abschluß seiner Untersuchung zur Erkenntnismetaphysik bei Thomas von Aquin, »Geist in Welt«[6], wird er für die Theologie nach Innsbruck umdestiniert. Am Ende des Jahres 1936 wird er promoviert. Im Sommer des folgenden Jahres, also zur Zeit der Abfassung der hier interessierenden Schrift, wird er habilitiert, hält danach seine Vorlesungen zur Religionsphilosophie oder fundamentaltheologischen Anthropologie auf den Salzburger Hochschulwochen, »Hörer des Wortes«[7], und beginnt seine Vorlesungstätigkeit als Dozent für dogmatische Theologie mit der Gnadenlehre[8]. 1938 erschien zudem Rahners Überarbeitung der Studien Marcel Villers zu »Aszese und Mystik in der Väterzeit«[9]. Ein reichlich dichtes Programm; und dazu noch ziemlich heterogen! Zerfällt diese Vielfalt in Frömmigkeit und Wissenschaft, in historische Gelehrsamkeit und schultheologisches Pensum, in philosophisch-akademische Pflichtübung und theologische Gelegenheitsarbeiten?

---

[5] Neufeld, K.H., Worte ins Schweigen. Zum erfahrenen Gottesverständnis Karl Rahners. In: Zeitschrift für Katholische Theologie 112 (1990) 427-436. Ich möchte diesen Impuls aufgreifen und vertiefen. Die Theologie des Gebets bei Karl Rahner haben dargestellt: Lesky, B., »Ich glaube, weil ich bete!« Überlegungen zum Gebet bei Karl Rahners. Diplomarbeit. Ms., Innsbruck 1987; Reisenhofer, J., »Ich glaube, weil ich bete«. Fragmente zu einer Theologie des Gebetes bei Karl Rahner. Diss.theol. Ms. Graz 1990; Stolina, R., Die Theologie Karl Rahners: Inkarnatorische Spiritualität. Menschwerdung Gottes und Gebet. Innsbrucker Theologische Studien 46. Innsbruck 1996.
[6] zunächst 1939; heute: Sämtliche Werke. Bd. 2. Geist in Welt. Hrsg. Albert Raffelt. Solothurn-Düsseldorf und Freiburg i.Br. 1995; künftig als SW 2 abgekürzt.
[7] zunächst: München 1941. Heute: Sämtliche Werke. Bd. 4. Hrsg. Albert Raffelt. Solothurn-Düsseldorf und Freiburg i.Br. 1997 (künftig: SW 4).
[8] »De Gratia Christi«. Codex. Innsbruck 1937/38.
[9] Ein Abriß der frühchristlichen Spiritualität. Innsbruck 1939; heute: K.H. Neufeld (Hrsg.). Freiburg-Basel-Wien 1989; ²1990.

Eine aufmerksame Lektüre von »Worte ins Schweigen« kann eine ursprüngliche Integration dieser Vielfalt entdecken. Frühere Texte und Aussagen werden aufgenommen, gegenwärtige Tendenzen miteinander verbunden und künftige Entwicklungen sind hier nicht nur zu erahnen, sondern teilweise wörtlich präludiert. Besonders die Umstellung der Texte für die Buchveröffentlichung ist ein deutlicher Hinweis dafür, daß der Autor eine innere Stimmigkeit vor Augen hatte. Mein Lesevorschlag unterbreitet zunächst eine theologische Gliederung der Texte. Danach werden die einzelnen Abschnitte ausgelegt. Abschließend sei auf auf einige durchgehende Eigenschaften dieser Betrachtungen abgehoben. Daß in diesem theologischen Schatzkästlein noch mehr verborgen ist, sollen meine Ausführungen nicht verschleiern. Sie wollen vielmehr zu weiteren Entdeckungen anregen.

2.1. »Worte ins Schweigen«: Psalmen der Hingabe an das Geheimnis des dreifaltigen Gottes

Eine deutliche Veränderung im Buch gegenüber der Artikelserie ist die entscheidende Vorordnung des Abschnittes »Gott meines Herrn Jesus Christus« und die Nachordnung von »Gott meiner Sendung«. Mein Interpretationsvorschlag der neuen Ordnung stützt sich auf jene Grundoptionen seiner Gnadenvorlesung, die Ende 1937 vorgetragen wurden und im ersten Kapitel des Codex zusammengefaßt sind. Durch die Umstellung der Textfolge wird, wie im Codex die ungeschaffene Gnade, die zu allem eigenen Tun vorausgehende Tat Gottes in Jesus Christus zum Beginn aller Wege zu Gott. Mit dieser vorausgehenden Heilstat Gottes in Jesus Christus senkt sich der universale Heilswille Gottes in unsere Geschichte selber ein. Wir aber berühren den universalen und wirkmächtigen Heilswillen Gottes in Christus und der Kirche, in Wort und Sakrament. Die eigene Sendung, die geschaffene Gnade, hingegen wird dem nachgeordnet und unter dem seelsorglichen Aspekt enger verknüpft mit der gemeinschaftlichen Aufgabe als Dienst an und unter Brüdern. Ich unterteile die Texte in drei Abschnitte und einen Prolog.

Prolog (»Gott meines Lebens«)
1. Jesus Christus (»Gott meines Herrn Jesus Christus«)
2. Selbstvollzüge des Pilgers auf Gott hin öffnen
   a) Gebet (»Gott meiner Gebete«)
   b) Erkenntnis (»Gott der Erkenntnis«)

c) Gesetz und Freiheit (»Gott der Gesetze«)
d) Alltag (»Gott meines Alltags«)
e) Leben mit den Toten (»Gott der Lebendigen«)
f) die priesterliche Berufung (»Gott meiner Brüder«; »Gott meiner Sendung«)
3. Der Advent Gottes (»Gott, der da kommen soll«)

Die erste Betrachtung eröffnet als Prolog die Texte. Sie umfaßt bereits alle Texte und läßt entscheidende Themen anklingen. Die entscheidende Vorordnung der christologischen Meditation wurde gedeutet. Diesem Beginn entspricht strukturell der letzte Gang, in dem der Advent Gottes betrachtet wird. Das anstehende Kommen Gottes bilden den Rahmen der Texte. Sie müssen daher als heilsgeschichtlich geordnet angesehen werden. Ob aus der vorgelegten Einteilung eine trinitarische Struktur entnommen werden kann, bleibt Hypothese. Inhaltlich jedoch ist an der trinitarischen Bestimmung Gottes nirgends ein Zweifel.

Dem Beginn mit Jesus Christus aus der Freiheit Gottes entspricht auf der Seite des Menschen die Haltung des Gebets. Solches Beten wird zum Atem des Pilgers auf dem Weg zu Gott in der Atmosphäre der Gnade Christi: »Denn das Gebet, das nicht bloß um deine Gaben bettelt, sondern mich selbst in dich hineinliebt, ist nicht bloß so eine begleitende Hilfe der Seelsorge, sondern ihre erste und letzte Tat selbst« (63). Wenn aber Seelsorge, Sorge um das Heil der Menschen innerstes Movens und bleibendes Ethos des Werkes Rahners ist, dann ist solches Beten Anfang und Ende aller »Theo-logie«. Dem Gebet werden ausgewählte Wirklichkeitsbereiche und Grundbestimmungen des Menschen zugeordnet. Grunddimensionen seiner Existenz werden ausgelegt, und auf Gott hin dynamisiert. Daher enden alle Texte mit einer bittenden oder dankenden Anrede Gottes selbst, in der sich die Gottessehnsucht sammelt.[10] Die eschatologische Ausrichtung des letzten Textes ist nicht allein für den heilsgeschichtlichen Gesamtrahmen von Bedeutung, sondern bildet den insgeheimen Grundwasserspiegel aller Wege.

---

[10] Allein in dem Gebet »Gott der Gesetze« bittet er für die Obrigkeit, damit deren Anordnungen stets irdische Erscheinung und Übung des Gesetzes der Liebe zu Gott seien (45).

2.2. »Gott meines Lebens«: die Ursituation des Menschen

»Mit dir will ich reden, und was kann ich da anderes reden als von dir« (13). Spiralförmig durchschreitet die erste Betrachtung den ganzen Weg, beginnend mit der Entschließung zum Reden mit Gott, endend mit der Bitte, daß Gott alles in allem sein möge. Die Entschließung zu Gott nimmt unverlierbar den Menschen selber mit: »Aber wenn ich mit dir von dir rede, leise und scheu, dann vernimmst du doch wieder ein Wort über mich selber«(13). Alle meine Worte tragen mich selber mit vor den Gott meines Lebens, den je größeren Gott: »Denn wärst du der *Gott* meines Lebens, wenn du nicht mehr wärest als der Gott *meines* Lebens« (13)?

Der erste Abschnitt des ersten Gebetes öffnet den bestimmenden Horizont: der Sprechende ist bereits vom Leben Gottes ergriffen, das sich begreifender Sprache entzieht. Allen heiligen Begriffe der liturgischen, theologischen und philosophischen Sprache bleibt wesentliches Versagen eingeschrieben. »Wenn ich, stehend am Rande deiner Unendlichkeit, hineingerufen hätte in die weglosen Fernen deines Seins all die Worte zumal, die ich aufgelesen habe in der ärmlichen Enge meiner Endlichkeit? Nie hätte ich dich ausgesagt« (14). Der Gott dieser Betrachtungen ist niemals die milde Bestätigung menschlicher Absichten, Wünsche, Bitten oder erhabenen Augenblicke. Von grimmiger Stille, Qual und von der dunklen Unheimlichkeit seiner Nacht ist die Rede. Radikaler noch als das Zeugnis allgemeiner Mystik reißt die sakramentale Einbergung in das Leben Gottes den Sprechenden in die Nachfolge solcher Gottespassion[11]: »Warum hast du dein Zeichen eingebrannt in meine Seele bei der Taufe, warum mir das Licht des Glaubens entzündet, dieses dunkle Licht, das uns aus der hellen Sicherheit unserer Hütten in deine Nacht lockt, warum hast du mich zu deinem Priester gemacht, zu einem dessen Beruf es ist, für die Menschen bei dir zu sein, bei dem wir doch den Atem unserer Endlichkeit nicht finden?« (14). Auch für den Glaubenden, selbst für den Priester wird Gott nie zum verfügbaren Posten, nicht zum Kalkül. Den Betenden aber treiben seine Fragen voran, die ihn aus allen Verstellungen hinkehren zum Geheimnis Gottes.

---

[11] Siehe: Metz, J.B. – Peters, T.R., Gottespassion. Zur Ordensexistenz heute. Freiburg-Basel-Wien 1991.

Das Kalkül bürgerlicher Religion nimmt er bei jenen Menschen wahr, zu denen er als Priester gesandt wird (59f). Doch er nimmt sich davon nicht aus. Auch er steht in der Versuchung, sich von der Unheimlichkeit Gottes fortzuschleichen zu den begreifbaren Dingen. Aber wäre die Erde ohne Himmel wirklich Heimat? Meine Endlichkeit ist doch nur erkennbar, wenn ich zuvor ausgeblickt habe »in grenzenlose Fernen, an deren verschwimmenden Horizonten die Unendlichkeiten deines Lebens beginnen« (16). Aller Entschluß zu bloßer Endlichkeit und alle Sehnsucht nach dem Grenzenlosen bekennen inwendig den lebendigen Gott (16). Daher verkehren sich die Perspektiven: »tuus sum ego: ich bin der, der sich nicht selbst gehört, sondern dir. Mehr weiß ich nicht von mir, mehr nicht von dir. – Du – Gott meines Lebens, Unendlichkeit meiner Endlichkeit« (16). Kein warum des Geistes kann hinter die Tat der Freiheit Gottes in Schöpfung und Gnade zurückfragen. Gott bleibt der Unbegreifliche, bleibt Geheimnis. Wäre er es nicht, würde er mir untertan, würde Gott mir gehören. Das aber wäre die Hölle, und dann »müßte ich ewig im Gefängnishof meiner Endlichkeit die Runde machen« (17). Aber ist es nicht blanke Qual nur hinausgerissen zu sein? Ist Gott denn nicht anders ansprechbar?

In der Mitte der Betrachtung – fortgetrieben durch das fromme Fragen – kehrt sich der Blick: »Ich frage dich wie ein Tor. Verzeih mir. Du hast mir durch deinen Sohn gesagt, daß du der Gott meiner Liebe bist. ... Da du mir aber gebietest, dich zu lieben, befiehlst du, was zu tun ich ohne deine Befehl den Mut nicht hätte: dich zu lieben, dich selber ganz nahe. Dein eigenes Leben lieben. In dich hinein mich selber verlieren, wissend, daß du mich aufnimmst hinein in dein Herz, daß ich dir, dem unbegreiflichen Geheimnis meines Lebens liebend du sagen darf, weil du die Liebe selber bist. Erst in der Liebe finde ich dich, meinen Gott. ... der du in der Liebe die innerste Mitte meines Herzens bist, mir näher als ich mir selbst« (17). Im Blick auf Jesus Christus ändert sich die Beziehung zu Gott! Sie wird aufgehoben in jene Liebe, mit der Gott sich zuvor in die innerste Mitte des Herzens gesenkt hat: Die Gnadenkehre aller Rede von Gott und der Beziehung des Menschen zu Gott! Was Rahner später über das Geheimnis sagen wird, was er über die christologische Vermittlung des Heils und der Welt ausführen wird, was er an der Herz-Jesu-Frömmigkeit bewahrt wissen möchte, was er in seiner Gnadenlehre in der Sprache der Schule reflektiert, hier klingt der reine Grundakkord seines Glaubensdenkens: die Selbstweggabe in Liebe an das Geheimnis Gottes bedenken und künden! In dieser Dynamik wandelt sich begreifendes Denken in liebende Anerkennung: »Solche Liebe will dich, wie du bist. Wie sollte sie dich anders wollen, sie, die doch gerade dich selber will und nicht dein Bild im eigenen Geist, dich allein ...«(18). Solche Liebe ist ohne Warum: »Deine Unbegreiflichkeit zu begreifen ist Seligkeit, wenn man dich lieben darf«(18). Mit der Bitte, daß Gott immer mehr das Leben des Betenden werde, schließt der erste Gang.

Die Dynamik der ersten Betrachtung setzt sich in den folgenden fort. Alle Wirklichkeit wird hineingenommen in den Weg auf das liebende Geheimnis Gottes hin, das uns selbst hineingenommen hat in sein Leben durch Jesus Christus.

2.3. Gottes Liebeswort als Mensch: »Gott meines Herrn Jesus Christus«

Noch einmal greift Rahner den Unterschied zwischen dem Menschen und der unendlichen Fülle aller Wirklichkeit in Gott auf. Mit dem Rüstzeug der klassischen Gotteslehre und Anthropologie durchstreift er die Unterschiede. In uns sind Liebe und Macht, Weisheit, Leben und Kraft Gegensätze. Nie ist alles in gleichem Maße realisierbar. Gott jedoch verwirklicht seine Eigenschaften in wechselseitiger Vollkommenheit. Zwar wird der Mensch in der Liebe zu Gott aus seiner prekären Situation befreit. Doch damit erscheint Gott als das heilige, zu fürchtendes Geheimnis. Gott wird unberechenbar, weil gerade darin ich nicht mehr weiß, wie Gott zu mir steht (23).

Daher ruft der Betende Gott um ein klärendes Wort an. Es müßte als »abgekürztes Wort« (23) nicht alles sagen: »sag nur, daß du mich liebst, sag mir nur, daß du mir gut bist« (24). Dieses darf nicht gesprochen werden in der unerbittlichen Gerechtigkeit und der vernichtenden Macht. Es muß in meiner Sprache gesagt werden, »wo ich nicht fürchten muß, daß das Wort der Liebe etwas anderes in sich berge als nur deine Güte und dein mildes Erbarmen« (24). Es ist gesprochen in Jesus Christus. Ein Menschenwort hat es gesagt, aus einem Menschenherzen ist es entsprungen: »Und Jesus hat mir wirklich gesagt, daß er mich liebt, und sein Wort ist aus seinem menschlichen Herzen emporgestiegen. Und dieses Herz ist dein Herz, du Gott unseres Herrn

Jesus Christus« (24). Auf dieses Herz blickt der Beter, wenn er wissen will, wer Gott sei (25). Diesem Herz will das Herz des Betenden angeglichen werden, damit es sich weite und mit Liebe erfülle, um wenigstens einmal ein Bruder durch dieses Tor eintreten zu lassen. Der wahre Gott, wird im Herzen Jesu Christi gefunden. Dieses Herz indes kehrt den Betenden den Brüdern zu.

2.4. Sich auf Gott hin ausrichten

Mit der christologischen Wende sind alle Wege des Menschen zu Gott von Gottes Weg zum Menschen unterfangen. In den weiteren Betrachtungen wählt Rahner Vollzüge des Menschen und seiner eigenen Existenz aus, um sie auf Gott hin zu finalisieren. Es ist nur konsequent, wenn er dabei mit dem Gebet beginnt.

2.4.1. Gebet: sich bereiten für den Augenblick Gottes

Wenn das Gebet nicht Pensum und Aufgabe, nicht bloße Worte oder erhabene Liturgie ist, wenn das Gebet vielmehr Gott selber will, dann gerät der Betende über die Realität seines Betens in höchste Verlegenheit. Er erfährt ihr Ungenügen. Wie kann sich der Betende von sich weg auf Gott hin beten? Das Ungenügen liegt aber auch in der Erfahrung, daß Gott schweigt. Beten wird als Monolog erfahren. Doch liegt in diesem Schweigen nicht auch Verheißung?

Gott läßt in seinem Schweigen den Menschen ausreden, der im Gebet sich vor Gottes Angesicht auslegt. Doch betet der Mensch sich selbst, oder nur Worte? Verfügen wir denn über die innerste Mitte unseres Wesens? Wie kann der Mensch die innerste Kammer seiner Seele vor Gott tragen, wenn es ihm nicht möglich ist, sie zu öffnen (28)? Dieses Beten setzt nicht auf bestimmte Stimmungen, Erleuchtungen und Verzückungen. Nur das eine tut Not: sich selbst Gott geben. Weil dies nicht gelingt, flieht der Mensch vor der grimmigen Stille. Im bohrenden Fragen wendet der Betende sich wieder zurück: Was ist der Gnade Sinn, die mich zu beten mahnt? »Dann aber kann das Beten, das du von mir forderst, im letzten Grunde nur sein: das Warten auf dich, das schweigende Bereitstehen, bis du, der du schon immer in der innersten Mitte meines Wesens bist, mir von innen das Tor aufschließest, damit auch ich in mich selbst eintrete, hinein in das verborgene Heiligtum meines Lebens, um dort vor dir einmal wenigstens die Schale meines Herzblutes auszugießen. Das wird dann die Stunde *meiner* Liebe sein. ... In dieser seligen und furchtbaren Stunde meiner Liebe wirst du noch schweigen und mich – mich selber sagen lassen« (30). Ins Schweigen Gottes hinein sagt sich der Betende selbst aus.

Solcher Augenblick ereignet sich in jedem Leben, auch wenn nur wenige, die man Mystiker nennt, sich dabei quasi zusehen können. Und die glaubende Hingabe der Liebe, wird beantwortet mit der Liebeshingabe Gottes: »Und nach der Stunde *meiner* Liebe, die in dein Schweigen gehüllt ist, wird dann der Tag *deiner* Liebe kommen: visio beatifica« (31).

Gott hat gesprochen in Jesus Christus. Nun wartet er in geduldigem Schweigen auf unsere Antwort. Im Gebet kann sich der Mensch selber restlos in das Schweigen Gottes hinein aussagen. Die Stunde ewiger Liebesentscheidung, zu der Ignatius am Ende der Exerzitien in der »contemplatio de amore«[12] aufruft, ereignet sich in jedem menschlichen Leben. Was Rahner später über Mystik ausführt, wird aus dieser Wurzel wachsen.

2.4.2. Erkennen und Gebot als Formen der Liebe

Zum schönsten was Rahner geschrieben hat, gehört die Betrachtung über die Erkenntnis. Erstaunen über den Beginn kann nur, wer Erkennen nicht sofort auf Gott hin durchsichtig werden läßt. Das Studium abgeschlossen, eine große Arbeit über Thomas von Aquin vollendet, Promotion und Habilitation durchlaufen, und dann diese Betrachtung! Wer so betet, flunkert nicht. In dieser Betrachtung liegt der Schlüssel zum Ort des philosophischen Denkens beim Theologen Rahner. Alles menschliche Erkennen mündet im Vergessen und erweist meine Armut und Beschränktheit. Ja, wir lernen »um es wieder zu vergessen« (32). Doch sei das Wissen das höchste Vermögen im Menschen, und Gott selber werde Herr allen Wissens genannt! Doch bloßes Wissen ist nichts. Es bleibt dem Menschen äußerlich. »Nur die Erfahrung wissender Liebe läßt mein Herz an das Herz der Dinge rühren« (34). Nur die Erfahrung, »das Durchlebte und Durchlittene«(34), wandelt, nur wenn ich ganz dabei bin, wandelt die Begegnung mich.

---

[12] Ignatius von Loyola, Geistliche Übungen. Übertragung und Erklärung von Adolf Haas. Mit einem Vorwort von Karl Rahner. Freiburg-Basel-Wien ³1977, 78-80 (Nr. 230-237).

Dann aber gewährt uns der sonst so zurückhaltende Rahner einen Blick in seine persönliche Glaubensmitte. Der Satzbruch zu Beginn weist darauf hin: »Dank deiner Barmherzigkeit, du unendlicher Gott, daß ich von dir nicht bloß weiß mit Begriffen und Worten, sondern dich erfahren, erlebt und erlitten habe. Denn die erste und letzte Erfahrung meines Lebens bist du. Ja wirklich du selber, nicht dein Begriff, nicht dein Name, den wir dir gegeben. Denn du bist im Wasser und im Geist der Taufe über mich gekommen. ... Da bist du selbst, ohne mich zu fragen, zum Geschick meines Herzens geworden. Du hast mich ergriffen, nicht ich habe dich »begriffen«, du hast mein Sein von seinen letzten Wurzeln und Ursprüngen her umgestaltet, du hast mich deines Seins und Lebens teilhaftig gemacht, dich mir geschenkt, dich selber, nicht bloß eine ferne undeutliche Kunde von dir in Menschenworten. Dich kann ich darum nicht vergessen, weil du ja die innerste Mitte meines Wesens geworden bist« (34f). Alle Gotteserkenntnis ist wesentlich passiv, sie ist Echo des Erkanntseins von Gott.

Diese Passivität zeigt sich exemplarisch am Sakrament der Taufe, besonders der Kindertaufe. Hier habe ich noch geschwiegen. »Dieses Wort, in dem allein das Leben ist, ist durch deine Tat, Gott der Gnade, meine Erfahrung geworden ... Dein Wort und deine Weisheit ist in mir, nicht weil ich dich mit meinem Begreifen erkenne, sondern weil ich von dir erkannt bin zu deinem Sohn und deinem Freund« (35). Noch bedarf dieses Wesenswort im Menschen der äußeren Auslegung und Erweckung. Deshalb soll aller Betrieb im Vergessen verstummen, damit dieses eine Wort, das ewige Wort Gottes gnadenvolle Wirklichkeit wirken kann.[13]

Dieses eine Wort soll wachsen, dieses Wort der Liebe, das Jesus heißt. Und wenn ich mich einmal ganz ausgesagt werden habe, und das große Schweigen des Todes einbricht, wird dieses eine Wort ertönen: »Dann wirst du einmal das letzte Wort sein, das einzige, das bleibt und das man nie vergißt. Dann, wenn einmal im Tode alles schweigen wird, und ich ausgelernt und ausgelitten habe. Dann wird das große Schweigen beginnen, in das du allein hineintönst, du Wort von Ewigkeit zu Ewigkeit. ... ›Ich werde erkennen, wie ich erkannt

---

[13] Diese Passage ist mitunter wörtlich identisch mit jener Predigt, die Karl Rahner während der Salzburger Hochschulwochen 1937 gehalten hat (siehe: SW 4, 294-295).

bin‹, werde verstehen, was du mir schon immer gesagt hast: dich selber. Kein Menschenwort, kein Bild und kein Begriff wird mehr zwischen mir und dir stehen, du selbst wirst das eine Jubelwort der Liebe und des Lebens sein, das alle Räume meiner Seele füllt« (36).

Ein typisch kontroverstheologisches Thema nimmt die Betrachtung zu Gesetz und Freiheit auf. Doch durchgehend werden Gottes Gebote als Gebote der Freiheit bestimmt. Aber wie steht es um die Gebote der menschlichen Obrigkeit, der kirchlichen zumal, die ja dem Drang zum Regulieren nicht entkommt? Sind die Gesetze aber einfach wegzuwerfen? Gehorsam bleibt ihm ein Weg zur Reife, und die Anerkennung der von Gott bevollmächtigen Oberen ist unbezweifelt. In dieser Anerkennung entdeckt er einen Weg, der weiter führt, ohne zynisch oder legalistisch zu werden. »Ihre schwere Macht kann man nur in deine leichte Freiheit hinein überwinden, wenn man recht tut, wenn sie zu deiner »Gehilfin zum Guten« macht (Röm 13,3f)« (41). Aber müssen selbst die Kleiderordnungen einfach befolgt werden? Straßenregeln gibt es nun eben auch, sagt er sich. Und wie steht es mit jenen, die den einzelnen in seinem Inneren verpflichten wollen? Diese werden nur in der Dynamik der Liebe auf Gott hin sinnvoll und tragbar. Nur in der Liebe tötet das Gesetz nicht. »Denn du bist eigentlich nicht ein Gott der Gesetze, daß wir *ihnen* dienen, sondern der Gott des einen Gesetzes, dir allein zu dienen und dich allein zu lieben« (45).

2.4.3. *Gott meines Alltags*

Die Auslegung des Alltäglichen ist unter verschiedener Rücksicht bedeutsam. Er nimmt zur Philosophie Stellung, kritisiert deutlich die religionsgeschichtlich wirksame Unterscheidung zwischen verschiedenen Lebensständen und berichtet von einem Notat eines niederländischen Mystikers, das ihm einen Weg aus diesem Dilemma gebahnt habe. Der wörtliche Hinweis auf Ignatius unterbleibt, auch wenn die eigene Ordensspiritualität ganz deutlich wird. Wenn Rahner als der Meister der Mystik im Alltag angesprochen werden darf, dann hat sie hier ihren ersten Ausdruck gefunden.[14]

Alltag wird als Gottesleere bestimmt, die auch seine ganze Seele zu erfüllen droht. Das alte Wort, das er als »Philosoph« (46: in

---

[14] Siehe: Klinger, E., Das absolute Geheimnis im Alltag entdecken. Zur spirituellen Theologie Karl Rahners. Würzburg 1994.

Anführungszeichen!) lernte, daß die Seele gleichsam alles sei, verkehrt sich. Sie ist zum Trödelspeicher der Alltäglichkeit geworden. Aber wie kann er daraus entfliehen, wenn Gott ihn selber in diese Situation gestoßen hat? Die sakralsten Räume und Handlungen, selbst die strenge Lebensform eines Kartäuser würden daran nichts ändern. Gott kann in allem verloren werden (49), denn: »*Ich* mache meine Tage zum Alltag, nicht sie mich« (48). Wenn es keinen ausgesonderten Platz geben kann, an dem man Gott mit Gewißheit finden kann, »dann muß ich dich auch in allem finden können, weil sonst der Mensch dich überhaupt nicht finden könnte, der Mensch, der ohne dich nicht sein kann. Dann muß ich dich in allem suchen, dann ist alle Tage Alltag und alle Tage *dein* Tag und die Stunde deiner Gnade. Alles ist Alltag und dein Tag zumal«(49). Jan van Ruysbroek wies einen Weg: »In *einer* Übung muß ich den Alltag und deinen Tag haben. In der Auskehr in die Welt muß ich einkehren zu dir, in allem dich, den einen, haben« (50). Nur mit Gott wandelt die Auskehr zu den Dingen sich zu einer Einkehr. »Nur durch dich bin ich in mir bei dir« (50). Rahner weist daher die existentialphilosophischen Grenzerfahrungen von Angst, Nichts und Tod als Befreiung aus der Verlorenheit an die Dinge der Welt zurück.[15] Nur die Liebe zu Gott vermag dies: »Deine Liebe, mein unendlicher Gott, die Liebe zur dir, die durch alle Dinge hindurch, mitten durch ihr Herz hindurch sich über sie hinausschwingt in deine unendliche Weiten hinein, und alle die verlorenen Dinge noch mitnimmt als den Lobgesang deiner Unendlichkeit« (51).

2.4.4. »*Gott der Lebendigen*«: *Todesbetrachtung als Lebensbefähigung*

In allen Betrachtungen war der Tod ein heimlicher Begleiter und Mahner. Nun wendet sich der Beter seinen Toten zu, die ein Stück von ihm mitgenommen haben. Daher können philosophische Überlegungen zum Weiterleben nach dem Tode nicht die Tatsache wegdisputieren, daß die lieben Toten nicht mehr mit einem sind. Wen aber sollte der Frager um Auskunft bitten, da Gott selber wie ein Toter schweigt?

---

[15] Heidegger wird hier nicht wörtlich genannt, aber ist ohne Zweifel gemeint. In seinem Werk »Sein und Zeit« wird das Man aus seiner Uneigentlichkeit in diesen Grenzerfahrungen zu Eigentlichkeit gerufen (siehe: Zweiter Abschnitt in: Sein und Zeit. Tübingen [15]1979).

»Oder ist dein *Schweigen* deine Antwort auf meine Klage über ihr *Schweigen*« (54)? So ahmen die Toten das Schweigen Gottes nach (55) und rufen den Glaubenden heraus. Ein stiller Gott, der durch sein Schweigen ruft. Daher wird das Schweigen der Toten zum Wort der Liebe, dem der Glaubende antwortet. Sein Leben, das immer mehr zu einem Leben mit den Toten wird und dadurch selber in die dunkle Nacht des Todes hineinverläuft, möge durch die Gnade zu einem Leben des Glaubens an Gottes Licht in der Nacht des Lebens werden. So lebt er mit den in Gott Lebendigen, die ihm vorausgegangen sind. Die Schlußbitte wendet den Blick: »Gott aller Lebendigen, vergiß nicht mich Toten, damit du einmal auch mein Leben seist« (57).

2.4.5. Priesterliche Sendung unter den Brüdern

Priestersein heißt Gesandtsein zu den Menschen, um Gottes Weg zu bereiten.[16] Er ist irdisches Zeichen der Gnade Gottes für andere (65). Wie ein Hausierer kommt er sich bei seinem Geschäfte vor, das an den Selbstwünschen der Menschen wie spurlos abprallt. Weil sich dieser Priester nicht ausnimmt, klingt keine klerikale Überheblichkeit mit. Sein Herz ist nicht anders.

Als solcher muß er an die Tür des inwendigen Menschen klopfen. Er ist gerufen, »dich, meinen Gott, wie das Allerheiligste in jene innerste Kammer ihres Herzens hineinzutragen, wo ihr Ewiges zum Tode krank ist, ... dorthin, wo in den letzten Tiefen eines Menschen sein ewiges Geschick entschieden wird« (61). Will aber Gott in der innersten Kammer mit dem Menschen vielleicht allein sein? Gelingt Seelsorge nur wenn sie ihr Unvermögen hier eingesteht? Wird der Auftrag dann nicht absurd?

Rahners Antwort zielt in eine doppelte Richtung. Einerseits schwingt in der Antwort sein Verständnis der ignatianischen Weltfreudigkeit mit, die von Gott zur Welt kommt[17], andererseits legt er

---

[16] Diese Abschnitte sind mitunter wörtlich identisch mit Ausführungen in: Weihe des Laien zur Seelsorge (1936); heute in: Schriften zur Theologie. Bd. III. Zur Theologie des geistlichen Lebens. Einsiedeln 1956, 313-328, v.a. 318-323. Die besondere Sendung des Priesters wird entfaltet in: Priesterliche Existenz (1942); heute in: Ebd., 285-312. Dessen Merkmal wird charakteristisch durch die Einheit von Existenz und Sendung ausgedrückt, die immer und überall vollzogen wird (ebd., 310).

[17] Vgl hierzu: Die Ignatianische Mystik der Weltfreudigkeit (1937), in: Schriften zur Theologie. Bd. III. A.a.O., 329-348, hier 344.

eine theologische Rechtfertigung des Einzelnen vor Gott vor, die zu einer indirekten Bestimmung des Amtes führt. Dieser Priester weiß, daß Gott allein der Weg und die Tür zum Anderen ist. »Ich muß mich zu *dir* hinfinden, immer tiefer in *dich* hinein, ... Denn du bist noch zuinnerst der innersten Unbezüglichkeit und letzten Verschlossenheit jedes Menschen in sich. Du trägst sie in deiner unerforschlichen Liebe und Allmacht, denen auch noch das Königtum der Freiheit eines jeden Menschen untertan ist« (62). Weil wahre Seelsorge nur in Gott möglich ist, hängt sie von der Nähe zu Gott ab: »Dich finde ich in der Liebe und in dem, was wahrer Liebe zu dir Leben ist: im Gebet« (63).

Der Abschnitt zur priesterlichen Sendung rückt die freie Gnade Gottes ins Zentrum. Die Berufung des Menschen in das Leben Gottes ist nicht mit dem Wesen des Menschen selbst gegeben. Daher führt der Weg des Menschen ins Heil über jenen Weg, ja Umweg, den er selbst gegangen ist: über einen bestimmten Menschen, über Jesus von Nazareth. »In seinem Hier und Jetzt, nicht im Immer und Überall des schweifenden Geistes, ist uns deine Gnade zuteil geworden« (64).[18] Diese Gnade ist gegeben in der sichtbaren Kirche, im sichtbaren Zeichen, im Wort des Priesters. Expressiv bekennt er: »Ich für meinen Teil begehre keine Religion des reinen Geistes und der reinen Innerlichkeit« (65), weil sie immer nur Selbstproduktion wäre.

Doch kann an der realen Person des Priesters diese Gnadengabe abgelesen werden? Besondere charismatische Gaben werden durch die Weihe nicht verliehen, auch persönliche kennt der Beter nicht: nur die Mittelmäßigkeit eines Durchschnittsmenschen. Er gehört auch nicht zu den siegesmutigen und selbstsicheren Aposteln. Dennoch muß er mit dem Öl seines Lebens das Licht Gottes nähren, ist die Sendung sein eigenes Leben geworden: »Dein Amt und mein Leben lassen sich nicht scheiden« (67). In dieser Lage darf er sich in der Schwachheit mächtig fühlen, und sich gleichgestaltet wissen der Sendung des Sohnes, »meines gekreuzigten Meisters« (69). Unter dieser Last wird er selbst aufgerieben und gewandelt zur sakramentalen Gestalt: »Mein Leben wird verzehrt, der Hostie gleich, damit sie in dir leben und du in ihnen ewiglich« (70).

---

[18] Hier sind wörtliche und inhaltliche Übereinstimmungen festzustellen mit: Vom Sinn der häufigen Andachtsbeichte (1934), in: Schriften zur Theologie. Bd. III. A.a.O., 219-221.

2.4.6. Die Erwartung des kommenden Gottes: Theologie des Advents

Die letzte Betrachtung schließt den Kreis und richtet die Aufmerksamkeit auf das Kommende. Kommt Gott erst, oder ist er schon da? Was bedeutet Advent? Gott selbst sagt, er sei in Jesus gekommen. Aber ist dies nicht ein seltsames Kommen? Denn wir Menschen haben uns etwas ganz Anderes erwartet: die wahre Unendlichkeit als Wandlung unserer Endlichkeit, Ewigkeit statt Mühsal der Zeit, Reichtum statt Armut. Aber was geschah? »Du hast ergriffen, was wir fliehen, hast angefangen, was nach unserer Meinung durch dein Kommen doch enden sollte: unser Leben, das Ohnmacht, innerste Endlichkeit und Tod ist. Gerade dieses Menschenwesen hast du ergriffen, nicht um es zu verwandeln, es auszutilgen oder es sichtbar und greifbar zu verklären und zu vergöttlichen, ... Du hast unser Leben zu deinem gemacht, unser Leben, so wie es ist« (74). Auch in der Beziehung zum Vater bist Du einer von uns geworden, die wir emporblikken zum Gott der unbegreiflichen Gerichte. »Und in alle Ewigkeit führt kein Warum hinter diesen Willen zurück, der hätte anders können und doch das gewollt hat, was uns unbegreiflich ist«(74).

Die geschichtliche Tatsache der Menschwerdung bis in die Bitterkeit am Kreuz wird zum Fundament allen Sinnens, das mit immer neuen Anläufen die Bedeutung dieses Ereignisses auszuloten unternimmt. Was bedeutet es in aller Konsequenz was Rahner hier nur so nebenbei anspricht: »Nur immer mehr muß offenbar werden, daß du wirklich gekommen bist, daß das Herz aller Dinge schon jetzt verwandelt ist, weil du sie an dein Herz genommen hast« (76)? Und die folgenden Fragenkaskaden beginnen bereits mit dem Ausloten. Die Ergebung in das eigene Leben, in dem Gott selbst am Kommen sein möchte, die Verdichtung der Geschichte in diesem die Geschichte in ihre Endgültigkeit bringenden Ereignis, das alle, ja die ganze Schöpfung umfaßt: »Weil du zu dieser deiner letzten Tat in deiner Schöpfung angehoben hast, darum kann im letzten nichts Neues in dieser Zeit sich mehr ereignen, sondern stehen im tiefsten Grund der Dinge schon jetzt alle Zeiten still, ›ist über uns das Ende der Jahrtausende hereingebrochen‹ (1 Kor. 10,11), ist nur noch eine einzige Zeit in dieser Welt: dein Advent« (76). In der Wiederkunft wird nur deutlich, daß Du immer schon Dir das Menschsein zu eigen gemacht hast.[19] Daher ruft der Betende am Ende in das Schweigen Gottes, der in barmherziger Geduld den Menschen sich selbst hinwegsagen läßt: »Laß mich in dieser Stunde deines Kommens leben, damit ich in dir lebe, Gott, der da kommen soll! Amen« (76).

3. Zur theologischen Grundhaltung von »Worte ins Schweigen«

Es ist nicht möglich, abschließend den ganzen Reichtum dieser Betrachtungen einzuholen. In ihnen ist ohne schulische Terminologie der ganze Rahner präsent: Jener Theologe, der in allem ein Mystagoge zu Gott hin sein wollte. Seine Sprache, vielleicht an der expressionistischen Lyrik und Literatur der Zeit gebildet, ist nicht einheitlich. Biblische Anspielungen, Zitate und Neuaufnahmen sind reichlich zu erkennen, die klassische Tauflliturgie und Gnadentheologie ist präsent und nährt sich von der Grundwahrheit des christlichen Glaubens, der Menschwerdung Gottes. Die Anspielungen an die philosophische Tradition ist nicht verdeckt, die Kritik an der Existentialphilosophie Heideggers und an einer ungeschichtlichen Geistphilosophie unübersehbar. Anrufung, Reflexion, Lobpreis, Dank, Bitte, Ausruf; und immer wieder das fromme Fragen. Gerade sie ziehen den Betrachtenden aus seinen Vorurteilen, seinem anfänglichen Verstehen heraus hinein in die heilige Unbegreiflichkeit Gottes. In diesen Fragen ereignet sich eine Bekehrung, eine »conversio«, weil die stille Antwort Gottes, die den Fragenden wandelt, an der Wurzel der Frage selber aufgenommen werden möchte. In der Frage des wirklich zu Gott entschlossenen Beters ist Gottes Antwort angelegt. Solches Fragen muß nur zu seinem wirklichen Ende getrieben werden. Die Betrachtungen kreisen in der Dynamik der Frage um das Phänomen und ziehen den Beter in unwiderstehlicher Dynamik auf Gott selbst hin.

Aber Gott kann in allen Dingen gefunden werden. In dieser Dynamik geschieht eine Transzendenz des Menschen, die, daran läßt Rahner nie einen Zweifel, von Gott selbst gezogen wird. Zwei Grundbewegungen bestimmen die Gebete: Die Bewegung des Men-

---

[19] Dieser Gedanke wird später (1953) weiter entfaltet in: Die ewige Bedeutung der Menschheit Jesu für unser Gottesverhältnis. In: Schriften zur Theologie. Bd. III. (a.a.O., 21), 47-60. Verwandte Gedanken mit einer eindringlichen Meditation ins Schweigen finden sich auch in: Zur Theologie der Weihnachtsfeier, ebd., 35-46.

schen zu Gott, die immer schon umfangen ist von Gottes Advent in der Welt.[20]

Das Verhältnis des Betenden zu Gott wird in eigentümlicher Weise beschrieben. Urworte seiner Theologie »Geheimnis« und »Herz« sind zahlreich. Aber das Gottesverhältnis kann nicht einfach als personales Ich-Du-Verhältnis bestimmt werden, das an endlichen Personenbeziehungen abgelesen wird. Es ist ein personales Verhältnis in höchst analogem Sinne, weil der Betende selbst in der »visio beatifica« (in der seligen Gottesschau) Gott als den ganz Anderen, als das unbegreifliche Geheimnis anerkennend liebt; allein solche liebende Anerkennung Gottes, der in kein Schema paßt, der dem Betenden in keinen emotionalen oder intellektuellen Erfahrungen auf-geht; allein eine solche Anerkennung schenkt dem Menschen Heil. Die Erfahrungsform des Andersseins Gottes in seiner Heilszusage und gnadenvollen Nähe in Jesus von Nazareth ist das Schweigen. Das Schweigen Gottes ermöglicht die Hingabe des Glaubens. Im Schweigen Gottes erfährt der Betende die hörende Aufmerksamkeit Gottes auf seine glaubende Lebenshingabe.

Das Gottesverhältnis, das im Schlüsselbegriff der »Ekstase« gefaßt werden kann[21], die jedem Menschen möglich und dem Getauften aufgetragen ist, darf als die Mystik Rahners beschrieben werden. Sie geht den Weg der radikalen Selbsthingabe an Gott in seiner Welt, in seinem Alltag, im Dienst an den Brüdern. Die Ekstase wird zur Selbsthingabe an Gott durch den Alltag des eigenen Lebens. Es ist eine Mystik, die tief geprägt wird von der Schlußbetrachtung der Exerzitien des Ignatius und ihrem Hingabegebet »suscipe«.[22] Dadurch aber überwindet Rahner das klassische Modell der Aufstiegsmystik.

Was Rahner später als Einheit von Theologie und Anthropologie methodisch entfalten wird, ist Konsequenz des Gebetes und führt zu

---

[20] Dies sind nach Erhard Kunz die beiden Grundbewegungen der ignatianischen Exerzitien (ders., »Bewegt von Gottes Liebe«. Theologische Aspekte der ignatianischen Exerzitien und Mermale jesuitischer Vorgehensweise. In: Ignatianisch. Eigenart und Methode der Gesellschaft Jesu. Michael Sievernich – Günter Switek (Hrsg.). Freiburg-Basel-Wien 1990, 75-95, v.a.95).

[21] Mit Miggelbrink (Anm. 4) 18-23.

[22] Siehe: Betrachtungen zum ignatianischen Exerzitienbuch. München 1965, 270-277.

[23] Dieses Grundgesetzes anthropologisch gewendeter Theologie hat seinen klassischen Ausdruck gefunden in: Gaudium et Spes 22.

diesem zurück.²³ Der in solchem Gebet ausgelegte Lebensentwurf, geht der Kenosis, dem Abstieg Gottes in die Welt nach. Er hat die Existenzform Christi übernommen. Und allein in seiner Gnade wird die Einheit von Selbstannahme und Gottesbegegnung möglich: »Nur durch dich bin ich in mir bei dir«(50). Daher ist theologische Anthropozentrik Rahners nur als radikale Theofinalität bestimmbar.

Was aber sagen die Texte über den Autor selber? Als Hausierer bezeichnet er sich, einer der ständig anklopft. Einer der auf inkarnatorische Weise Gotteswege bahnen möchte. Sein Wort aber muß gesprochen werden in menschlicher Form und zwar so, daß es das enge Haus der Endlichkeit nicht zerstört (23). Gottes Wort ist menschenfreundlich, es zerbricht das geknickte Rohr nicht. So möchte auch dieser Priester den Menschen seiner Zeit die Wege Gottes ebnen, die dieser selber bereits zum Menschen gegangen ist. Die später so genannte transzendentale Methode dieser Theologie ist dafür Mittel zum Zweck, reiner Dienst. Ahnt Karl Rahner in diesen einsamen Nachtgesprächen vor Gott schon, daß er seinen Weg vielfach allein gehen muß? Wurzelt seine spätere Beharrlichkeit und Treue in solchen Stunden im Schweigen Gottes?

»Worte ins Schweigen« ist ein Zeugnis ursprünglicher Gottesrede. Es ist nicht nur vom Gespräch mit Gott die Rede, es wird nicht nur die eigene Situation, das eigene Herz vor Gott ausgelegt, vielmehr will sich der so Betende in Gott hineinweggeben, sich in Gott hineinlieben (63) und uns als Leser noch heute in diese Dynamik auf Gott hin, auf ihn selbst hin, mitnehmen. Dieser Beter möchte in der ekstatischen Hingabe des Glaubens und der Liebe sich und mit dieser Welt hinausglauben und hinauslieben in die Welt Gottes, in sein Herz hinein (54), das alle Dinge sorgsam wahrt, in dem er sie wandelt. Seine Worte ins Schweigen Gottes rufen sich hinein in den Tag Gottes, in dem sein ewiges Wort selbst des Beters Wesen ganz durchleuchten wird. Alles wird Sehnsucht und greift vor auf diesen Tag.

PETER TSCHUGGNALL
„DIESES: STIRB UND WERDE!"
Literarische Spiegelungen biblischer Zitate bei Max Frisch und Heinrich Böll

WENN DU DAS WAPPEN DER LIEBE MALST,
vergiß nicht die Distel.

Christine Busta

„Die Welt der Literatur", so sagt der Germanist Gerhard Kaiser, „bringt uns in unseren Erfahrungen und Entscheidungen auf den Prüfstand. Ästhetische Wahrnehmung muß gerade nicht zu dem führen, was Sören Kierkegaard als ästhetische Existenz kritisiert und der christlichen Existenz gegenüberstellt. Die christliche Existenz kann Tiefe und Weite gewinnen durch ästhetische Erfahrung, wenn die Polarität von Wirklichkeitswelt und Möglichkeitswelt klar ist."[1]

Die folgende „Notiz" versteht sich als ein Beitrag zum transliterarischen Vergleich „Literatur und Religion". Poetik kann ein Ausweis dafür sein, daß Bibel und religiöse Einstellungen nach der Aufklärung, auch in zutiefst religiös-„winterlicher" Zeit, zum Reden kommen. Die Fortschreibung der religiösen Sprache im säkularen Bereich, wie sie im folgenden anhand literarischer Texte von Max Frisch und Heinrich Böll vorgestellt wird, muß keinesfalls naiv-erbaulich sein.

Gleich ob religiöser oder anderer Herkunft: Bei Spiegelungen eines früheren Kontextes in modernen Texten spielt die Gewichtung auf das „Übersetzen"/„Übertragen" eine besondere Rolle.[2] „Im Anfang war das Wort" – der „Logos": Dieser Satz aus dem Prolog des Johannes-Evangeliums hatte bezüglich der deutschsprachigen Literatur den „locus classicus" zum Thema „Übersetzen" zur Folge: Johann Wolfgang von Goethes *Faust*. Faust beschließt, den biblischen Text in „sein geliebtes Deutsch zu übertragen" und kommt zu einem ihn nicht

---
[1] G. Kaiser, Christentum und säkulare Literatur. In: Stimmen der Zeit 123 (1998) 3-16, hier 16.
[2] Vgl. H. Rüdiger, Über das Übersetzen von Dichtung. In: Akzente 5 (1958) 174-188.

eigentlich zufriedenstellenden Kompromiß: „Im Anfang war die Tat!" Der Denker Faust muß vor dem Göttlichen stumm bleiben, kann die religiöse Sprache nicht adäquat in „seine Sprache" übertragen.

Den dritten Akt seines Musikdramas *Moses und Aron*, dessen Textbuch er selbst verfaßte, vermochte Arnold Schönberg nicht mehr zu komponieren. Das Verstummen vor dem Göttlichen mimt er mit dem Satz „O Wort, du Wort, das mir fehlt". Wie ihm selbst die Möglichkeit schwindet, den Text zu vertonen, so muß sein Protagonist Moses erkennen, daß allein schon der Gedanke „Gott" unaussprechlich ist, er sich „ein falsches Bild" gemacht hat:

„Unvorstellbarer Gott!
Unaussprechlicher, vieldeutiger Gedanke! [...]
So habe ich mir ein Bild gemacht, falsch,
wie ein Bild nur sein kann!"

Schönbergs Intention wiederum findet Entsprechung in einem Vers aus dem Alten Testament, dem „Deuteronomium", nämlich in einem Verbot aus dem Dekalog:

„Du sollst dir kein Bildnis machen in irgendeiner Gestalt weder von dem, was oben im Himmel, noch von dem, was unten auf Erden, noch von dem, was im Wasser unter der Erde ist." (Dtn 5,8)

„Du sollst dir kein Bildnis machen" (Dtn 5): Max Frisch

Der Schweizer Schriftsteller Max Frisch ließ sich von diesem biblischen Bildnis-Verbot inspirieren. Der 1950 erschienene Text aus seinem literarischen *Tagebuch 1946-1949*, den er nach biblischem Wortlaut „Du sollst dir kein Bildnis machen" nennt und in einer weiteren Aufzeichnung dieses Tagebuchs, *Der andorranische Jude,* auf Ideologien des Alltags hin konkretisiert, ist wohl einer der eindrucksvollsten Beziehungstexte der Weltliteratur.[3] Er beginnt wie folgt:

„Es ist bemerkenswert, daß wir gerade von dem Menschen, den wir lieben, am mindesten aussagen können, wie er sei. Wir lieben ihn einfach. Eben darin besteht ja die Liebe, das Wunderbare an der Liebe, daß sie uns in der Schwebe des Lebendigen hält, in der Bereitschaft,

---
[3] M. Frisch, Tagebuch 1946-1949. Frankfurt a. M. 1985, 27-29 (daraus die Zitate). Vgl. zu Frischs Bildnistheorie M. E. Schuchmann, Der Autor als Zeitgenosse. Gesellschaftliche Aspekte in Max Frischs Werk. Frankfurt a. M. 1979, 176-179.

einem Menschen zu folgen in allen seinen möglichen Entfaltungen. Wir wissen, daß jeder Mensch, wenn man ihn liebt, sich wie verwandelt fühlt, wie entfaltet, und daß auch dem Liebenden sich alles entfaltet, das Nächste, das lange Bekannte. Vieles sieht er wie zum ersten Male. Die Liebe befreit es aus jeglichem Bildnis. Das ist das Erregende, das Abenteuerliche, das eigentlich Spannende, daß wir mit den Menschen, die wir lieben, nicht fertigwerden: weil wir sie lieben; solang wir sie lieben."

Frisch greift mit Blick auf eine religiöse Dimension weiter aus: Nur die „Liebe" erträgt den Menschen so, wie er ist und – offen für Entfaltungen – sein kann, eben „wie das All, wie Gottes unerschöpfliche Geräumigkeit, schrankenlos, alles Möglichen voll, aller Geheimnisse voll, unfaßbar ist der Mensch, den man liebt". Ein weiterer Vergleich, den der Dichter zieht:

„Warum reisen wir?

Auch dies, damit wir Menschen begegnen, die nicht meinen, daß sie uns kennen ein für allemal; damit wir noch einmal erfahren, was uns in diesem Leben möglich sei –

Es ist ohnehin schon wenig genug."

Das „Ende" der Liebe, einhergehend damit jeglicher „Beziehung": die Meinung, den oder das andere zu kennen; und/oder:

„Weil unsere Liebe zu Ende geht, weil ihre Kraft sich erschöpft hat, darum ist der Mensch fertig für uns. Er muß es sein. Wir können nicht mehr! Wir künden ihm die Bereitschaft, auf weitere Verwandlungen einzugehen. Wir verweigern ihm den Anspruch alles Lebendigen, das unfaßbar bleibt, und zugleich sind wir verwundert und enttäuscht, daß unser Verhältnis nicht mehr lebendig sei.

‚Du bist nicht', sagt der Enttäuschte oder die Enttäuschte: ‚wofür ich dich gehalten habe.'

Und wofür hat man sich denn gehalten?

Für ein Geheimnis, das der Mensch ja immerhin ist, ein erregendes Rätsel, das auszuhalten wir müde geworden sind. Man macht sich ein Bildnis. Das ist das Lieblose, der Verrat."

In gewissem Grad sind wir „die Verfasser der andern" und auf diese Art und Weise mitverantwortlich für die Ausschöpfung ihrer Anlagen. Aber der ehrliche Wunsch, der andere möge sich wandeln, kehrt sich in das Gegenteil, er fesselt ihn, erwürgt ihn langsam, wenn wir nicht bereit sind, *unsere* Vorstellung von den andern aufzugeben:

„Wir selber sind die letzten, die sie verwandeln. Wir halten uns für den Spiegel und ahnen nur selten, wie sehr der andere seinerseits eben der Spiegel unsres erstarrten Menschenbildes ist, unser Erzeugnis, unser Opfer –."

In diese Richtung gesehen steht auch die Frage zur Diskussion, ob „Kassandra, die Ahnungsvolle, die scheinbar Warnende", immer so ganz unschuldig ist an dem Unheil, das sie vorausklagt, dessen „Bildnis" sie formt – „Unfug der Kartenleserei" oder „Urteile über unsere Handschrift" oder schon „Orakel bei den alten Griechen":

„Wenn wir es so sehen, entkleiden wir die Prophetie wirklich ihres Wunders? Es bleibt noch immer das Wunder des Wortes, das Geschichte macht: –

‚Im Anfang war das Wort.'"

Einen, mit Frischs Tagebuchnotiz vergleichbaren, Text finden wir bei Wassili Rosanow, der in seiner „Prosa" *Abgefallene Blätter* von 1913, in vollständiger deutscher Übersetzung erst 1996 in der von Hans Magnus Enzensberger herausgegebenen „Anderen Bibliothek" erschienen, die Liebe als eine „Wiedergeburt" definiert:

„Die Liebe ist ein gegenseitiges Auffressen. Verschlingen. Die Liebe ist stets ein Tauschvorgang: von Seele und Leib. Deshalb erlischt sie auch, wenn es nichts mehr zu tauschen gibt. Ja sie erlischt *stets* aus dem einen Grunde: weil das Tauschmaterial erschöpft ist; weil der Tauschvorgang abbricht; weil der eine vom anderen gesättigt ist; weil die einstmals *sich Liebenden* und *Verschiedenen* sich zu ähnlich, ja gleich geworden sind.

Die Zahnräder (der Unterschied) reiben sich ab, werden stumpf, greifen nicht mehr ineinander. Und die ‚Welle' steht still, der ‚Betrieb' ist zum Stillstand gekommen: da nämlich die *Maschine* als *Geordnetheit* und *Harmonie* der ‚Gegensätze' verschwunden ist.

Diese Liebe, die natürlich abgestorbene, wird *nie wiedergeboren* ...

Deshalb auch flackert vor ihrem (endgültigen) Ende die *Untreue* als letzte Hoffnung der Liebe auf: nichts *entfernt* die Liebenden (schafft den *Unterschied*) so wie ein Verrat ... Der letzte noch *nicht abgeschliffene* Zahn tritt hervor, und in ihm verhackt sich sein Gegenstück. Bewegung ist noch einmal möglich, findet – leidlich – statt. So wird der Verrat zu einer Selbstheilung der Liebe, zu ihrer ‚Reparatur', zum ‚Flicken' auf dem Abgenutzten und Alten. Sehr häufig läßt die Untreue eine ‚brüchige' Liebe erneut im Rahmen des ihr Möglichen lodern und bringt so ein passables Glück bis ans Lebensende. Während die Liebenden oder die Familie ohne diesen ‚Verrat' gleichgültig auseinandergegangen, zerfallen, zusammengebrochen – *endgültig gestorben* wären."[4]

Auch Max Frisch spricht, wie Rosanow, von „Verrat", wenn nämlich Menschen müde werden, sich gegenseitig für ein Geheimnis zu halten, für ein erregendes Rätsel: „Man macht sich ein Bildnis", das ist „das Lieblose, der Verrat", der jedoch für Rosanow auch zu einer Selbstheilung führen kann, denn ohne einer dadurch nochmals ermöglichten „Bewegung" wären die Liebenden „gleichgültig auseinandergegangen, zerfallen, zusammengebrochen – endgültig gestorben".

Dies könnte nach Romano Guardini anhand von Friedrich Hölderlins ersten Strophen seiner Ode *Der Abschied* (zweite Fassung; nach 1800) in eine religiöse Richtung weitergedacht werden:

„Trennen wollten wir uns? Wähnten es gut und klug?
   Da wirs taten, warum schröckte, wie Mord, die Tat?
      Ach! Wir kennen uns wenig,
         Denn es waltet ein Gott in uns.

Den verraten? Ach ihn, welcher uns alles erst,
   Sinn und Leben erschuf, ihn, den beseelenden
      Schutzgott unserer Liebe,
         Dies, dies Eine vermag ich nicht."[5]

„Und es wurde Abend, und es wurde Morgen" (Gen 1): Heinrich Böll

Das „Bildnis", das in das Lieblose und in den Verrat münden kann, aber auch eine „Wiedergeburt" zeigt in einer Erzählung auch Heinrich Böll auf.

Das Stimmungsbarometer der Erzählung ist zunächst düster, traurig. Vielleicht läßt es sich – hier als Überleitung und Einstimmung

---

[4] W. Rosanow, Abgefallene Blätter. Prosa. Übersetzt, kommentiert und mit einem Nachwort versehen von E. Passet. Frankfurt a. M. 1996, 118f. Vgl. zu Rosanow: V. Sklovskij, Theorie der Prosa. Herausgegeben von G. Drohla. Frankfurt a. M. 1984, 144-163.

[5] F. Hölderlin, Gedichte. Hyperion. München 1981, 58f. Vgl. R. Guardini, Hölderlin. Weltbild und Frömmigkeit. Leipzig 1939, 254-256.

zum Folgenden gedacht – einfangen mit einem Gedicht des im Innsbrucker Mühlau begrabenen Dichters Georg Trakl, einem seiner „Rosenkranzlieder" aus der Sammlung *Gedichte* (1913):

„Wo du gehst wird Herbst und Abend,
Blaues Wild, das unter Bäumen tönt,
Einsamer Weiher am Abend.

Leise der Flug der Vögel tönt,
Die Schwermut über deinen Augenbogen.
Dein schmales Lächeln tönt.

Gott hat deine Lider verbogen.
Sterne suchen nachts, Karfreitagskind,
Deinen Stirnenbogen."[6]

Von einer Stimmung, wie sie Trakl in diesem Gedicht *An die Schwester* bezeugt, einer schwermütigen Stimmung – ausgedrückt z. B. in „Einsamer Weiher", „Schwermut über deinen Augenbogen", „schmales Lächeln" und dem (auch) biblischen Kontext „Sterne suchen nachts, Karfreitagskind" – scheint die Erzählung von Heinrich Böll getragen. Böll seinerseits greift bildhaft zurück auf den Schöpfungshymnus der „Genesis" (Gen 1) und den dort wiederholt eingeschobenen Satz „Und es wurde Abend, und es wurde Morgen"; zuerst also: das Dunkle, der „Abend"; dann: das Helle, der „Morgen".

So ward Abend und Morgen nennt der Dichter die entsprechende Erzählung von 1954.[7] Er schildert darin die Spannung des Lebens, das „Auf" und v. a. das „Ab" einer Beziehung. Etwa in der Mitte seiner Erzählung erfahren wir den Grund, warum die Gemeinschaft, von der Böll erzählt, zum Scheitern verurteilt scheint:

„Andere Frauen hätten gelacht über eine so dumme Lüge wegen des Gehalts, andere Frauen wußten, daß alle Männer ihre Frauen belogen: Es war vielleicht eine Art naturbedingter Notwehr, gegen die sie ihre eigenen Lügen erfanden, Annas Gesicht aber war zu Stein geworden. Es gab auch Bücher über die Ehe, und er hatte in diesen Büchern nachgelesen, was man tun konnte, wenn etwas in der Ehe

---

[6] G. Trakl. Werke. Entwürfe. Gedichte. Herausgegeben von H.-G. Kemper und F. R. Max. Stuttgart 1986, 38.
[7] H. Böll, Als der Krieg ausbrach. Erzählungen. München 1983, 95-103 (die Seitenzahlen sind im folgenden nicht gesondert angegeben).

schiefging, aber in keinem der Bücher hatte etwas von einer Frau gestanden, die zu Stein geworden war. Es stand in den Büchern, wie man Kinder bekam und wie man keine Kinder bekam, und es waren viele große Worte, aber die kleinen Worte fehlten."

Als einstimmendes Motto für eine Ausgabe der Erzählung wählte Böll den Satz „Was wichtig war und schwer wog, / geschah unabhängig vom Kalender": die Geschichte, als eine Weihnachtsgeschichte konzipiert, könnte sich also auch außerhalb weihnachtlicher Friedens- und Beschwichtigungsbemühungen abspielen; denn dieses Beziehungsgeflecht, das Böll entwirft, kann, nimmt man das Motto ernst, immer und überall, zu jeder Zeit und an jedem Ort eintreten. Mit der folgenden Bestimmung des äußeren Rahmens beginnt die Erzählung:

„Erst mittags war er auf den Gedanken gekommen, die Weihnachtsgeschenke für Anna im Bahnhof am Gepäckschalter abzugeben; er war glücklich über den Einfall, weil er ihn der Notwendigkeit enthob, gleich nach Hause zu gehen. Seitdem Anna nicht mehr mit ihm sprach, fürchtete er sich vor der Heimkehr; ihre Stummheit wälzte sich über ihn wie ein Grabstein, sobald er die Wohnung betreten hatte. Früher hatte er sich auf die Heimkehr gefreut, zwei Jahre lang seit dem Hochzeitstag: Er liebte es, mit Anna zu essen, mit ihr zu sprechen, dann ins Bett zu gehen; am meisten aber liebte er die Stunde zwischen Zu-Bett-Gehen und Einschlafen."

Brenig, der Handlungsträger des Stücks, grübelt über die, mittlerweile so gut wie gescheiterte, Beziehung zwischen seiner Frau und ihm nach, darüber, ob er zu jung gewesen sei zum Heiraten und damals vielleicht hätte warten sollen, bis seine Freundin weniger ernst und er ernster geworden wäre. Trotzdem weiß er auch in den aktuell-krisengeschüttelten Stunden, daß die Entscheidung – der Mut dazu – richtig gewesen ist. Er hat dies damals gewußt, in Glück und Freude, wie er nunmehr in seiner schwermütigen Krise erkennt, daß sein Ernst genug und ihr Ernst gerade richtig gewesen ist.

Deshalb, für ihren Ernst, hat er sie geliebt und liebt er sie noch immer.

Er denkt an den Tag ihrer Hochzeit, der ihm nun als Stütze dient. Erinnerungen geben ihm aber auch manchen Zweifel in die Hand. Böll recherchiert diesen Tatbestand anhand alltäglicher Trivialitäten:

„Man sollte nicht heiraten, dachte Brenig, sie gratulieren einem, schicken einem Blumen, lassen blöde Telegramme ins Haus bringen, und dann lassen sie einen allein. Sie erkundigen sich, ob man an alles gedacht hat: an das Küchengerät, vom Salzstreuer bis zum Herd, und zuletzt vergewissern sie sich, ob auch die Flasche mit Suppenwürze im Schrank steht. Sie rechnen nach, ob man eine Familie ernähren kann, aber was es bedeutet, eine Familie zu sein, das sagt einem keiner. Blumen schicken sie, zwanzig Sträuße, und es riecht wie bei einer Beerdigung, dann zerschmeißen sie Porzellan vor der Haustür und lassen einen allein."

Traurig, sinnentleert, aber nicht gänzlich ohne einen Funken von Hoffnung, daß seine Frau nach dieser Zeit des Verstummens wieder mit ihm spricht und die kleine Lüge von früher ihm nachsieht, geht Brenig nach Hause; genauer: Er leistet sich, entgegen sonstiger Gepflogenheit, ein Taxi. Von weitem schon sieht er „Licht" im Haus. Es ist gelöscht, als er ins Haus kommt:

„Brenig wartete, lange schien ihm, als fiele seine Frage ‚Anna, schläfst du' unendlich tief, und das dunkle Schweigen in dem dunklen Viereck der Schlafzimmertür enthielt alles, was in dreißig, vierzig Kalenderjahren noch auf ihn wartete – und als Anna ‚Nein' sagte, glaubte er, sich verhört zu haben, vielleicht war es eine Täuschung. [...] Beim zweiten Mal war er sicher, ihr ‚Nein' richtig gehört zu haben. [...] Er sprach nicht weiter, lauschte auf die Antwort, aber es kam nichts aus dem dunklen Viereck, aber als er fragte: ‚Freust du dich?', kam das ‚Ja' schneller als die beiden ‚Nein' vorher. [...] Er hatte seine Stunde wieder, hatte zwei ‚Nein' und ein ‚Ja', und wenn ein Auto die Straße heraufkam, schoß der Scheinwerfer für ihn Annas Profil aus der Dunkelheit heraus ..."

Böll weiß hier, in einem geradezu theologischen Sinne, von „Gnade", von „Erlösung" zu sprechen. Er zeichnet gegen Ende der Erzählung die Empfindungen seiner Akteure mit Hilfe von Metaphern, von Bildern; zunächst mit einem Ansatz von scheinbar unerwarteter, aber nun berechtigter Hoffnung: Brenig sieht – von weitem schon – „Licht"; dann aber: ins Gegenteil verkehrt: Das „dunkle" Schweigen in dem „dunklen" Viereck sollte „alles" enthalten, was auf ihn im Laufe seines Lebens noch wartete. Das „Dunkel" aber löst sich letztendlich auf: Das Wörtchen „Nein", in dem entsprechenden Kontext gesprochen, läßt ihn aufhorchen. Und als schließlich auf die Frage

„Freust du dich?" das „Ja" schneller kommt als die beiden „Nein" zuvor, hatte er endlich „seine Stunde wieder".

Eine der Kernaussagen der Erzählung, die in der Wahl des Titels grundgelegt ist, findet in Versen aus Goethes *West-Östlicher Divan* (1819), dem Gedicht *Selige Sehnsucht*, das mit den Worten „Sagt es niemand, nur den Weisen, / Weil die Menge gleich verhöhnet" beginnt, eine Entsprechung:

„Nicht mehr bleibest du umfangen
In der Finsternis Beschattung,
Und dich reißet neu Verlangen
Auf zu höherer Begattung.

Keine Ferne macht dich schwierig,
Kommst geflogen und gebannt,
Und zuletzt, des Lichts begierig,
Bist du, Schmetterling, verbrannt.

Und solang du das nicht hast,
Dieses: Stirb und werde!
Bist du nur ein trüber Gast
Auf der dunklen Erde."[8]

Im *Gespräch über Gedichte* (1903), das der Symbolist Hugo von Hofmannsthal als einen fiktiven Dialog zwischen den Personen Gabriel und Clemens gestaltete, wird gesagt, Gedichte seien es, „wovon unsere Seele sich nährt"; im besonderen in diesem Gedicht Goethes sei „das wirkliche Erlebnis der Seele" zu erspüren, denn „welche Worte möchten es ausdrücken, wenn nicht bezauberte! Ein Augenblick kommt und drückt aus tausenden und tausenden seinesgleichen den Saft heraus, in die Höhle der Vergangenheit dringt er ein und den tausenden von dunklen erstarrten Augenblicken, aus denen sie aufgebaut ist, entquillt ihr ganzes Licht: was niemals da war, nie sich gab, jetzt ist es da, jetzt gibt es sich, ist Gegenwart, mehr als Gegenwart; was niemals zusammen war, jetzt ist es zugleich, ist es beisammen, schmilzt ineinander die Glut, den Glanz und das Leben. [...] Und diese Abgründe, in denen das Leben sich selber verschlingt, kann ein Augenblick durchleuchten, entbinden, Milchstraßen aus ihnen machen.

---

[8] J. W. von Goethe, Werke. Hamburger Ausgabe in 14 Bänden. Bd. 2. Gedichte und Epen II. Textkritisch durchgesehen und kommentiert von E. Trunz. München 1988, 18f.

Und diese Augenblicke sind die Geburten der vollkommenen Gedichte, und die Möglichkeit vollkommener Gedichte ist ohne Grenzen wie die Möglichkeit solcher Augenblicke."[9]

Die angeführten Beispiele von Heinrich Böll und Max Frisch sowie deren „Illustrationen" Goethe, Hölderlin, Trakl und Rosanow sind „Spiegelungen" biblischer Einstellungen und weltlicher Wirklichkeiten in der Literatur, sie zeugen von dieser Dialektik von Vergangenheit, Gegenwart und Augenblick, von der Hofmannsthal spricht: nicht einfach als literarische Bearbeitungen oder Interpretationen, nicht als „Abbildungen", sondern als Spiegelungen von Bildern, die zunächst in biblischen Texten als ein möglicher „Weg" ausgedrückt und vorgegeben werden und in literarischen Fortschreibungen, in Anlehnung wie Widerspruch, Ausdeutungen erfahren. *Du sollst dir kein Bildnis machen* von Max Frisch und *So ward Abend und Morgen* sind „Spiegelungen", in jene Richtung verstanden, die Gerhard Kaiser als Lesart für sein Buch *Christus im Spiegel der Dichtung* (sowie für vergleichbare Studien) vorschlägt; die Rede von Gott, biblisches Zitat, religiöses Empfinden und entsprechende Einstellungen können „gerade in der säkularen Dichtung in ihrer Eigenart als säkularer Dichtung erscheinen – im Negativ, in der Kontrafaktur, eben: in Spiegelungen"; zwar „nicht in der Fülle einer entfalteten theologischen Aussage, aber aspekthaft und punktuell in einer Grundsätzlichkeit, in einer Fragwürdigkeit, in einer extremen Konsequenz, die zuweilen stärker bewegen als theologisch ausgewogene Rechtgläubigkeit."[10]

Zitate, Anlehnungen, Variationen, Verfremdungen in literarischen Texten zu erkennen ist eines der spannendsten Abenteuer, die den Leserinnen und Lesern in ihren Rollen als „Hörer des Wortes" zukommen. Die oben angeführten Texte bieten nicht die Fülle einer „theologischen Aussage", und sie wollen das auch nicht. Sie spiegeln vielmehr in Anlehnungen biblischer Einstellungen moderne Wirklichkeiten: ausgehend vom *Kontext* „Bibel" mit dem Blick auf den *Text* „Welt".

---

[9] H. von Hofmannsthal, Gesammelte Werke in zehn Einzelbänden. Erzählungen. Erfundene Gespräche und Briefe. Reisen. Herausgegeben von B. Schoeller in Beratung mit R. Hirsch. Frankfurt a. M. 1979, 507-509.

[10] G. Kaiser, Christus im Spiegel der Dichtung. Exemplarische Interpretationen vom Barock bis zur Gegenwart. Freiburg i. B. 1997, 14.

ANDREAS VONACH
BIBELAUSLEGUNG ALS WERTVERMITTLUNG
Religiös motivierte Gesellschaftskritik am Beispiel des Buches Kohelet

1. Vorbemerkungen zur Themenstellung

Darf Gesellschaftskritik religiös motiviert sein? Oder anders gefragt: Ist es Sache der Religion, der Kirche und der Theologie, sich zu gesellschaftlichen, politischen und wirtschaftlichen Fragen öffentlich zu äußern? Oder aber ist Religion grundsätzlich - was in der letzten Zeit des öfteren seitens verschiedener politischer und gesellschaftlicher Kräfte zu hören war - reine Privatsache jedes einzelnen Menschen und damit die Theologie eine „Hobbywissenschaft" zum Zeitvertreib einiger weniger?

Daß Gesellschaftskritik zumindest aus dem Glauben heraus plausibel gemacht und vom Glauben her gestützt werden kann, zeigen Bewegungen wie die Befreiungstheologie oder auch die Feministische Theologie deutlich auf. Doch scheint die Eingangsfrage im Lichte der biblischen Texte noch radikaler beantwortet werden zu müssen: Es ist sogar eine Pflicht der Theologie, aber auch jedes einzelnen gläubigen Menschen, gesellschaftliche und politische Entwicklungen aus religiöser Perspektive zu betrachten und sich in kritischer Verantwortung dazu zu äußern und gegebenenfalls auch initiativ zu werden. Dies unterstreicht auch die Päpstliche Bibelkommission in ihrem jüngsten Dokument: „Die konkrete Realität darf nicht ignoriert werden, im Gegenteil, sie muß direkt angegangen und durch das Licht des Wortes der Heiligen Schrift erhellt werden. Von diesem Licht her entsteht die authentische christliche Praxis, die durch Gerechtigkeit und Liebe auf eine Wandlung der Gesellschaft hinzielt"[1]. Der Rektor der Universität Innsbruck, Christian Smekal, hat anläßlich der Sponsionen und Promotionen der Theologischen Fakultät im November 1997 darauf verwiesen, daß gerade die kritische Stimme der Theologie in Gesell-

---

[1] Päpstliche Bibelkommission, *Die Interpretation der Bibel in der Kirche* (Verlautbarungen des Apostolischen Stuhls 115). Hg. Sekretariat der Deutschen Bischofskonferenz, Bonn 1993, 56.

schaft, Politik und Wirtschaft das Bestehen der Theologischen Fakultäten rechtfertige und notwendig erscheinen lasse. Von den drei Maximen der französischen Revolution für einen freien und demokratischen Rechtsstaat sei es nämlich die „Brüderlichkeit", die am wenigsten verwirklicht wäre; diese in der Gesellschaft einzuklagen, sieht Smekal als eine der zentralen Aufgaben der Theologinnen und Theologen.

Auf der anderen Seite muß sich gerade die Theologie ihrer eigenen Grenzen und der Bedingtheit menschlicher Erkenntnisse und Aussagen überhaupt bewußt sein. Sie hat nicht nur ihrer Verantwortung für die Gesellschaft und die Menschen Rechnung zu tragen, sondern vor allem auch der göttlichen Offenbarung gegenüber. Die dadurch entstehende Gratwanderung hat Norbert Greinacher gut auf den Punkt gebracht: „Der schwierige Weg von Kirche und Theologie besteht darin, sich einerseits nicht aus dem Geschäft der Politik davonzuschleichen in den Raum der Privatheit, andererseits aber mit dem eschatologischen Vorbehalt, das heißt mit der Begrenztheit und Bedingtheit der einzelnen menschlichen Existenz und der konkreten Gestalt der Kirche zu leben. Diesen Weg kennzeichne ich mit dem Begriff der prophetischen politischen Kraft von Kirche und Theologie"[2]. Hilfen für diese oft nicht ganz einfache Gratwanderung bieten die Bibeltexte selbst, denn in ihnen wird deutlich, „wie biblische Erfahrung, biblischer Glaube und die in der Welt der Bibel präsente Hoffnung durch Wirklichkeit nicht nur gestaltet wurden, sondern ihrerseits selbst Wirklichkeit gestaltet haben"[3].

Diese biblischen Vorbilder herauszustellen, für heutige Menschen zugänglich und verständlich zu machen und Handlungsimpulse für eine religiös verantwortete Wirklichkeitsgestaltung davon abzuleiten, ist eine der zentralen Aufgaben der Exegetinnen und Exegeten. Im folgenden soll der Versuch unternommen werden, anhand einiger Texte aus dem Buch Kohelet konstruktive Ansatzpunkte für aus dem Glauben motivierte Gesellschaftskritik aufzuzeigen.

---

[2] N. GREINACHER, Die Kirchen und die Revolution. In: *Theologie für gebrannte Kinder*. Beiträge zu einer neuen politischen Theologie. Hg. R. Jochum - Ch. Stark. Freiburg - Basel - Wien 1991, 81-96, hier 93f.
[3] So W. Schottroff in der Einführung zum Sammelband: *Der Gott der kleinen Leute*. Sozialgeschichtliche Auslegungen. Band 1, Altes Testament. Hg. W. Schottroff - W. Stegemann. München 1979, 9.

2. Gesellschaftskritische Ansatzpunkte bei Kohelet

Wohl kaum ein Buch des Alten Testaments wird so konträr beurteilt wie das Koheletbuch. Von „Hohelied der Gottesfurcht"[4] bis zu „am äußersten Rande des Jahweglaubens stehend"[5] reicht die Palette der Einschätzungen dieser Weisheitsschrift, die wahrscheinlich gegen Ende des 3. Jh. v. Chr. in Jerusalem verfaßt wurde. In einem Punkt sind sich die Koheletausleger jedoch weitestgehend einig; darin nämlich, daß der Autor dieses Buches nicht primär Glaubenssätze über Gott und die israelitische Religion verkünden wollte, sondern von Beobachtungen der real wahrnehmbaren Welt, der Gesellschaft und des menschlichen Handelns und Denkens ausgehend, Erkenntnisse über Gott, Welt und Mensch zu gewinnen suchte[6]. Dementsprechend zahlreich sind auch die Studien, die sich mit dem Gottes-, Welt- und Menschenbild des Koheletbuches auseinandersetzen. Daß aber die Analysen der gesellschaftlichen Realität einiges an Kritik an dieser Realität beinhalten und auch zu weiterer Kritik auffordern, wurde bisher zu wenig beachtet.

2.1. Gegen Willkürjustiz, Ausbeutung und Unmenschlichkeit - Koh 3,16-20

v16 a   Und weiters betrachtete ich unter der Sonne:
       b   Die Stätte des Gerichts -
       c   daselbst ist die Ungerechtigkeit;
       d   und die Stätte der Gerechtigkeit -
       e   daselbst ist die Ungerechtigkeit.

---

[4] Siehe F. DELITZSCH, *Hoheslied und Koheleth* (Biblischer Commentar über die poetischen Bücher des Alten Testaments, 4. Band). Leipzig 1875, 190.

[5] Siehe K. GALLING, Das Rätsel der Zeit im Urteil Qohelets. In: *ZThK* 58 (1961) 12. Noch schärfer fällt das Urteil des jüdischen Exegeten R. Gordis aus: „Koheleth would have been shocked, even amused, to learn that his notebook was canonized as part of Holy Scripture" (R. GORDIS, *Koheleth - the Man and his World*. A Study of Ecclesiastes. New York ³1973, 131.).

[6] Diese fast „analytische" Methode des Koheletautors dürfte von der hellenistischen Philosophie her beeinflußt sein, die im Judäa des 3. Jhs. sicher bekannt war. Siehe dazu R. BRAUN, *Kohelet und die frühhellenistische Popularphilosophie* (BZAW 130). Berlin - New York 1973 sowie L. SCHWIENHORST-SCHÖNBERGER, *Nicht im Menschen gründet das Glück*. Kohelet im Spannungsfeld jüdischer Weisheit und hellenistischer Philosophie (HBS 2). Freiburg - Basel - Wien 1994.

v17 a Ich sprach in meinem Herzen:
    b Den Gerechten wie den Ungerechten wird richten der Gott,
    c denn einen Zeitpunkt für jede Angelegenheit und über alles Tun gibt es dort.

v18 a Ich sprach in meinem Herzen betreffs der Menschenkinder,
    b daß der Gott sie aussondert,
    c aber zeigt,
    d daß sie Vieh sind,
    e sie für sich.

v19 a Ja, es gibt ein Geschick der Menschenkinder und ein Geschick des Viehs.
    b Aber *ein* Geschick haben sie beide:
    c Wie dieser Tod,
    d so jener Tod.
    e Und *einen* Lebensatem haben alle,
    f und einen Vorzug des Menschen gegenüber dem Vieh gibt es nicht,
    g denn alles ist vergänglich.

v20 a Alles geht an *einen* Ort;
    b alles ist aus dem Staub geworden,
    c und alles kehrt zum Staub zurück.

Die Ortsbezeichnung „unter der Sonne" verweist im Koheletbuch immer auf den konkreten menschlichen Lebensbereich. Für v16 bedeutet dies, daß die dort geschilderte Tatsache in der damaligen Gesellschaft eine wahrnehmbare Realität dargestellt hat. Der Koheletautor macht auf Mißstände in der Rechtsprechung aufmerksam, wobei die zweimalige Benennung der dort geschehenden Ungerechtigkeiten wohl auf das Ausmaß dieser Erscheinung hindeuten will. Bestechlichkeit der Richter ist hier genauso im Blick wie Willkürjustiz[7] und

---

[7] Vgl. dazu A. LAUHA, *Kohelet* (BK 19). Neukirchen - Vluyn 1978, 74f; W. ZIMMERLI, *Prediger* (ATD 16). Göttingen ³1981, 171; N. LOHFINK, *Kohelet* (NEB 1). Würzburg ³1986, 34; T. KRÜGER, *Theologische Gegenwartsdeutung im Kohelet-Buch*. Unveröffentlichte Habilitationsschrift. München 1990, 281.

die rechtliche Zementierung einer Politik, die die weitere Ausbeutung einer armen Mehrheit durch eine sich auf brutale Weise bereichernde Minderheit forciert[8].

Dieser Topos erinnert stark an die prophetische Gesellschaftskritik des Jesajabuches, wo es in Jes 5,7b heißt: „Er [Gott] erwartete sich Recht, aber siehe Unrecht; Gerechtigkeit, aber siehe Wehklagen". Bei Jesaja geht es im weiteren darum, daß das Volk die Folgen eines solchen Tuns selbst zu tragen hat und auch Gefahr läuft, die besondere Zuwendung Gottes zu verspielen.

Im Koheletbuch sind die auf die Feststellung dieses gesellschaftlichen Mißstandes folgenden Ausführungen mehrdeutig und nicht auf den ersten Blick vollständig erfaßbar. V17 gibt eine Überzeugung des Koheletautors wieder. „Ich sprach in meinem Herzen" bedeutet bei Kohelet immer, daß nun eine innere Überzeugung oder eine besonders intensiv reflektierte Aussage folgt[9]. In 17b nennt er den Inhalt der Überzeugung: Bei Gott gibt es ein gerechtes Gericht, und zwar für alle Menschen. Dies beinhaltet ein Zweifaches. Erstens wird hier die Gerechtigkeit Gottes außer Zweifel gestellt, und zweitens wird dieses Gericht insofern als umfassend dargestellt, als es alle Menschen betrifft, seien sie nun nach menschlichem Ermessen gut oder böse. Wie dieses Gericht konkret aussieht und zu welchem Zeitpunkt es erfolgen soll, wird nicht gesagt. Dafür wird in 17c die Überzeugung von 17b begründet. Dazu greift der Koheletautor zunächst auf 3,1 zurück, wo von einem „Zeitpunkt für jede Angelegenheit unter dem Himmel[10]" die Rede war. Was also dort über den menschlichen Bereich gesagt wurde, wird nun auf den göttlichen übertragen. Auch bei Gott gibt es

---

[8] Daß dem wirklich weitgehend so war, mag diese Beschreibung der politischen Situation im Palästina des 3. Jhs. verdeutlichen: „The wealthy aristocrats who cooperated with the Ptolemaic rulers, and were in part [...] agents of the government, profited by the system, and probably enlarged their holdings. The majority suffered impoverishment and expropriation." (J. PASTOR, *Land and Economy in ancient Palestine*. London - New York 1997, 40).

[9] 'lev', das hebräische Wort, das im Deutschen meist mit „Herz" wiedergegeben wird, bedeutet zunächst die Mitte der Person, kann aber auch deren Ganzheitlichkeit oder den Verstand bezeichnen. Vgl. dazu W. GESENIUS - F. BUHL, *Hebräisches und Aramäisches Handwörterbuch über das Alte Testament*. Berlin - Göttingen - Heidelberg ^{17}1962, 375f; H.W. WOLFF, *Anthropologie des Alten Testaments*. München ^{5}1990, 68-95.

[10] „Unter dem Himmel" bedeutet dasselbe wie „unter der Sonne", also auch „in der konkreten Welt des Menschen".

einen Zeitpunkt für alle Angelegenheiten und - so führt 17c fort - über alles Tun. Mit dem „Zeitpunkt über alles Tun" werden vv16.17b wiederaufgenommen und in 17c ist wohl sinngemäß zu ergänzen: „... und des Gerichts über alles Tun gibt es dort". Die Begründung in 17c will also sagen: Wie im menschlichen Bereich, gibt es auch bei Gott für alles eine Zeit. Dazu gehört auch eine Zeit des Richtens über das gesamte Leben jedes einzelnen Menschen.

Würde man die Lektüre an dieser Stelle abbrechen, so wäre man versucht anzunehmen, das Koheletbuch rate dazu, die Ungerechtigkeiten des Lebens einfach stillschweigend anzunehmen und in Demut zu ertragen in der Hoffnung, daß man später oder gar erst in einem Jenseits mit Gottes Gerechtigkeit rechnen darf. Doch diese Hoffnung auf eine letzte Gerechtigkeit Gottes ist nur ein Aspekt; in den folgenden Versen macht der Koheletautor deutlich, welchen anderen Horizont der Gottesglaube in dieser Problematik noch eröffnet.

Der Beginn von v18 zeigt diesmal eine tiefgreifendere Reflexion an, und zwar über den Menschen. 18b betont mit „aussondern" eine gewisse Sonderstellung des Menschen, und zwar in zweierlei Hinsicht. Zum einen gilt das göttliche Gericht nur dem Menschen, und zum anderen wird hier auf die schöpfungsgemäße Vorrangstellung des Menschen[11] Bezug genommen. Aber diese Sonderstellung wird in 18c-e auch sofort relativiert. Gott sondert eben den Menschen nicht nur aus, sondern er zeigt den Menschen auch - wahrscheinlich spätestens zum Zeitpunkt des Gerichts -, daß sie eigentlich nicht ihrer Sonderstellung gemäß leben, sondern so, als ob sie Vieh wären; zumindest behandeln sie sich gegenseitig wie Vieh (18e). Hier liegt wieder ein Rückbezug auf v16 vor, denn für sich gegenseitig Vieh sein heißt, daß nicht Gerechtigkeit maßgebend ist, sondern das Recht des Stärkeren, und daß nicht auf das Wohl aller, sondern nur auf das eigene Wohlergehen und Überleben geschaut wird. Im Hebräischen ist in v18d.e ein Wortspiel zu erkennen, in dem sowohl auf syntaktischer als auch auf semantischer Ebene die Hauptbetonung auf „sie" in 18e gelegt wird, was das obige Verständnis zusätzlich untermauert.

In 19a rekurriert der Koheletautor nochmals auf die Schöpfungsordnung, indem er abermals zum Ausdruck bringt, daß Menschen und Vieh grundsätzlich verschiedene Lebensqualitäten und -schicksale

---
[11] Vgl. Gen 1,26-29; Gen 2,18-23; Ps 8,5-9.

erfahren sollten, um dann auf das einzige Geschick zu sprechen zu kommen, das wirklich für alle Lebewesen ausnahmslos und in gleicher Weise zutrifft, nämlich den physischen Tod, die Sterblichkeit. In 19c-20c wird dies in sechs verschiedenen Formulierungen zum Ausdruck gebracht: 19c.d - beide müssen sterben; 19e - der Odem, der Leben im physischen Sinn ermöglicht, ist bei beiden derselbe und erlischt auch bei beiden einmal; 19f - es gibt in diesem Punkt keinen Vorteil des Menschen; 19g - alles Leben unterliegt dem Aspekt der Vergänglichkeit[12]; 20a - alle physische Substanz verwest und zerfällt nach dem Tod[13]; 20b.c - alle Lebewesen sind aus Staub entstanden und werden auch nach dem Tod wieder zu Staub[14].

Die Frage, ob nun vv19f im Lichte von v17 dahingehend gedeutet werden können, daß der Koheletautor bereits an so etwas wie eine unsterbliche Seele geglaubt hat, ist für unsere Fragestellung zweitrangig und würde auch zu weit führen[15], sicher ist allerdings, daß hier eine massive Forderung an die Menschen erhoben wird, jenen Bereich, in dem sie eine gewisse Sonderstellung haben, nämlich den konkreten Lebensalltag, sozusagen standesgemäß zu gestalten. Jede und jeder einzelne wird hier aufgefordert, im oben genannten Sinn menschlich und nicht „tierisch" zu leben.

Deutlich wird diese Aufforderung vor allem im Hinblick auf v22, auf den die ganze Betrachtung hinausläuft und der besagt, daß es für den Menschen nichts Besseres gebe, als sich zu freuen bei seinen Taten. Dieses Motiv kommt im Koheletbuch öfters vor[16] und bedeutet, daß Lebensfreude die Grundhaltung jedes Menschen sein sollte. Dies ist allerdings nur dann möglich, wenn auch die Rahmenbedingungen dafür gegeben sind. Wie soll sich aber der „Normalbürger" seines Lebens freuen, wenn die in v16 dargestellten Zustände an der Tagesordnung sind und er ständig um sein Recht und seine Existenz bangen muß?

---

[12] Mit „(das) alles ist vergänglich" wird in 19g ein Topos aufgenommen, der das ganze Koheletbuch wie ein Refrain durchzieht und bereits in 1,2 zum erstenmal auftaucht.
[13] Der Sinn von 20a ergibt sich aus 20b.c.
[14] Hier wird Gen 3,19 zitiert, also abermals auf die Schöpfung verwiesen.
[15] Eine Ausführliche Übersicht über die hierzu vertretenen Meinungen bietet T. KRÜGER, *Gegenwartsdeutung*, 283-289.
[16] Vgl. Koh 5,18; 8,15; 11,8; und sinngemäß auch 2,24; 9,7-9.

N. Lohfink dürfte wohl die Schärfe und Ironie dieser Stelle unterschätzen, wenn er sagt, diese Gesellschaftskritik des Koheletautors unterscheide sich von der heutigen vor allem dadurch, „daß sie nicht auf eine Veränderung der Gesellschaft durch Umbau ihrer Strukturen"[17] abziele. Durch die ironisch anmutende zweimalige Betonung der eigentlichen Sonderstellung des Menschen in Verbindung mit dem Vieh-Vergleich und die Rahmung dieses Vergleichs durch den traurigen Ist-Zustand am Anfang (v16) und den gottgewollten Soll-Zustand am Ende (v22), schreit diese Perikope geradezu nach einer Veränderung der öffentlichen Zustände. Und sie tut dies nicht in einem abstrakten „man sollte" oder „man könnte", sondern die Feststellung, daß die Menschen sich gegenseitig wie Vieh behandeln, appelliert an das Gewissen jedes einzelnen Menschen, sein eigenes Tun zu hinterfragen, aber auch gegen erkanntes Unrecht im Sinne der Menschenwürde aufzutreten, selbst wenn dies zu eigenen Nachteilen führen könnte. Religiös motiviert ist diese Kritik in doppelter Hinsicht: Einerseits zeigen die zahlreichen Anspielungen auf Genesis 1-3, daß die Zustände von v16 einen Verstoß gegen die Schöpfungsordnung darstellen, und andererseits wird ja auch jedes menschliche Verhalten irgendwie einmal einem göttlichen Gericht unterzogen werden (v17), also auch gleichgültiges und bewußtes Geschehenlassen asozialer und unmenschlicher Gesellschaftsverhältnisse.

2.2. Gegen Gewalttat, Neid und Habgier - Koh 4,1-4

v1   a   Und ich wandte mich
     b   und betrachtete all die Gewalttaten,
     c   die verübt werden unter der Sonne.
     d   Und siehe,
     e   Tränen der Gewalttaten,
     f   aber nicht gibt es für sie einen Tröstenden.
     g   Und aus der Hand derer,
     h   die ihnen Gewalt antun,
     i   kommt Härte,
     j   aber nicht gibt es für sie einen Tröstenden.

---
[17] N. LOHFINK, *Kohelet*, 34.

v2 a Und ich pries die Gestorbenen,
    b die längst gestorben sind,
    c vor den Lebenden,
    d die noch leben.

v3 a Und besser als sie beide hat es der,
    b der noch nicht lebt,
    c weil er nicht gesehen hat das böse Tun,
    d das getan wird unter der Sonne.

v4 a Und ich betrachtete all die Mühe
    b und all die Tüchtigkeit des Tuns,
    c daß es Eifersucht des einen gegenüber dem Nächsten ist.
    d Auch dies ist Vergänglichkeit
    e und Streben nach Wind.

Wie beim vorigen Text geht es auch bei diesem um Zustände, die im Alltag beobachtet werden können (1a-c). Diesmal kommen zunächst „Gewalttaten" in den Blick. Die Formulierung „all die Gewalttaten" in 1b soll nicht nur die Menge, sondern auch die Vielfalt und Verschiedenheit der verübten Gewalttaten[18] aufzeigen. Auch hier geht es dem Koheletautor nicht nur um ein reines Aufzeigen der Mißstände, sondern um aktives Einklagen entsprechender Reaktionen auf solche Vorkommnisse seitens der Gesellschaft. Die zweifache Feststellung, daß die Opfer der Gewalt niemanden haben, der sie tröstet (1f.j), kann wohl kaum als „seltsame Schweigsamkeit Kohelets im Blick auf den Appell zur Hilfe"[19] verstanden werden, sondern hier wird wieder jeder einzelne Mensch angesprochen. Jede und jeder hätte eigentlich eine moralische Verpflichtung, als Tröster(in) angesichts solcher Mißstände aufzutreten. Der Koheletautor klagt in v1 nicht nur das Faktum der ungerechten Gewaltausübung an, sondern auch die diesbezügliche Gleichgültigkeit und Verantwortungslosigkeit der Masse der Gesellschaft. Damit steht er wiederum voll in der Tradition prophetischer Sozial- und Gesellschaftskritik[20]. Fehlende Solidarität mit

---

[18] So z.B. auch A. LAUHA, *Kohelet*, 81; C.L. SEOW, *Ecclesiastes*. A New Translation with Introduction and Commentary (The Anchor Bible 18C). New York 1997, 186.
[19] So W. ZIMMERLI, *Prediger*, 174.
[20] Eine ähnliche Anklage, daß niemand da ist, der gegen Gewalt und Unterdrückung aufzutreten bereit ist, findet sich z.B. auch in Jes 59,15f. und Ez 22,29f.

den Opfern von Gewalt ist ein ähnlich schlimmes Vergehen wie die Gewaltausübung selbst. Das hebräische Wort für „trösten" beinhaltet außerdem in viel stärkerem Maße als dies im deutschen Begriff enthalten ist auch ein aktives Ergreifen von Maßnahmen zur Beseitigung oder Veränderung jener Faktoren, die für den „trostlosen" Zustand verantwortlich sind[21]. Somit birgt also v1 ein beträchtliches Potential an Gesellschaftskritik, aber auch an Anfragen an das Gewissen jedes einzelnen Menschen in sich. In diesem Lichte sind nun auch die folgenden vv2.3 zu verstehen.

Häufig wurden diese beiden Verse als grundsätzliche Seligpreisung der Toten und Ungeborenen den Lebenden gegenüber, und damit als absoluter Tiefpunkt der Rechtgläubigkeit des Koheletautors gesehen[22]. Demgegenüber haben andere Autoren zurecht betont, daß die Option der vv2.3 nicht grundsätzlich gilt, sondern unter den in v1 genannten Bedingungen[23]. Dies wird spätestens durch die Begründung in 3c.d klar, die auf die in v1 dargestellten Zustände verweist. Die ironische und damit appellative Funktion dieser Verse kann wohl kaum überhört werden. Wenn jemand, der den Wert des diesseitigen menschlichen Lebens sonst so betont wie der Koheletautor[24], plötzlich solche Worte finden kann, dann müssen diese die Leserinnen und Leser aufrütteln, ja Betroffenheit und entsprechende Reaktionen bzw. Verhaltensänderungen hervorrufen. Mit anderen Worten: Der in v1 dargestellte Mißstand ist so himmelschreiend, daß dadurch das Leben völlig seinen Wert verliert. Wenn Gewalttätigkeit der einen und unbeteiligte Gefühlskälte der anderen Menschen zur Normalität werden, dann pervertiert der Mensch selbst den Wert und Sinn des Lebens. Auch diese Sätze rufen also - ähnlich wie Koh 3,16-20 - nicht zu Resignation, sondern zu Gesinnungsänderung und solidarischem Handeln auf.

V4a-c gibt die Begründung für Gewalttätigkeit einerseits und unsolidarisches Verhalten andererseits an: Die Motivation für menschli-

---

[21] Vgl. dazu H.J. STOEBE, Artikel 'nhm'. In: *THAT* II. Hg. von E. Jenni - C. Westermann. Gütersloh ⁴1993, 59-66, bes. 61f.

[22] So z.B. A. LAUHA, *Kohelet*, 82; W. ZIMMERLI, *Prediger*, 175f; J.L. CRENSHAW, *Ecclesiastes*. London 1988, 106f; C.L. SEOW, *Ecclesiastes*, 187.

[23] So z.B. in jüngerer Zeit T. KRÜGER, *Gegenwartsdeutung*, 292; L. SCHWIENHORST-SCHÖNBERGER, *Nicht im Menschen*, 129.

[24] Vgl. etwa 9,4.7-10; 11,7.9f.; aber auch die mehrfache Betonung der Freude im Leben (z.B. 2,24; 3,12f.22; 5,17f; 8,15).

ches Streben und Tüchtigkeit ist meist gegenseitiger Neid und Eifersucht aufeinander. Dadurch daß man besser, reicher, erfolgreicher etc. als die anderen sein will, wächst auch automatisch die Bereitschaft zu Skrupellosigkeit und Gewalt anderen Menschen gegenüber. Damit verbunden ist aber zwangsläufig auch ein weitestgehendes Schwinden sozialer und solidarischer Haltungen. Daß Neid und Eifersucht zudem nicht an bestimmte Klassenzugehörigkeiten gebunden sind, sondern in allen Bevölkerungsschichten verbreitet sind, zeigt zum einen das Faktum, daß dieser Text sich nicht an gewisse, sondern an alle Menschen wendet, und zum anderen weisen auch Aussagen anderer Weisheitsschriften in diese Richtung[25].

In 4d.e folgt ein abschließendes Urteil: Auch so motiviertes Mühen und Streben führt letztlich nur zu einem vergänglichen Ergebnis. Der vermeintliche Gewinn oder Vorteil eines solchen Verhaltens ist begrenzt und beschert keinerlei längerfristige oder gar das irdische Leben überdauernde Garantie in irgendeiner Hinsicht. Deshalb ist derartige Eifersucht auch nichts anderes als „Streben nach Wind". Vermutlich klingt hier sogar als ironischer Unterton mit, daß sich diese Art des Neides vielmehr selbst begrenzend und verkürzend auf das eigene Wohlergehen auswirkt, weil sie zu unmenschlichen und lebensfeindlichen Zuständen (v1) führt.

Damit stellt v4 einen eindeutigen Handlungsimpuls dar, der jeder und jedem gilt: Wenn die Lebensbedingungen wirklich lebenswert bleiben sollen, dann muß zunächst jede/r einzelne das eigene soziale Verhalten - vor allem bezüglich Neid und Eifersucht - kritisch hinterfragen und gegebenenfalls auch ändern.

Somit enthält auch diese Perikope einiges an gesellschaftskritischem Potential, das nicht nur Mißstände aufzeigen will, sondern nach einer aktiven Veränderung kranker Zustände geradezu verlangt. Die religiöse Komponente der Kritik ist bei diesem Text nicht ganz so deutlich wie beim vorigen, da Gott innerhalb dieser vier Verse nicht explizit vorkommt. Wenn aber im Koheletbuch sonst insgesamt viermal gesagt wird, daß „essen, trinken und Gutes sehen/sich am Leben freuen" Gottes Geschenk an den Menschen ist (3,13; 5,17; 8,15; 9,7), und dreimal, daß das Leben jedes einzelnen Menschen überhaupt von Gott gegeben ist (5,17; 8,15; 9,9), dann wird implizit klar, daß in 4,1-

---

[25] Siehe etwa Ps 37,1; 73,2-6; Spr 3,31; 19,7; 24,1f; Sir 9,11f.

4 grobe Verstöße seitens der Menschen gegen den Willen und die Schöpfungsordnung Gottes vorliegen.

2.3. Zusammenfassung der Grundlinien von Kohelets Gesellschaftskritik

Die eben betrachteten Texte sind nur zwei von vielen Beispielen für Gesellschaftskritik im Buch Kohelet. Doch lassen sich die Grundzüge der gesellschaftskritischen Passagen des gesamten Buches an diesen beiden Beispielen hervorragend aufzeigen.

a) Die Mißstände und die dahinterstehenden menschlichen Verhaltensweisen werden konkret benannt. So richtet sich 3,16-20 nicht nur gegen korrupte Richter und Justizbeamte, sondern auch gegen die unter der Menschheit weit verbreiteten Haltungen von Futterneid und bis zu Unterdrückung führendem Egoismus, ebenso wie in 4,1-6 nicht nur die „offiziellen" Gewalttäter angesprochen sind, sondern auch jene, die solches Geschehen einfach ignorieren oder vor lauter Neid und Eifersucht im eigenen „kleinen" Bereich selbst zu Gewalttätern werden.

b) Die geäußerte Kritik zielt auf Veränderung der beanstandeten Zustände ab. Dabei gilt der Appell zunächst jeder und jedem einzelnen, das eigene Tun kritisch zu betrachten und gegebenenfalls zu verändern. Das heißt, der Koheletautor fordert gleichsam eine „Ethik der kleinen Schritte"[26].

c) Sinn und Zweck der angestrebten Gesellschaftsveränderungen ist, daß es für alle Menschen möglich wird, ihr Leben genießen zu können. Darin nämlich sieht der Koheletautor den letzten Sinn des menschlichen Daseins (vgl. Koh 2,24; 3,12f.22; 5,17; 8,15; 9,7-9; 11,8a). Das „Leben geniessen" bedeutet dabei aber weder „dolce fare niente"[27]

---

[26] Man könnte diese gesellschaftsethische Vision des Koheletautors vielleicht mit aller Vorsicht als vage Vorform dessen bezeichnen, was in unserem Jahrhundert als „komponierende Ethik" bekannt wurde. Vgl. dazu H. BÜCHELE, *Christlicher Glaube und politische Vernunft. Für eine Neukonzeption der katholischen Soziallehre*. Wien 1987, 85f.

[27] Alle genannten Passagen sprechen von „Freude beim Tun/bei der Arbeit". In 9,7-10; 11,6-8 wird im Zusammenhang mit der Lebensfreude sogar dezidiert zu tatkräftigem Handeln aufgerufen.

noch sich Luxus und Reichtum anzuhäufen[28], sondern einfach in bescheidener Zufriedenheit sein Leben leben zu können. Die ausführlichste und eindrücklichste Beschreibung dieser Sicht findet sich in Koh 9,7-10a: *Wohlan, iß in Freude dein Brot und trinke frohen Herzens deinen Wein, denn längst hat der Gott Gefallen an deinem Tun. Zu jeder Zeit seien deine Kleider weiß und Öl auf deinem Haupt soll nicht fehlen. Genieße das Leben mit einer Frau, die du liebst, alle Tage deines vergänglichen Lebens, die er dir gegeben hat unter der Sonne, all deine vergänglichen Tage, denn dies ist dein Anteil am Leben und an deiner Mühe, mit der du dich abmühst unter der Sonne. Alles, was deine Hand zu tun findet in deiner Kraft, das tu!*

Daß ein solches bescheidenes Lebensglück für alle Menschen Wirklichkeit werden kann, ist für den Koheletautor Aufgabe der Gesellschaft und damit jedes einzelnen Menschen.

d) Alle Gesellschaftskritik wurzelt im Glauben. Sämtliche angeführten Stellen zur Lebensfreude sehen diese nämlich als gottgewollt. Daher ist jeder Zustand, der diese Freude für einzelne Menschen unerreichbar macht, ein Verstoß gegen die Schöpfungsordnung und die Beseitigung solcher Zustände ein Gebot des Glaubens (vgl. die Analysen in 2.1 und 2.2).

Daß es ein gerechtes Richten Gottes geben wird (Koh 3,17), versteht der Koheletautor nicht als Trost, sondern als Ansporn: Gerade aus diesem Glauben heraus ist es angebracht und notwendig, unrechte Zustände zu benennen und dagegen auch aktiv anzukämpfen. In diesem Sinne muß wohl auch der Schluß des Buches Kohelet verstanden werden[29], wo zunächst zur Gottesfurcht aufgerufen (12,13) und abschließend nochmals auf das Gericht Gottes verwiesen wird (12,14).

---

[28] Daß dies eher zu Unglück und Sorgen als zu Glück führt, wird in Koh 2,1-11; 5,9-12 ausführlich dargelegt.

[29] Die meisten Ausleger sehen in Koh 12,12-14 ein dem Buch später angefügtes Nachwort, da diese Verse in gewissem Widerspruch zum Rest des Buches stünden. Gegen diese Sichtweise sind in jüngerer Zeit berechtigte Zweifel erhoben worden. Vgl. dazu v.a. M.V. FOX, *Qohelet and his Contradictions* (JSOTS 71). Sheffield 1989, 311; T. KRÜGER, Die Rezeption der Tora im Buch Kohelet. In: ders., *Kritische Weisheit*. Studien zur weisheitlichen Traditionskritik im Alten Testament. Zürich 1997, 173-193, bes. 173; C.L. SEOW, „Beyond them, my son, be warned". The epilogue of Qohelet revisited. In: *Wisdom, you are my sister*. Studies in honor of Roland E. Murphy (CBQMS 29). Hg. M.L. Barre. Washington 1997, 125-141, bes. 141.

3. Ausblick

Bei genauerem Hinsehen erweisen sich die in unseren beiden Beispieltexten angeprangerten Übel als zeitlos. Neid, Habgier und Eifersucht als starke menschliche Triebkräfte, sowie Gewalt, Ungerechtigkeit, Ausbeutung und rücksichtslose Unterdrückung als daraus resultierende Verhaltensweisen, lassen sich in der gesamten Menschheitsgeschichte unabhängig von Region und Regierungsform nachweisen. Auch in unserer Gesellschaft sind diese Dinge ständig beobacht- und erfahrbar. Man könnte daher versucht sein, mit dem Argument zu resignieren, daß es nun einmal so ist, daß daran bislang weder die Kritik des Koheletbuches noch sonstwer etwas zu ändern vermochte und auch wir dazu nicht in der Lage sein werden.

Wenn wir uns hingegen vom Glauben des Koheletautors inspirieren lassen wollen, dann muß unsere Reaktion anders aussehen. Dann sind wir aufgerufen, am Gerechtigkeitswillen Gottes festzuhalten, offensichtliche Mißstände öffentlich und schonungslos zu benennen, selbstkritisch die eigene Lebensweise zu überdenken und einen Umdenkprozeß auch bei anderen anzustoßen. Das Koheletbuch verdeutlicht in dieser Hinsicht ein Zweifaches: Erstens, daß sich Theologie und Religion nie mit einer alleinigen Vertröstung auf ein besseres Jenseits zufrieden geben dürfen, und zweitens, daß Gesellschaftskritik nicht nur religiös motiviert sein darf, sondern daß sich umgekehrt engagierter Glaube gerade durch ein konstruktiv-gesellschaftskritisches Auftreten a la Kohelet zeigen muß. Mit anderen Worten: Das Hohelied der Gottesfurcht und das Hohelied der Geschwisterlichkeit können nicht anders als einstimmig gesungen werden.

Die AutorInnen

Elmar Fiechter-Alber, geb. 1966. Studium der Theologie in Innsbruck und Jerusalem. Unterrichtet Religion am Bischöflichen Gymnasium Paulinum in Schwaz. Assistent am Institut für Katechetik und Religionspädagogik. Derzeitiger Forschungsschwerpunkt: „Ethikunterricht" im Rahmen seiner Dissertation.

Bernhard Braun, geb. 1955. Assistenzprofessor für Christliche Philosophie an der Universität Innsbruck. 1985 bis 1997 Lehrbeauftragter an der Univ. Salzburg. Seit 1987 Mitarbeiter beim Theologischen Fernkurs. 1993/94 Chefredakteur von präsent. Arbeitsgebiete: Philosophiegeschichte, Metaphysik, Religionsphilosophie, politische Philosophie, Kunstphilosophie. Sein jüngstes Buch: Die zerrissene Welt. Thaur1996.

Konrad Breitsching, geb.1959. Studium der Theologie an der Universität in Innsbruck. Unterrichtete in Berufsschule und AHS. Seit 1992: Assistent am Institut für Kirchenrecht, Univ. Innsbruck. Forschungsschwerpunkte: kirchliche Rechtsgeschichte und Begründung des Kirchenrechts, Betreuung der kanonistischen Literaturdokumentation Innsbruck (KALDI: http://starwww.uibk.ac.at/theologie/theologie-de.html).

Martin Hasitschka SJ, geb.1943. Ist seit 1964 Mitglied des Ordens der Gesellschaft Jesu. Nach dem Theologiestudium und mehrjähriger Arbeit in der Priesterausbildung (Canisianum in Innsbruck) habilitierte er sich an der Theologischen Fakultät Innsbruck und ist hier seit 1993 tätig als Professor für Neutestamentliche Bibelwissenschaft.

Martha Heizer, geb. 1947. Verheiratet, drei Kinder. Studium der Pädagogik und Psychologie. Bekannt durch ihr langjähriges kirchliches Engagement- von Pfarrarbeit bis internationale Kirchenpolitik („Kirchenvolks-Begehren"; stellvertretende Vorsitzende der österreichischen Plattform „Wir sind Kirche" und Mitglied der weltweiten Bewegung IMWAC - International Movement „We are

Church"). Zahlreiche Veröffentlichungen, Vorträge, Seminare und Sendungen.

Gertraud Ladner, geb. 1962. Theologie- und Russisch-Studium in Innsbruck. Assistentin am Institut für Moraltheologie und Gesellschaftslehre. Arbeitet derzeit an einer Dissertation über die Relevanz der Körperlichkeit für eine feministische Ethik. Mitarbeit an der Ersten Europäischen Frauensynode; Mitglied des Frauenforums Feministische Theologie Österreichs und der ESWTR (Europäische Gesellschaft für Theologische Forschung von Frauen).

Hans Bernhard Meyer SJ, geb. 1924. Nach Schulzeit (1931-1942), Militärdienst (1942-1945) Studium der Philosophie (Freiburg i. Br. 1945/46) 1946 Eintritt in den Jesuitenorden. 1956 Priesterweihe. 1959 Promotion zum Dr. theol. und 1964 Habilitation in Innsbruck; seit 1962 Lehrtätigkeit an der Innsbrucker theol. Fakultät (Pastoraltheologie, 1966-1969 Moraltheologie, 1969-1995 Liturgiewissenschaft).

Josef Niewiadomski, geb. 1951. Studium der Philosophie und Theologie in Lublin (Polen) und Innsbruck. 1975 Priesterweihe für die Diözese Lublin. Von 1979 bis 1991 Assistent am Institut für Dogmatische und Ökumenische Theologie in Innsbruck. Von 1991 bis 1996 Professor für Dogmatik an der Theologischen Fakultät in Linz. Seit 1996 Professor für Dogmatik an der Theologischen Fakultät Innsbruck. Forschungsschwerpunkte: Selbstverständnis des kirchlich verfaßten Christentums im Kontext der modernen (medial verfaßten) Weltzivilisation; im Kontext des Forschungsprogramms: Religion - Gewalt - Kommunikation - Weltordung: Konturen einer „Dramatischen Eschatologie", einer „Dramatischen Gnadentheologie", einer „Dramatischen Sakramententheologie", einer „Dramatischen Ekklesiologie".

Robert Oberforcher, geb. 1939. Studierte Theologie in St. Gabriel/ Mödling und Innsbruck. Ao.Univ.-Prof. am Institut für Neutestamentliche Bibelwissenschaft, Dozent für Alttestamentliche Exegese. Buchpublikationen: Die Flutprologe als Kompositionsschlüssel der biblischen Urgeschichte. Ein Beitrag zur Redaktionskritik (Innsbrucker Theologische Studien 8). Innsbruck 1982; Glaube aus Verheißung. Aktualität der Patriarchengeschichte. Klosterneuburg 1981, Umkehr. Neuorientierung des Lebens aus der Bibel. Innsbruck 1982; Das Buch Nücha (Neuer Stuttgarter Kommentar. Altes Testament 24/2). Stuttgart 1995.

Josef Oesch, geb. 1943. Ist nach dem Studium in Paris und Innsbruck Assistenz-Professor am Institut für Alttestamentliche Bibelwissenschaft in Innsbruck. Seine Veröffentlichungen beschäftigen sich u.a. mit Themen der alttestamentlichen Textgeschichte, syrischen Religionsgeschichte, mit exegetischen Fragen zu den Prophetenbüchern und zur Rezeption der Prophetie in der deutschsprachigen Literatur des 20. Jahrhunderts.

Nicolas Pernes SJ, geb. 1966. Studium der Germanistik und Philosophie in Bamberg und München. 1994 Magister phil.1994 Eintritt in die Gesellschaft Jesu. 1996-1997 Erzieher und Lehrer am Kolleg St. Blasien. Seit September 1997 Studium der Theologie in Innsbruck.

Willibald Sandler, geb. 1962. Seit 1991 Assistent am Institut für Dogmatik und Ökumenische Theologie der Universität Innsbruck. Dissertation über die Theologie Karl Rahners, publiziert unter dem Titel „Bekehrung des Denkens". Arbeitet zur Zeit an einer „mimetischen Theologie", in welcher der Mensch begriffen wird aus dem Zusammenhang zwischen einem fundamentalen, auf Gott gerichteten Begehren, sündiger Begierde und der Beeinflussung beider durch das Begehren und die Begierde anderer Menschen.

Clemens Sedmak, geb. 1971. Studium der Philosophie, Christlichen Philosophie, Theologie in Salzburg, Innsbruck, Linz und NewYork. Promotionen 1994, 1995, 1996. Weltweiter Einsatz in Sozial- und Entwicklungsarbeit (USA, Mozambique, Bhutan). Mitarbeiter der Auslandsabteilung der Caritas Innsbruck. Seit 1992 Assistent an der Theologischen Fakultät Innsbruck.

Roman Siebenrock, geb. 1957. Studium der Theologie, Philosophie und Erwachsenenpädagogik in Innsbruck, München und Tübingen. Promotion über John Henry Kardinal Newman (Wahrheit, Gewissen und Geschichte. Internationale Cardinal Newman Studie XV. Sigmaringendorf 1996). Assistent am Institut für Fundamentaltheologie und am Karl Rahner -Archiv.

Peter Tschuggnall, geb. 1956. Studium der Theologie, Doktorat in Fundamentaltheologie („Das Abraham-Opfer als Glaubensparadox") und in Vergleichender Literaturwissenschaft („Sören Kierkegaards Mozart-Rezeption"). Forschungsschwerpunkte: das Denkmodell Sören Kierkegaards; religiöse Einstellungen in der Musik (v. a. bei Mozart); der Vergleich von Literatur und Religion; dazu jeweils Veröffentlichungen. Seit 1994 Herausgeber der Buchreihe „Im Kontext. Beiträge zu Religion, Philosophie und Kultur". Von 1992 an Assistent am Dogmatischen Institut der Theologischen Fakultät. Teilbeschäftigt am Tourismus-Kolleg des Bundes in Innsbruck und an der Krankenpflegeschule in Schwaz – Kuratoriumsmitglied des Literarischen Forums; Obmann des Pfarrgemeinderates der Universitätspfarre.

Andreas Vonach, geb. 1969. Nach der Matura am humanistischen Gymnasium in Bregenz Studium der Fachtheologie und Selbständigen Religionspädagogik in Innsbruck und Jerusalem. Seit 1996 Assistent am Institut für Alttestamentliche Bibelwissenschaft der Universität Innsbruck. Forschungsschwerpunkte: Biblische Weisheitsbücher - insbes. das Buch Kohelet, sowie Alttestamentarische Umwelt und Biblische Archäologie.